입법학 입문

입법학 입문

초판 1쇄 발행 2025년 10월 20일

지은이 박정인
펴낸이 장길수
펴낸곳 지식과감성#
출판등록 제2012-000081호

교정 이주연
디자인 강샛별
편집 강샛별
검수 한장희, 정윤솔
마케팅 김윤길

주소 서울시 금천구 벚꽃로298 대륭포스트타워6차 1212호
전화 070-4651-3730~4
팩스 070-4325-7006
이메일 ksbookup@naver.com
홈페이지 www.knsbookup.com

ISBN 979-11-392-2878-6(93360)
값 15,000원

• 이 책의 판권은 지은이에게 있습니다.
• 이 책 내용의 전부 또는 일부를 재사용하려면 반드시 지은이의 서면 동의를 받아야 합니다.
• 잘못된 책은 구입하신 곳에서 바꾸어 드립니다.

지식과감성#
홈페이지 바로가기!

입법학 입문

박정인

들어가면서

 이 책은 입법에 대해 어렵다고 생각하는 사람을 위해 쓰게 되었다. 특정 부류만이 입법을 만들던 그리스, 로마 시대를 지나 하나님이 법을 만들고 그것을 해석하는 오랜 시대를 거쳐 왕에게서 일반 국민이 입법 권한을 가져오는 데 참 많은 시간이 걸렸다.
 우리나라 「헌법」에서도 2공화국 때에는 국민이 입법을 직접 발의할 수 있는 제도가 있었으나 현재는 영영 사라진 상황에서 국민들이 입법을 일부 기술자들의 일로 여기는 것이 너무 안타깝다는 생각이 들었다.
 이 책은 그동안 입법을 쉽게 느껴지게 하기 위해 청년입법학교와 공공기관 직원들에게 해오던 입법 강의 내용을 정리한 것이다. 입법은 단순히 법률 문구를 만드는 기술적 행위가 아니라, 사회의 가치와 갈등을 조정하고 미래를 설계하는 국가적 행위이다. 그러나 입법 과정을 체계적으로 연구하는 학문적 기반은 여전히 취약하며, 실무와 학계 사이의 간극 또한 존재한다. 그리하여 그러한 간극을 좁히고, 입법 과정을 이해하려는 학생, 연구자, 실무자에게 기초적인 안내서가 되고자 하였다. 그리하여 입법학을 접할 때 기본 개념을 이해할 수 있는 시각을 담고자 노력하였다.

이 책을 통해 독자 여러분이 법을 '읽는 것'을 넘어, 법을 '만드는 것'의 의미와 책임을 고민할 수 있기를 바란다. 또한 입법을 단순한 절차가 아니라, 사회적 상상력과 민주적 합의를 구현하는 과정으로 이해하는 계기가 되기를 기대한다.

2025년 9월

목차

들어가면서   4

제1장   법령입안 기본

제1절 입법학과 입법주체
1. 입법학의 개념   10
2. 입법학 연구의 필요성   11
3. 법정책학 및 규제학과의 관계   12
4. 법령의 체계도   15
5. 정부입법과 의원입법 비교   29

제2절 법령입안 심사기준
1. 입법의 기본 구조와 심사의 필요성   55
2. 법치주의의 내용   56
3. 법령입안의 개념과 단계   57
4. 법령심사의 심사기준   64

제3절 알기 쉬운 법령 만들기
1. 들어가며   75
2. 입법정책결정론   77
3. 입법논증론   82

제2장 법령입안 심화

제1절 「헌법」 기본원리와 법제 실무

1. 국민주권주의	92
2. 법치주의	94
3. 권력분립주의	101
4. 기본권보장주의	103
5. 복지국가원리	107
6. 민주주의의 실질화	114

제2절 법제 실무에서의 헌법원리 적용 포인트

1. 위임입법 한계 준수	118
2. 위임입법의 한계	124
3. 정책 기획 및 규제 설계	134

제3장 정책 법제도 전략 수립 및 관리방안

제1절 AI 기반 행정을 위한 정책과 법제

1. AI 기반 행정의 개념과 배경	148
2. AI 기반 행정의 국내 정책 동향	149
3. AI 행정의 활용 사례	150
4. AI 행정의 법적 쟁점과 입법과제	152
5. AI 행정 관련 국내 법령 체계	154
6. 해외의 AI 행정 규제 및 정책 비교	155
7. AI 기반 행정의 향후 과제와 방향	157
8. 「인공지능 발전과 신뢰 기반 조성 등에 관한 기본법」	158

제1장

법령입안 기본

제1절　　　　　　　　　　　　　　　　입법학과 입법주체

1. 입법학의 개념

입법학(Legislative Studies 또는 Legislative Science)은 법률의 제정 과정과 그에 관련된 이론, 방법, 기술을 체계적으로 연구하는 학문이다. 입법학은 기본적으로 전통적 해석법학의 한계를 극복하고자 하는 취지를 가지고 있어 규범학적 성질뿐만 아니라 사실적 성격을 가진다.[1]

그리하여 단순히 법률의 내용만을 분석하는 것이 아니라, 입법 과정 전반, 즉 법률안의 기획, 입안, 심의, 제정, 집행 후 평가까지의 모든 흐름을 학제적으로 연구하는 것을 목표로 한다. 그래서 입법학이란, 법률을 비롯한 각종 규범의 제정과정에 관한 이론적·실증적 연구를 통하여, 입법의 타당성, 입법의 효과성, 입법의 정당성을 확보하고자 하는 응용적 법학의 한 분야이다.

입법학의 연구 내용은 크게 다섯 가지라고 할 수 있는데 첫째, 입법의 목적과 정당성으로 목적이 타당하고 방법이 적절하여야 한다. 둘째, 입법 기술로 예를 들어 법률 문장을 작성하거나, 체계를 구성하고 약속된 법률 용어인지를 확인하는 것이다. 셋째, 입법 절차의 합리성 및 민주성 확보로 많은 사람들이 원하고 있는지 공청회, 간담회 등으로 확인하는

---

1) 이상영, "법사회학적 입법연구: 토지공개념 3개법안 입법과정을 중심으로", 서울대학교 박사학위논문, 1993.7면 참조

과정이 필요하다. 넷째, 입법의 영향 분석이다. 본 입법으로 인해 비용·편익을 살피고, 사회적 효과 등을 따져 보는 것이다. 다섯째는 규제법학으로 본 입법으로 얼마나 많은 사람들의 기본권이 제한되는지, 그 제한이 의미가 있는지 법정책학과 연계하여 국민을 설득하는 것이다.

입법학과 밀접한 학문

	관련 분야	내용
1	법이론	법의 개념, 정의, 체계와 관련된 철학적·이론적 기초
2	정책학	입법을 공공정책 형성의 일환으로 보고 분석
3	정치학	국회의 입법과정, 정당과 로비, 이해관계자 분석 등
4	행정학	규제와 정책 집행에 있어 입법의 연계성 연구
5	경제학	입법의 경제적 효과와 규제 비용 분석 등

2. 입법학 연구의 필요성

(1) 입법의 질적 향상

법률의 난해한 표현, 중복·모순 규정 등은 법의 예측가능성과 신뢰를 훼손한다. 입법학은 명확하고 이해하기 쉬운 법률 문장, 일관된 체계 구성을 위한 입안 기술(legislative drafting)을 제공하여 입법 품질을 제고한다.

(2) 규제와 법정책 수요의 증가

현대사회에서는 입법이 사회 변화를 선도하고, 규제를 통해 정책 수단으로 활용된다. 입법학은 법률이 정책목표를 얼마나 효과적으로 구현하는가를 분석하여, 정책 수단으로서의 법률의 역할을 평가한다.

(3) 입법 절차의 민주성과 투명성 확보

절차적 정당성을 확보하기 위한 입법 참여제도, 공청회, 규제영향분석 등은 입법학적 연구가 요구되는 영역이다. 입법학은 이러한 절차적 요소를 제도화하고 설계하는 데 기여한다.

(4) 법률의 사후 평가 및 정비

많은 법률이 제정 후에도 문제를 드러내며 법령 정비, 폐지, 통합이 필요하다. 입법학은 법률 시행 이후의 효과 분석 및 사후 입법평가(post-legislative evaluation) 기법을 제공한다.

(5) 입법권의 책임성과 헌법질서 보장

국회나 정부입법 모두 권한 남용의 우려가 존재하므로, 입법학은 헌법적 원칙(권력분립, 기본권 보장 등)에 기반한 법률 제정의 정당성 확보를 돕는다.

3. 법정책학 및 규제학과의 관계

(1) 입법학과의 관계

입법학(Legislative Studies)은 실제로 법정책학(Legal Policy

Studies) 및 규제학(Regulatory Studies)과 밀접한 관계를 맺고 있으며, 이 세 학문은 서로 연계되어 현대의 입법 실무와 정책 결정에서 중요한 역할을 한다.

먼저 입법학은 법률 제정과정 전반(기획, 입안, 심의, 평가)을 이론적·기술적으로 연구하는 학문이라고 할 수 있다. 즉, 법의 형식과 절차 중심, 법률 초안의 문장, 체계, 절차 설계, 헌법적 정당성과 법률 형식의 적법성 확보 등의 중요한 학문의 역할이다.

한편 법정책학은 법의 목적·내용·수단이 공익에 부합하는지, 정책 목표를 효과적으로 달성하는지 분석하고 설계하는 응용법학이라고 할 수 있다. 그리하여 법정책학은 법의 목적성과 내용을 중심으로 한다. 즉, "이 법이 왜 필요한가?"에 대한 정당성을 분석하는 데 다양한 사회정책 수단 중 법이라는 수단의 타당성을 검토해 보는 것이다. 예를 들어 환경 문제의 경우 과징금을 부과하는 것이 좋은지, 인센티브를 지급하여 행위습관을 만들어 주는 것이 좋은지, 규범적으로 금지하면 되는지, 어떤 방식이 공익에 더 기여하는지 살펴보는 것이다.

규제학은 국가가 사회·경제 활동에 개입하기 위한 규제수단의 정당성, 효과성, 효율성 등을 분석하고 대안을 모색하는 학제적 연구로서 입법의 정책수단으로서의 기능을 분석하는 것이다. 입법이 규제수단일 경우, 그 효과성 및 비용-편익을 분석하고 정부 개입의 범위·정당성 평가가 과잉규제인지, 공공이익이 있는지를 살펴보는 것이다. 예를 들어 부동산법 개정 시 시장 왜곡 유발 여부를 경제적 분석으로 판단하여 규제가 적절했는지 분석한다.

입법학과의 관계

구분	입법학과 법정책학의 관계	입법학과 규제학의 관계
학문 방향	정치학+법학 성격	경제학+행정학+정책학 연계
역할	실체법 목적과 수단의 정합성 확보	규제의 적절성과 최소침해 원칙 평가
입법과의 관계	입법 목적과 내용의 정당성 검증	입법이 규제일 경우 그 효과와 효율성 평가
분석기준	헌법원칙, 공익, 기본권 조화	비용-편익, 규제대안, 실행가능성

(2) 사례를 통한 시사점

법정책학은 입법학의 '목적의 정당성'을 제공한다. 즉, 법이 무엇을 해결하려는지, 그 정책적 타당성은 무엇인지에 대한 이론적 기준을 제공한다. 따라서 입법학은 법정책학 없이 방향성을 정하기 어렵다. 규제학은 입법학의 '수단 효율성'을 평가하는데 법률로 문제를 해결하려 할 때, 규제가 적절한가를 실증적으로 분석한다. 과도한 국가 개입은 자유를 해치고, 이 경우 입법의 수정이 필요하다. 입법학은 양자를 종합해 '법으로 해결할 수 있는 최적 경로'를 설정한다. "이 문제를 어떤 방식으로, 어떤 문장으로 법률화할 것인가?"라는 실행 지점에서, 법정책학과 규제학의 이론을 수용하고 제도화하는 것이다.

예를 들어 "플랫폼 노동자 보호법"을 제정한다고 가정하자. 법정책학의 분석적 초점은 어디까지나 목적의 정당성에 있으므로 기존「근로기준법」이 적용되지 않는 특수고용직의 권익을 보호한다. 규제학은 수단이 적절한지를 분석하는데 이는 과도한 규제가 기업의 인센티브를 저해하는지, 중소기업에게 과잉부담이 되는지 평가하는 것이라 할 수 있다. 그 밖에 입법학은 실행을 설계하는 것으로 근로자 개념을 확대 정의하고, 사회보험 의무 조항 문구를 설계하며, 부칙을 정리한다.

입법학은 법정책학과 규제학의 결합 위에 서 있는 종합 학문으로, 입법학은 법을 만드는 기술, 즉 기계를 다루는 학문이지만, 그 기계를 움직이는 연료는 법정책학의 가치이고, 그 기계가 작동하는 현실을 점검하는 감시자는 규제학의 실증 분석이다. 이 세 학문은 유기적으로 결합할 때, 우리는 합리적이고 정당하며 실효성 있는 입법을 이룰 수 있다.

4. 법령의 체계도

(1) 법률의 종류

1) 성립 주체에 따른 분류

먼저 국회 제정법률이 있다. 이 법률은 대한민국 국회에서 입법 절차를 거쳐 제정한 법률로서 일반적인 의미의 법률이다. 다음으로 조약과 국제법적 효력을 가지는 법률이 있다. 이 법률은 「헌법」 제6조제1항에 따라 국내법과 같은 효력을 가지는 조약, 국제협약 등이 있다.

「대한민국헌법」 제6조 ① 헌법에 의하여 체결·공포된 조약과 일반적으로 승인된 국제법규는 국내법과 같은 효력을 가진다.
② 외국인은 국제법과 조약이 정하는 바에 의하여 그 지위가 보장된다.

또한 법률에 준하는 효력을 가지는 명령, 대통령령, 총리령, 부령 등 위임된 범위 내에서 제정되며, 법률의 하위 규범이 있다. 이는 법률의 위임 범위 내에서 그 법률에 준하는 효력을 가진다.

2) 효력의 우선순위에 따른 분류

효력의 우선순위에 따라 국가의 최고규범은 「헌법」이다. 모든 법률은 「헌법」에 위배되어서는 안 된다. 다음으로 국회가 제정한 일반 법률인 법률은 「헌법」 다음의 효력을 가진다. 다음은 명령으로 대통령령, 총리령, 부령 등 법률의 위임 또는 집행을 위한 규범이다. 다음으로 자치법규가 있다. 조례·규칙 등 지방자치단체가 제정한 법규로서 그 지역 내에서만 효력이 발생된다.

3) 적용 범위에 따른 분류

일반법(General Law)은 모든 국민이나 일반적 사건에 적용되는 법이다. 예를 들어 「민법」, 「형법」이 여기에 속한다. 다음으로 특별법(Special Law)이다. 특별법은 특정한 사람, 장소, 사안에만 적용되는 법으로, 군인들에 한정되는 「군형법」이나 「행정심판법」과 같은 법이 여기에 속한다.

4) 규율 대상에 따른 분류

공법(Public Law)은 공공의 영역에서 해당되는 법으로 「헌법」, 행정법, 「형법」, 재판법 등이며, 대표적인 법으로는 「헌법」, 「형법」, 「형사소송법」, 「행정절차법」이 있다. 사법(Private Law)은 「민법」, 「상법」, 「민사소송법」이 있고, 사회법(Social Law)은 공법과 사법의 중간 영역으로서 국민의 사회적 기본권을 보호하는데 「근로기준법」, 「국민연금법」, 「산업안전보건법」 등이 그 대표적인 법이라 할 수 있다.

5) 내용의 성격에 따른 분류

실체법은 권리·의무의 내용을 직접 규정한 법으로 「민법」, 「형법」, 「상법」이 여기에 속하며 절차법은 권리·의무의 실현을 위한 절차를 규정하여 「민사소송법」, 「형사소송법」, 「행정소송법」이 여기에 속한다.

6) 제정 목적에 따른 분류

기본법은 어떤 분야의 기본 원칙을 설정하는 법으로, 대표적인 예로는 「국토기본법」, 「환경정책기본법」이 있다. 개별법은 특정 분야의 구체적 내용을 규정하는 법으로, 「국토의 계획 및 이용에 관한 법률」, 「대기환경보전법」과 같이 특정 분야에서의 주의의무와 책임을 별도로 규정하는 법이다.

(2) 법령의 위계

1) 위계의 정의

법령의 위계(法令의 位階)란 법령 간의 우선순위나 상하 관계를 의미한다. 이는 국가의 법체계에서 여러 법령이 충돌할 때 어떤 법령이 더 우선되고 강한 효력을 가지는지를 판단하는 기준이라 할 수 있다. 즉, 「헌법」부터 고시·지침까지 다양한 법 형식 간의 법적 효력의 서열을 나타낸다.

「헌법」은 법령에서 가장 최고규범으로, 모든 법률과 명령, 조례는 「헌법」에 위배되어서는 안 된다. 「헌법」은 국가의 기본 원칙으로 국민의 기본권, 권력분립 등이 규정되어 있다. 즉, 「헌법」은 모든 법령의 근거이자 정당성의 기준이라 할 수 있다. 다음으로 법률은 「헌법」에 근거하여 국회가 제정한다. 국민의 권리·의무를 직접 규율하며 시행령, 시행규칙의 근거가 된다. 대통령령은 다른 말로 시행령이라고 하는데(대통령이 발하는 시행령) 법률 위임에 따른 구체적 집행 규범이다. 법률에 위임받아 제정된다. 「헌법」과 법률에 근거하여, 법률을 집행하거나 구체화하기 위해 제정된 규범으로, 법률의 집행에 필요한 사항을 규정한다. 총리령, 부령은 시행규칙이라고 불리는데 국무총리 또는 각 부처의 장관이 대통령령에 근거해 세부사항을 규정한다. 지방법규 조례, 규칙은 지방자치단체가 제정하는데 상위법에 반하여 제정할 수는 없다. 행정규칙은 훈령, 예규, 고시, 지침 등으로 내부적 행정을 지시할 수 있다. 대외적 구속력은 제한적으로 위법 여부가 쟁점이 될 수 있다.

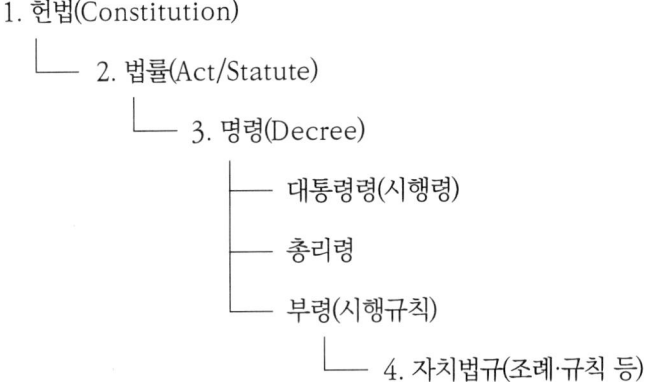

2) 위계의 원칙

위계는 상위법 우선의 원칙으로 하위법령은 반드시 상위법령의 범위 안에서만 효력이 있으며, 위반 시 무효이다. 법률에 반하는 대통령령은 무효로서 시행령의 위임 없이 시행규칙이 국민 권리·의무를 제한한다면, 위임입법 한계를 위반한 것으로 무효라고 할 수 있다. 특히 법령 간 충돌 발생 시 위계에 따라 위헌 또는 위법 여부를 판단한다.

개발제한구역 고시 사건

"개발제한구역 고시 사건"은 행정기관이 법률이나 시행령의 위임 없이 '고시'라는 형식으로 국민의 재산권을 제한한 조치가 위법하다고 판단된 대표적인 위임입법 위반 판례이다.

이 판결은 대법원 2003년 10월 30일, 대법원 2001두6200 판결로서 토지 소유자들(개발제한구역 내 토지 소유자)이 지방자치단체장(서울특별시장 등)을 대상으로 환경부 장관이 제정한 <u>"개발제한구역의 지정 및 관리에 관한 고시"</u>가 "국토이용관리법"이나 그 시행령의 위임 없이 토지 형질변경, 공작물 설치 등을 제한할 수 있는가를 문제제기 하였던 사건이다.

주요 쟁점
- 법률이 아닌 고시로 국민의 재산권을 제한할 수 있는가?

이 고시는 개발제한구역(그린벨트) 안의 토지에 대해 구체적인 행위 제한 기준을 정하고 있었는데 법률이나 시행령의 구체적 위임 없이 고시만으로 행위를 제한하는 것은 위임입법의 한계를 넘은 것인가?

대법원은 "행정입법이 국민의 권리·의무에 직접적인 영향을 미치려면 법률 또는 상위 법령의 명확한 위임이 있어야 한다. 이 사건 고시는 그러한 구체적인 위임 없이 재산권을 제한하고 있으므로 무효이다."라고 판시하였다. 고시는 단순한 행정지침이나 내부 규율 수단일 뿐인데, 고시를 통해 국민의 기본권(재산권)을 제한하는 것은 위헌·위법이니 입법의 형식과 절차를 무시한 것으로, 위임입법의 한계를 위반한 사례로 판단하였다.

이 판례는 위임입법의 한계를 확인하였다. 즉, 고시·훈령 등 하위 행정입법은 국민 권리를 제한할 수 없으며, 반드시 법률 또는 시행령의 위임이 있어야 한다. 고시의 법적 효력을 제한하여 고시는 일반 국민을 직접 구속하는 규범력이 없다는 점을 분명히 하고, 국민의 재산권 보호를 강화하여 「헌법」 제23조의 재산권 보장 원칙에 따라 고시는 국민의 재산권을 임의로 제한할 수 없다. 법령 위임 없이 '고시'로 국민의 권리를 제한한 조치는 무효이며, 이 사건은 위임입법의 한계 원칙을 확립한 대표 판례로 이후 많은 행정입법에서 고시·지침의 남용 방지 기준이 되었다.

그 밖에도 "판문점 견학 제한 고시 사건"에서 지침으로 국민의 자유 제한이 가능한지 여부를 대법원은 법률 또는 대통령령의 위임 없이 절대로 제한할 수 없음을 명확히 한 바 있다.[2]

---

[2] "판문점 견학 제한 고시 사건"은 행정기관이 고시나 지침의 형식으로 국민의 자유를 제한한 조치가, 상위 법령의 위임 없이 이루어졌을 경우 위법하다는 점을 강조한 판례이다. 이 사건은 "개발제한구역 고시 사건"과 더불어 위임입법의 한계를 확인하고, 행정규칙의 대외적 구속력에 제약을 둔 대표 사례이다. 대법원 2004. 11. 26. 선고 2003두1235 판결. 판문점 견학을 신청했다가 거부당한 일반 국민이 국방부 장관을 대상으로 국가안전보장상 이유로 견학 제한을 당하자 국방부가 내부 지침(판문점 견학지침)을 근거로 일반인의 견학을 제한했을 때 이러한 지침이 국민의 거주·이전의 자유, 평등권 등 기본권을 제한할 수 있는가가 쟁점이 되었는데(원고는 판문점 공동경비구역(JSA) 견학을 신청했

즉, 법률유보 원칙은 기본권을 제한하려면 반드시 법률 또는 위임받은 대통령령에 근거하여야 한다는 것이며, 행정지침은 한계를 가진다는 것이다. 즉, 지침, 훈령, 예규 등은 일반 국민에게 직접 구속력을 가지기 때문에 행정기관이 편의적으로 기준을 정해 국민의 권리를 제한하는 행태에 대해 제동을 거는 것은 어디까지나 외부로 공표된 기준이든(개발제한구역 고시 사건), 내부 행정지시 기준이든(판문점 견학 제한 고시 사건) 자의적인 부분을 방지하는 것이다. 그러므로 행정기관은 국민의 권리를 제한할 때 반드시 법률 또는 그 위임을 받은 대통령령에 근거해야 한다. 내부 지침이나 고시로 국민의 기본권을 제한하는 것은 위헌·위법이다. 그러므로 위 두 사건은 행정권의 남용을 방지하고, 법치주의 원칙을 수호하는 핵심 사례라고 할 것이다.

법령의 위계는 "헌법 → 법률 → 대통령령 → 부령 → 행정규칙" 순으로, 하위 법령은 상위 법령에 근거하여야 하며, 이를 벗어나면 효력이 없다는 것이 원칙이다. 이는 법치주의 원칙과 위임입법의 한계를 실현하는 기본 틀이라 할 것이다.

으나, 국방부는 일정 기준에 따라 견학 신청을 거부함. 해당 기준은 국방부가 내부적으로 마련한 '지침'에 근거했음.) 원고는 「헌법」상 보장된 자유가 정당한 법률적 근거 없이 침해되었다고 주장하며 소송제기 하였다. 대법원은 "국민의 기본권(특히 거주·이전의 자유, 일반적 행동의 자유)을 제한하려면 반드시 법률 또는 그 위임을 받은 대통령령이 필요하다."라고 하면서 "이 사건과 같은 행정지침(내부 문서)에 근거한 제한은 국민에 대한 법적 구속력이 없으며, 따라서 위법이다."라고 하였다. 즉, 대법원의 핵심 판단은 법률유보 원칙을 위반한 것이라 하였는데 「헌법」 제37조제2항에 따라 국민의 자유와 권리를 제한하려면 반드시 법률에 근거해야 하며, 지침은 그 요건을 충족하지 않는다는 것이다. 즉, 지침은 내부적 행정지시일 뿐 행정지침은 공무원 내부의 사무 처리 기준으로 사용될 수는 있으나, 이를 통해 국민의 기본권을 제한하거나 외부에 구속력을 갖게 할 수는 없다.

(3) 위임입법의 이해

1) 위임입법의 개념

　국회가 제정한 법률이 모든 세부사항을 규정하기 어려울 때, 행정부에게 위임하여 대통령령·부령 등으로 보완하도록 하는 입법 형식이다. 예를 들어「개인정보 보호법」제2조 "6. "공공기관"이란 다음 각 목의 기관을 말한다. 나. 그 밖의 국가기관 및 공공단체 중 대통령령으로 정하는 기관"과 같이 추후 생겨날 수 있는 국가기관 및 공공단체는 대통령령으로 정하는 기관으로 그 범위를 행정부에게 위임하는 것이다.

　위임은 반드시 명확하고 구체적이어야 하며, 국민의 기본권을 제한하는 경우는 법률에 핵심 내용을 직접 규정해야 한다. 예를 들어 과태료의 기준이나 개인정보의 수집 범위와 같이 명확하고 구체적으로 그 범위를 정하여야 한다. 이때 위임받은 범위를 넘어서거나, 아예 법률의 근거 없이 독자적으로 규율하는 경우를 위임범위 일탈이라고 하는데, 법률에 없는 사항을 시행령·고시로 신설한 경우 위헌이나 무효가 가능하고 해당 규정은 효력이 정지될 수 있다.

　가장 문제가 되는 것은 백지 위임으로 백지위임은 허용되지 않으며, 위임은 구체적이고 명확해야 한다. 국민의 권리를 제한하거나, 의무를 부과하는 본질적 사항은 법률로 직접 정해야 한다. 특히 법률의 위임 없이 고시나 지침만으로 국민의 권리를 제한하는 것은 위법이다.

　예를 들어「개인정보 보호법」제33조는 개인정보 영향평가 규정인데 이에 대해 구체적으로 시행령은 대상기관 범위, 절차를 위임받아 그 범위를 넘지 않고 규정한다. 또한 고시에서는 영향평가 체크리스트가 제공되지만 시행령의 내용을 넘어서는 항목은 설정되어서는 안 된다.

그러므로 위임입법이란 국회가 구체사항을 대통령령·총리령·부령 등에 위임하는 것을 말하며, 위임입법의 한계란 국민의 권리·의무에 관한 핵심 내용을 법률이 직접 규정하는 것을 말한다. 또한 위임입법의 일탈이란 법률 없이 고시·지침 등으로 본질적 내용을 규율하면 위헌 소지가 있다.

2) 위임입법의 원칙

위임입법은 「헌법」이 가장 상위에 있는 헌법적 위계 원칙을 지켜야 하며 하위 법령은 상위 법령에 반해서는 안 된다는 상위법 우선 원칙을 지켜야 한다.

또한 명령이나 고시 등은 반드시 법률의 위임을 받아야 하며, 위임 범위를 초과할 수 없다는 위임 명확성의 원칙이 있다. 끝으로 국민의 기본권 제한은 반드시 법률에 근거해야 한다는 법률유보의 원칙이 있다.

이때 훈령·예규·지침 등은 행정규칙으로, 법령체계도에는 포함되지 않지만, 실제 행정 운영에 영향력이 있다. 다만, 법적 구속력은 내부기관에만 존재하며, 국민에 대한 직접 효력은 없다.

```
헌법      ← 최고규범
 ↓
법률      ← 국회 제정
 ↓
시행령(대통령령) / 총리령 / 부령   ← 행정부 제정
 ↓
조례·규칙 등   ← 지방자치법규
```

3) 훈령, 예규, 지침, 고시

① 훈령

훈령은 상급 행정기관이 하급 기관 또는 소속 공무원에게 직접적으로 명령하거나 지시하는 문서로, 법규명령 또는 행정규칙이다. 하급기관이나 공무원에 대해서는 법적 구속력이 존재한다. "행정기관의 조직과 직무범위에 관한 법률" 및 개별 법령에 따라 효력이 존재하며 대표적인 예로는 법무부 장관이 검사들에게 수사방향에 대해 지시하는 훈령이 있다.

② 예규

예규는 행정기관이 유사 사건 처리의 통일성과 효율성을 위해 사전에 정해 놓은 사례 중심의 처리기준으로 법적 성격은 행정규칙이다. 단, 내부 규범으로 법규명령은 아니다. 내부적으로는 구속력이 있으나, 국민에게 직접적인 법적 구속력 없다고 할 수 있다. 주요 용도는 세무 처리기준이며 감사기준 등 업무의 통일성을 유지하기 위함이라 할 수 있다. 예를 들어 국세청 예규(유권해석 사례), 감사원 회계처리 예규 등이 있다.

③ 지침

지침은 특정 사안을 처리함에 있어 방향 제시나 권고성 내용을 담은 문서로서 법적 성격은 권고적 행정규칙으로 법규성이 낮다. 일반적으로는 법적 구속력 없으며, 행정지도의 성격을 가진다. 예시로는 "학교폭력 사안처리 지침", "공공기관 평가 지침" 등이 있다.

④ 고시

고시는 「행정절차법」상 법령의 위임을 받은 경우, 국민에 대하여 구체적 권리·의무를 형성할 수 있는 효력이 있어 법규명령으로 취급될 수 있다. 예시로는 식품의약품안전처 "의약품 허가·심사 기준 고시", 환경부 "대기오염물질 배출허용기준 고시" 등이 있다.

4) 훈령, 예규, 지침, 고시의 비교

훈령은 상급자의 하급자에 대한 공식 명령이고 예규는 반복적인 사건에 대한 행정 기준이며 지침은 방향을 제시하는 성격의 권고이다. 고시는 국민에게 공개적으로 알리고 효력이 발생하는 행정명령이지만 대국민에게 공포하는 절차가 필요하다. 훈령 위반은 행정청 내부 통제를 위반한 것이며, 위법한 행정행위의 간접 판단 요소가 될 수 있다. 예규나 지침에 따르지 않았다고 해서 위법한 행정처분이 되는 것은 아니다. 국민의 권리·의무에 직접 영향을 주려면 반드시 법률에 근거한 행정입법(법규명령)이어야 한다. 훈령, 예규, 지침, 고시는 모두 행정기관에서 발하는 행정규범 내지 준법규 문서이지만, 작성 주체·내용·법적 구속력·효력 범위 등에서 차이가 있다. 훈령·예규·지침은 행정기관 내부의 자율적 기준이므로, 국민에 대해 직접적인 법적 구속력은 없지만 고시는 「행정절차법」상 법령의 위임을 받은 경우, 국민에 대하여 구체적 권리·의무를 형성할 수 있는 효력이 존재한다. 그러므로 고시를 위반하면 처벌될 수 있다. 즉, 고시가 법령 위임에 따라 제정된 경우, 행정처분 근거가 되거나 과태료 등의 제재 사유가 된다. 그러나 지침을 위반하면 원칙적으로 행정 내부 기준이므로 국민이 이를 위반했다고 하여 직접 처벌되지는 않는다. 예규는 사례 중심의 기준(유권해석 포함), 지침은 업무 처리 방향 제시라는 점에서 분명 다르다.

훈령, 예규, 지침, 고시 비교

구분	훈령	예규	지침	고시
정의	상급기관이 하급기관이나 소속 공무원에게 내리는 직접 명령	유사 사안에 대한 처리 기준·사례 중심 행정 규칙	업무처리 방향이나 기준에 대한 내부 권고성 문서	법령의 위임 또는 집행을 위해 일반 국민에게 공식적으로 알리는 공고
법적 성격	행정규칙 또는 일부 법규명령 (내부구속력 있음)	행정규칙 (내부 지침 성격)	행정지침 (권고적 성격)	법규명령 가능 (국민에게 직접 효력 발생 가능)
주요 대상	하급기관 또는 소속 공무원	내부 직원 (사례 중심 기준 제공)	내부 직원 (업무 방향성 부여)	국민, 사업자, 외부기관 등
법적 구속력	하급기관에 구속력 있음	내부적 기준, 직접 구속력 없음	권고적, 강제력 없음	일정 요건하에 외부에도 구속력 있음
근거 법령	「국가공무원법」, 행정기관 조직법 등	내부 운영규정	없음 (실무 관행 기반)	「행정절차법」 제46조 등
공포 방식	내부 문서	내부 문서	내부 문서	관보 또는 홈페이지 공고 등

(4) 사례 연구

「개인정보 보호법」은 「헌법」 → 법률(본법) → 시행령(대통령령) → 시행규칙(부령) → 고시·지침·예규 등의 위계 구조로 구성되어 있다.

---

1. 「헌법」 제17조
   ↳ 모든 국민 사생활의 비밀과 자유 침해받지 아니한다
2. 「개인정보 보호법」(법률)
   ↳ 제1조 목적~제76조 벌칙
3. 「개인정보 보호법 시행령」(대통령령)
   ↳ 법률 위임사항의 구체화(예: 개인정보 영향평가 절차, 보호위원회 구성 등)
4. 「개인정보 보호법」 시행규칙(행정안전부령)
   ↳ 실무 절차, 양식, 보고서 서식 등 규정
5. 고시·지침·예규(행정규칙)
   - 개인정보 영향평가 기준 고시
   - 개인정보처리방침 작성지침
   - 개인정보 유출신고 매뉴얼
   - 개인정보 보호관리수준 진단 지표 등

※ 행정규칙은 법적 효력이 약하나 실무적 구속력이 큼

「개인정보 보호법」 위임 조항

조문	위임대상	위임내용	법령
제20조 (개인정보 처리방침)	대통령령	개인정보 처리방침의 기재 항목 등	시행령 제30조
제33조 (개인정보 영향평가)	대통령령	영향평가의 대상 및 절차	시행령 제35조
제35조(열람청구)	대통령령	청구 방법, 절차 등	시행령 제41조
제36조 (정정·삭제 요구)	대통령령	요구 방법 및 절차	시행령 제42조
제37조 (처리정지 요구)	대통령령	요구 방법, 정지의 예외 사유 등	시행령 제43조
제39조의4 (자동화된 결정 거부 권리)	대통령령	자동화 처리를 통한 결정의 예외, 방법	시행령 제44조의2
제64조(과징금)	대통령령	과징금 부과 기준·절차	시행령 제72조
제66조(과태료)	대통령령	부과 대상 행위 및 금액	시행령 제74조

위 조항들은 모두 「헌법」상 위임입법의 원칙에 따라 수범자 권리 제한 시 위임 근거가 있어야 하며, 그 내용은 구체적이고 명확해야 한다. "개발제한구역 고시 사건"(헌재 2001. 6. 28. 98헌바70)의 경우 「국토이용관리법 시행령」으로 개발제한구역의 지정기준을 고시로 정한 부분에 따라 사유재산권이 제한되자 '고시로서 국민의 권리를 제한할 수 있는가?' '법률 또는 대통령령의 구체적 위임이 있었는가?'가 문제되었다. 그러자 헌법재판소는 위헌이라고 하면서, 고시는 법률 또는 시행령에 명확한 위임 없이 국민의 재산권을 실질적으로 제한하며 백지위임 금지하는 원칙은 위반이라고 하였다. 즉, 고시는 단순한 행정조치

로, 입법적 효력을 가질 수 없다고 하였다. 위 조항들은 모두 「헌법」상 위임입법의 원칙에 따라 수범자 권리 제한 시 위임 근거가 있어야 하며, 그 내용은 구체적이고 명확해야 한다.

행정기관 고시는 법률의 위임 없이 국민의 권리·의무를 제한하면 위헌이라는 것이다. 그 밖에도 「건축법」과 "건축물대장 작성지침" 충돌 사건에서, 법에서 허용된 건축 양식을 지침(고시)에서 제한한 경우 관련 고시는 무효이고(대법원: 법률 우선 원칙 위반), 「의료법」상 진료기록 열람권과 보건복지부 고시 법률은 진료기록 열람을 허용하나, 신분확인서류 요구를 강화하는 고시는 일부 무효가 가능하다고 하였다(법률보다 과도한 제한). 「개인정보 보호법」과 "개인정보 유출 통지 고시"의 경우 고시는 통지 방법을 구체화하지만, 법률위임 조항이 존재하여야 적법하다고 하였다. 즉 위임이 명확할 때만 구체성이 충족된다는 것이다. 고시는 위임이 있을 경우에만 국민에게 효력이 발생하고, 법률보다 고시가 더 제한적인 규정을 두면 무효이며, 고시는 법률 보완 수단이지 대체 수단이 아니라고 하였다.

5. 정부입법과 의원입법 비교

(1) 개념

입법은 국회의원이 직접 법안을 발의한 의원입법이 있고, 대통령의 명의로 국무회의를 거쳐 법안을 제출하는 정부입법이 있으나, 두 경우 모두 국회의 심의와 의결을 통해서만 법률이 확정된다. 정부입법과 의원입법은 모두 국회에서 법률을 제정하는 방식이지만, 입안 주체, 절차, 정책연계성, 법률 완성도 등에서 상당한 차이점을 보인다.

먼저 정부입법은 각 부처가 정책 추진을 위해 직접 법률안을 기획·작성하여 국회에 제출하는 방식을 따른다.

> 「헌법」 제52조 국회의원과 정부는 법률안을 제출할 수 있다.

다음으로 의원입법은 국회의원이 직접 법률안을 발의하여 국회에 제출하는 방식으로 재적의원 1/5 이상 또는 소속 상임위의 심사가 필요하다.

> 「국회법」 제79조(의안의 발의 또는 제출) ① 의원은 10명 이상의 찬성으로 의안을 발의할 수 있다.

입법은 국회에서 이루어지며, 법률안을 국회에 제출하는 방식에는 정부입법과 의원입법 두 가지가 있다. 두 방식 모두 「헌법」 제52조에 근거를 두고 있으며, "법률안은 국회의원 또는 정부가 제출할 수 있다."라고 규정하고 있다. 정부입법은 대통령의 명의로 국무회의의 심의를 거쳐 국회에 법률안을 제출하는 방식이다. 실무적으로는 주무부처가 해당 법률안을 기획하고 초안을 마련한 뒤, 입법예고와 관계부처와의 협의, 규제 영향 분석, 법제처 심사 등을 거쳐 국무회의에서 의결된 후 대통령 명의로 국회에 제출된다. 정부입법은 국가정책과 예산, 복지, 산업 등 광범위한 정책을 체계적으로 반영할 수 있다는 장점이 있다. 또한 입법 전 단계에서 충분한 검토와 조율 과정을 거치기 때문에 실현 가능성이 높고 행정적 연계가 잘 이루어지는 편이다. 하지만 그 절차가 복잡하고 시간이 오래 걸리는 단점이 있으며, 정치적으로 민감한 사안에 대해서는 정부가 소극적인 입장을 취할 수도 있다.

반면 의원입법은 국회의원이 직접 법률안을 발의하는 방식으로, 「국회법」 제79조에 따라 국회의원 10명 이상의 찬성이 필요하다. 의원입법은 행정부의 입장과 무관하게 국회의원이 주도하여 입법할 수 있으므로, 특정 지역의 현안이나 국민 여론을 반영한 입법을 빠르게 추진할 수 있는 장점이 있다. 실제로 사회적으로 큰 관심을 받는 이슈들, 예를 들어 아동학대, 환경, 노동, 인권 등의 분야에서는 의원입법이 활발하게 이루어지고 있다. 다만 의원입법은 입안 과정에서 충분한 규제영향평가나 법제처 심사 등을 거치지 않는 경우가 많아, 법률안의 체계성과 실효성이 부족하거나 중복·충돌 문제가 발생할 우려도 있다.

이처럼 정부입법은 행정부 주도의 체계적이고 정책 연계적인 입법이 가능하고, 의원입법은 국민 대표로서 국회의원이 민의를 직접 반영할 수 있는 입법 방식이라는 점에서 각기 다른 기능과 의의를 가진다. 그러나 두 방식 모두 국회의 심의와 의결을 거쳐야만 법률로 확정된다는 점에서는 동일하며, 입법권의 중심은 결국 국회에 있다는 「헌법」 제40조의 원칙에 기반을 두고 있다.

정부입법과 의원입법의 비교표

구분	정부입법	의원입법
입안 주체	행정부(부처 중심)	국회의원 개인 또는 다수
정책 연계성	정부 정책·행정계획과 직접 연계	지역 민원, 사회적 이슈 반영 등 정치성 강조
입법지원 조직	법제처, 각 부처 법무팀의 검토·작성	국회 입법조사처, 국회법제실 등의 지원 (제한적)
문장 및 체계 완성도	체계적이며 부처 간 협의·검토 완료	종종 입법 기술 부족으로 체계적 미비 발생
사회적 합의 및 공청회	사전 의견수렴(입법예고, 규제영향분석 등) 실시	생략되는 경우도 많고, 속도 중시 경향
입법 속도	상대적으로 느림 (조정과 협의 필요)	정치적 이슈 시 신속 추진 가능
책임성과 집행 가능성	부처가 집행주체로서 책임을 공유함	입법 후 집행과 분리되어 실효성 부족 가능성
법령 수	간 전체 제·개정 법률안 중 약 10~20%	전체 입법안의 약 80~90% 차지
장단점	- 정책 목표와 연계되어 일관성 확보 - 법제처 검토 통해 문장·체계 정교화 - 사후 집행 연계 가능 - 부처 간 이견으로 지연될 수 있음 - 정치적 유연성 부족	- 민심·사회이슈에 민감하게 대응 - 정책 제안의 다양성 확보 - 신속 입법 가능 - 입법기술 부족 - 집행 가능성 낮은 포퓰리즘 법안 많음 - 중복·상충 법률안 증가

(2) 정부입법 사례

정부입법의 대표적인 예로는 「중대재해 처벌 등에 관한 법률 시행령」이 있다. 이 법은 고용노동부가 주도하여 시행 관련 사항을 정밀하게 설계한 것으로, 특히 일반적인 정부입법 절차와 큰 틀에서 동일하지만, 대상 법률의 특수성(산업안전·중대재해) 때문에 관련 부처 간 조율과 행정 절차가 더 엄격하고 복합적이었다.

1) 법률 위임 및 준비 단계
- 법률 제정: 국회에서 본법(「중대재해 처벌 등에 관한 법률」)이 확정되고 공포된다.
- 행정위임 규정 확인: 법률 내 시행령 위임 조항에 따라 어떤 사항을 대통령령(시행령)으로 정할 수 있는지 명시돼 있다.

2) 부처 주도 기획 및 초안 작성
- 주관부처 지정: 「중대재해 처벌 등에 관한 법률」의 경우 주관부처는 고용노동부이다.
- 초안 작성: 고용노동부는 조항별 시행 기준, 적용 대상 세부 기준, 하위규정 등을 초안화한다.
- 타 부처 협의(예: 산업부, 국토부 등 건설·제조업 관련 부처) 및 법제처 검토를 병행하여 법률 일관성과 기술적 정합성을 확보한다.

3) 행정예고 및 의견수렴
법제처 심사 후, 부처는 시행령 초안을 행정예고 하여 해당 법령에 대한 이해관계자(기업, 노동계, 전문가, 시민 등)의 의견을 수렴한다. 「중대재해 처벌 등에 관한 법률 시행령」은 2021년 7월에 행정예고 하고 7월 중 국무회의 의결 후 7월에 공포되었다. 이후 실무상 미비점을 보완하기 위한 수정·보완 의견이 다시 수렴되기도 한다.

4) 국무회의 심의·의결(정부입법의 핵심 단계)

국무총리 주재로 열리는 국무회의에 부처 장관이 직접 참여하여 시행령 제정안을 보고한다. 전문성, 정책 효과성, 중복 규제 여부, 입법체계, 재정 효과 등 여러 측면을 심도 있게 검토한다. 최근 사례로, 2025년 6월 19일에는 국무회의에서 "이공계지원특별법 시행령" 의결 브리핑이 있었다.[3]

5) 대통령 재가 및 공포

국무회의 통과 후, 대통령 재가(서명)를 거쳐 시행령이 확정되고 이후 관보[4] 등에 공포되어 시행된다.

6) 시행 후 모니터링 및 보완

시행 이후 정부는 관계부처 협업·추진 상황을 점검한다. 민간·산업계 현장 의견을 수렴하고, 규제영향평가 등을 통해 실효성과 부작용을 분

---

[3] 대한민국 정책브리핑, "'이공계 인재 육성' 국가 책무 강화…정부, '이공계지원 특별법' 의결", 2025. 6. 19., 이 법에는 ▲초·중등생 과학·수학 콘텐츠 지원, ▲이공계 대학생·대학원생 인재 양성, ▲학위과정 통합 활성화, ▲연구생활장려금 및 박사후지원 근거 마련 등 핵심 개정 사항이 포함되었다. https://www.korea.kr/news/policyNewsView.do?newsId=148944657&utm

[4] 대한민국 관보 열람 방법은 공식 웹사이트를 방문하면 된다(https://gwanbo.go.kr)., 운영기관은 행정안전부이며 서비스 내용은 법령, 대통령령(시행령), 총리령, 부령, 고시, 훈령, 예규, 지침, 인사발령, 입법예고, 규제심사 결과 등을 게시한다. 관보는 일간지 형태로 매일 발행되며, '관보 검색' 〉 '법령공포' 또는 '대통령령' 항목 선택하면 된다. 관보는 '일반(정)호'와 '전자호'가 있다. '법령 등 공포일'은 해당 법령이 효력을 갖기 위한 중요한 기준일이며 국회에서 제정된 법률은 대통령이 서명 후 15일 이내 관보에 공포되며, 대통령령도 동일하게 공포된다.

석한다. 필요시, 시행령 개정이나 입법변경을 추진할 수 있다. 예컨대 2025년에는 「중대재해 처벌 등에 관한 법률」 자체 개정 이후, 시행령에도 후속 보완이 이루어지는 동시적 개정이 진행 중이다.[5]

「중대재해 처벌 등에 관한 법률 시행령」은 감독 의무·처벌 기준 등 규제 세부 설계를 강조하고 높은 기술적 완성도를 요구하는 등(경영책임자, 사업장 규모 기준, 재해 판단 기준 등) 정부·산업계·노동계의 이해가 첨예하여 이를 조율하는 것이 필요한 정부가 조정하여야 하는 대표적인 입법의 예이다. 정부가 입법을 통하여 기업 부담, 노동자 안전 보장, 감독 행정의 균형을 도모할 필요가 있기 때문이다.

정부는 대개 본법이 공포되고 나면 시행령 위임 조항을 확인하고 주관부처와 초안을 작성한다. 이때 협의서와 검토서를 함께 포함한다. 이후 행정예고를 통해 의견수렴을 하고 국무회의 심의·의결을 하여야 한다. 이때 대통령이 재가하면 공포하게 된다. 결론적으로, 「중대재해 처벌 등에 관한 법률 시행령」은 정부입법의 전형적 절차를 충실히 따른 사례로 다만, 중대재해라는 민감·객관적 사안을 다룰 때에는 행정예고,

---

[5] 한국재난안전뉴스, "안전확보 의무의 모호성으로 산업현장 혼란 심각한 수준", 2022. 9. 1. 이계홍 기자, 경총 등 경영계 측은 '필요한'·'충실한'과 같은 애매한 표현을 삭제하고, 경영책임자 범위·직업성 질병 기준(예: '6개월 이상') 등을 시행령에 구체화해야 한다고 주장했으며, 전문가들은 "모호한 법 조항으로 현장 적용 혼란이 상당하다."라며, 특히 중소 건설사들이 현실적 이행에 어려움을 겪고 있어 이에 대한 현실적 지원과 시행령 구체화가 필요하다고 강조했다. 그리하여 법·시행령 간 불명확성으로 '필요한', '충실한' 등 모호한 용어를 제거하고 경영책임자 범위 모호한 부분에 있어 '실질적 지배·운영·관리 책임' 기준 시행령에 명확히 규정하며 직업성 질병 기준을 구체화하여 예를 들어 중증도 기준을 6개월 이상 병가 등을 쓰는 것으로 변경을 요청하였다. 무엇보다도 중소기업 현실 감안하여 중소 건설사 지원 강화 필요하다. https://www.kdsn.co.kr/news/article.html?no=27611

전문가·이해당사자 의견수렴, 국무회의 심의를 통한 세밀한 정책 조정, 시행 후 철저한 모니터링이 수반된다. 이를 시행 후 평가 및 보완과정이라고 한다.

우리나라 정부의 현황

대한민국의 행정부, 입법부 및 사법부를 정부라고 한다. 대통령은 국가원수 역할을 해 국가에서 가장 높은 행정 권한을 가진 인물이며, 총리와 정부 장관 순으로 그 뒤로 이어진다.

행정부와 입법부는 주로 국가 차원에서 운영되지만 행정부의 다양한 부처도 지역 기능을 수행한다. 지방 정부는 반자치적이며 자체적인 행정 및 입법 기관을 포함하고, 사법부는 국가 차원과 지역 차원에서 모두 운영된다. 단명한 대한민국 제2공화국을 제외하면, 한국은 항상 비교적 독립적인 대통령 형태의 행정수반을 가지고 있었다. 대한민국 「헌법」을 수호하는 헌법재판소의 재판관은 부분적으로 행정부에 의해, 부분적으로 입법부에 의해 임명된다. 마찬가지로, 탄핵 결의안이 입법부에서 통과되면 최종 결정을 위해 사법부로 보내진다.

그중 정부입법이라 할 때 정부는 행정부를 뜻하며 이는 대통령이 이끌고 있다. 대통령은 국민에 의해 직접 선출되며, 국가 행정부 중에서 유일하게 선출된 구성원이다. 대통령의 임기는 5년으로[6] 대통령은 국가원수

---

[6] 이재명 대통령의 임기는 5년 단임제로, 2025년 6월 4일 오전 6시 21분에 공식적으로 시작되었다. 따라서 임기 종료일은 2030년 6월 3일이다. 대한민국 역대 대통령

이자 정부수반이며 국군 통수권자이다. 대통령은 전쟁을 선포할 수 있는 권한을 부여받았으며 국회에 입법안을 발의할 수도 있다. 또한 대통령은 비상사태 또는 계엄령을 선포할 수 있으며, 이는 의회의 후속 승인에 따라 달라질 수 있다. 대통령은 법안에 대해 거부권을 행사할 수 있으며, 이는 국회가 3분의 2 이상의 거부권을 행사할 수 있는 조건이다. 그러나 대통령은 국회를 해산할 권한이 없다. 이러한 안전장치는 제1공화국, 제3공화국, 제4공화국하의 권위주의 정부들의 경험을 반영한다.

대통령은 대한민국 국무총리와 대통령비서실의 보좌를 받으며 직무를 수행한다. 총리는 국회의 승인을 받아 대통령이 임명하며, 내각 장관의 임명 또는 해임을 권고할 수 있는 권한을 갖는다. 공직자는 국회의원이 아니어도 되며 총리는 국무총리비서실, 전자는 내각급 장관이 이끌고 후자는 차관급 비서실장이 이끌고 있다. 대통령이 직무를 수행할 수 없는 경우, 총리는 대통령이 다시 직무를 수행하거나 새로운 대통령이 선출될

(정식 취임자 기준)은 ① 이승만(제1~3대, 1948.7.24.~1960.4.27.) ② 윤보선(제4대, 1960.8.12.~1962.3.22.) ③ 박정희(제5~9대, 1963.12.17.~1979.10.26.) ④ 최규하(제10대, 1979.12. 6.~1980.8.16.) ⑤ 전두환(제11~12대, 1980.8.27.~1988.2.24.) ⑥ 노태우(제13대, 1988.2.24.~1993.2.24.) ⑦ 김영삼(제14대, 1993.2.25.~1998.2.24.) ⑧ 김대중(제15대, 1998.2.25.~2003.2.24.) ⑨ 노무현(제16대, 2003.2.25.~2008.2.24.) ⑩ 이명박(제17대, 2008.2.25.~2013.2.24.) ⑪ 박근혜(제18대, 2013.2.25.~2017.3.10.) ⑫ 문재인(제19대, 2017.5.10.~2022.5.9.) ⑬ 윤석열(제20대, 2022.5.10.~2025.4.4.) ⑭ 이재명(제21대, 2025.6.4.~2030 예정) 1988년 「헌법」 개정 이후 대통령 임기는 단임 5년으로 제한된다. 비정상 퇴임 사례가 우리나라는 많은데, 윤보선, 박정희(피살), 전두환·노태우(쿠데타·수형), 박근혜·윤석열(탄핵·탄핵 확정 후 조기 퇴임) 등으로, 사실상 모든 대통령이 임기를 정상 종료하지 못했다.

때까지 대통령의 권한을 위임하고 국가를 통제한다. 대통령과 각료급 인사들이 심각한 범죄 혐의가 있을 경우 국회에서 탄핵할 수 있다. 국회가 탄핵에 찬성표를 던지면 헌법재판소는 탄핵 결의안을 확정하거나 부결시켜야 하는데, 이는 다시 한번 정부 3부 간의 견제와 균형의 제도를 반영하는 것이다.

국무원은 대한민국 행정부의 정책심의와 결의를 위한 최고기관이자 국가내각이다. 대한민국 「헌법」은 내각을 위원장을 포함해 15명에서 30명 사이로 구성하도록 규정하고 있으며, 현재 내각은 대통령, 국무총리, 부총리(기획재정부장관), 17개 부처의 각료로 구성되어 있다. 「헌법」은 대통령을 내각의 의장으로, 총리를 부의장으로 규정하고 있다. 총리는 대통령의 참석 없이 회의를 개최하는 경우가 많은데, 이는 내각 구성원의 과반수가 회의에 참석하는 한 회의가 합법적으로 개최될 수 있기 때문이다. 또한 2013년 이후 많은 정부기관이 서울을 벗어나 전국 각지로 이전하면서 한 장소에서 동시에 소집되지 않고 각료회의를 개최해야 할 필요성이 커지고 있으며, 이에 따라 시각적인 원격회의 형식으로 각료회의를 개최할 수 있도록 법률이 개정되었다.

대통령비서실장, 국무조정실장, 법제처장, 식품의약품안전처장, 공정거래위원회 위원장, 금융위원회 위원장, 서울시장, 그리고 법령에 의해 지정되거나 내각의장이 필요하다고 인정하는 기타 공무원들도 각료회의에 출석하여 회의에서 논의된 사항에 대해 투표할 권리 없이 내각 앞에서 발언할 수 있다. 서울시장은 대한민국 지방자치구의 수장으로서 중앙행정부와 직접적인 관련이 없음에도 불구하고, 서울특별시와 서울시장(국내 유일의 내각급)의 특별지위를 고려하여 국무회의에 참석할 수 있도록 허용되었다. 기본적으로 대통령제이지만 의회 내각제의 특정 측면이 결합되어 있기 때문에 대한민국 내각 역시 두 제도가 결합된 제도로 내각은 대통령에 대한 정책 협의뿐만 아니라 정책 결의안을 집행한다. 대한민국이 기본적으로 대통령제 공화국이라는 점을 감안할 때, 내각 결의는 대통령의 결정을 구속할 수 없으며, 이 점에서 내각은 엄격한 대통령제 내의 자문위원들과 유사하다.

그러나 동시에 대한민국 「헌법」은 예산과 군사 문제 등 17개 항목을 상세히 규정하고 있어 대통령의 승인 외에 내각의 결의가 필요한데, 이 점에서 한국의 내각은 엄격한 국회내각제에서 내각과 유사하다. 정부청사는 세종(북부), 서울, 과천, 대전이고 현재 19개 부처가 있다. 19명의 장관은 대통령이 임명하고 총리에게 보고한다.[7]

대한민국 정부 상징

대한민국 정부 상징 (1949~2016년)	대한민국 정부의 정부기 (1949~2016년)	정부와 기관이 사용하는 태극 상징 (2016년부터)	대한민국 정부 상징 (2016년부터)

---

7) https://www.gov.kr/portal/orgInfo?Mcode=11180 (최종 검색일 2025.6.24.)

이재명 정부에서 변화가 있을 수 있으므로 이후 확인해야 한다. ① 기획재정부 - 국세청, 관세청, 조달청, 통계청 ② 교육부 ③ 과학기술정보통신부 - 한국항공우주청 ④ 외교부 - 재외동포청 ⑤ 통일부 ⑥ 법무부 - 대검찰청 ⑦ 국방부 - 병무청, 방위사업청 ⑧ 행정안전부 - 경찰청, 소방청 ⑨ 국가보훈부 ⑩ 문화체육관광부 - 문화재청 ⑪ 농림축산식품부 - 농촌진흥청, 산림청 ⑫ 산업통상자원부 - 특허청 ⑬ 보건복지부 - 질병관리청 ⑭ 환경부 기상청 ⑮ 고용노동부 ⑯ 여성가족부 ⑰ 국토교통부 - 행정중심복합도시건설청, 새만금개발청 ⑱ 해양수산부 - 해양경찰청 ⑲ 중소벤처기업부. 위와 같은 정부부처의 장관은 국무회의의 구성원이며, 통상 장관의 역할은 대통령이 임명, 국무총리의 제청으로 이루어진다. 또한 대통령비서실, 국가안보실, 대통령경호처, 감사원이 있고 국가정보원, 방송통신위원회, 국가안전보장회의, 민주평화통일자문회의, 국가경제자문회의, 국가과학기술자문회의는 대통령 보고대상이며 인사혁신처, 식품의약품안전처, 공정거래위원회, 국민권익위원회, 금융위원회, 개인정보보호위원회, 원자력안전위원회는 국무총리 보고대상이다. 그 밖에 고위직자범죄수사처는 대한민국 정부 고위공직자 반부패를 위한 독립기관으로, 「고위공직자번죄수사처 설치 및 운영에 관한 법률」에 의해 설립되었다. 2021년 헌법재판소의 판결에 따르면, CIO는 대한민국 정부 행정부 내부의 독립기관으로 공식 해석되며, 이는 대한민국 내각과 대통령실로부터의 독립을 의미한다. 동법 제3조제3항 및 제17조제2항에 따라 대한민국 대통령에 대한 CIO의 보고는 엄격히 금지되며, 이는 대한민국 국회에만 보고된다. 국가인권위원회는 대한민국의 인권 보호 및 증진을 위한 독립기관이다. 국가인권위원회는 정부의 3개 부처 모두로부터 독립된 기관으로 간주되지만, 2010년 헌법재판소의 판결에 따라 공식적으로는 행정부 내부의 독립적인 행정기관으로 간주된다. 국무부는 「국가인권위원회법」 제29조에 따라 대통령과 국회에 직접 보고해야 할 의무를 지고 있다. 1948년 출범 당시 11개 부처로 제헌 헌법에 따라 「정부조직법」이 제정되었고, 초기 11개 부처가 구성되었다. 행정, 외교, 법무, 국방, 재무, 교육, 농림·산림, 상공·산업, 교통, 사회·문화, 우정에서 시작하였다. 이후 확대와 개편으로 1950~1990년대 경제 성장과 행정 수요 증가에 따라 부처가 세분화되고 새로 신설되었다(예: 보건복지, 환경 등). 2008년 & 2013년 대대적 개편이 있었으며 이명박 정부(2008) 당시 기획재정부, 문화체육관광부 등이 신설되었고, 박근혜 정부(2013)는 과학기술부를 과기정보통신부, 농림축산식품부와 해양수산부로 신설하였다. 이후 문재인·윤석열 정부에 걸쳐 부처의 세분화와 명칭 개선이 지속되었는데 국가보훈처가 '처'에서 '부' 격으로 기능 강화(2023년)되는 등 지나치게 작은 거버넌스 지향은 자리 만들기와 부처

(3) 의원입법 사례

의원입법의 대표적 사례로「이태원 참사 특별법」발의가 있다. 의원입법은 정치적·사회적 필요에 따라 의원 주도로 입법이 추진되는 경우로「10·29이태원참사 피해자 권리보장 등 진상규명 및 재발방지를 위한 특별법」(이하 '이태원 참사 특별법')의 발의 및 제정 과정을 살펴보면 다음과 같다.

먼저 2022년 10월 29일 발생한 참사 이후, 유가족과 시민사회는 독립적 진상규명, 피해자 권리 보장, 재발방지 장치 마련을 위해 법률 제정 요구를 지속해서 제기했다. 민주사회를 위한 변호사 모임와 같은 시민단체는 "많은 진상규명 과제가 해결되지 않았으며, 특별법 제정을 통해 진상조사 기구를 독립적으로 설치해야 한다."라고 강조하였다. 첫 특별법 초안은 2023년 초 국회의원들에 의해 발의되었는데 여야를 막론하고 기본소득당 용혜인, 더불어민주당 남인순 등 다수 의원이 공동발의자로 참여하며 정치권 전반의 공감을 형성했다. 이후 상임위 검토 및 공청회가 시작되었다. 법률안은 상임위원회(행정안전, 국회 법사위 등)에서 공청회와 이해관계자 의견 수렴 과정을 거쳤다. 유가족, 전문가, 시민단체 등이 제안자로 참석해 진상규명 범위, 조사기구 독립성,

---

별 일 중복 및 의견수합이 되지 않아 예산이 중첩적으로 사용되는 등의 문제점이 계속 지적되고 있다. 이후 2025년 일부 개혁론에서는 "부처 수를 19개에서 13개로 축소하고 기능 집중" 논의도 제기되기도 하였다. 특히「헌법」개정과 함께(1987년 개정, 1988년 시행 이후 개정 없었음) 기본권과 정부조직에 대한 주요쟁점을 정리해야 한다는 논의가 크다. 변천의 주요 쟁점은 사회 변화 반영으로 디지털, 기후, 과학기술, 기업·벤처 집중, 행정 효율성, 전문성 부처 축소론과 세분화 필요 사이의 긴장, 정책 변화의 속도상「정부조직법」개정의 절차가 느리다. 분권이나 중앙집권을 두고 세종 이전 후 일부 기능이 더 축소되거나 확대될 가능성도 분명 존재한다.

피해자 지원 조치 등에 대해 의견을 제출하였다.

  2024년 1월 9일, 국회 본회의에서 해당 특별법이 통과되었다. 당시 여당 일부는 "정쟁화 우려"를 이유로 표결에 불참했으나, 재석 의원 177명 전원 찬성으로 입법이 처리되었다. 법률 통과 후, 대통령 공포 절차를 거쳐 정식 법률로 확정되었으며 관련 시행령 및 하위 규정은 행정 절차에 따라 보건복지부, 행안부, 법제처 등의 협의를 거쳐 마련되었다. 이후 진상조사위원회가 설치되어 독립 기구로 진상 규명 및 권고 조치를 수행하였고 피해자 지원 및 권리 보장이 이루어져 심리지원, 의료지원, 재발방지 교육 등이 명시되었다. 또한 재발방지 계획으로 안전관리 체계 개선, 관계기관 협의체 구성 등이 포함되는 규정을 명시되었다. 이 법은 전형적인 특별법 제정 과정의 흐름을 보여 주는 의원입법 발의절차로서 시민사회 요구로 국회발의와 상임위 검토, 본회의 의결, 법률 공포 및 시행, 의원입법의 정치적 주도성과 사회적 요구 반영, 입법절차의 공청회 및 민주적 심의, 법률 통과 후의 하위규정 마련(행정부 주도)이 고루 어우러진 전형적인 입법 패턴을 보여 준다.

국회의 입법권

현재 대한민국 제22대 국회는 대한민국 국회의 회기이다. 위원은 2024년 입법부 선거에서 처음 선출되었으며 2024년 5월 30일에 취임했다. 첫 번째 세션은 2024년 6월 5일에 소집되었으며 2028년 5월 29일까지 진행될 예정이다. 우리나라는 단원제[8]로 300명의 의원 중 대부분은 의원 선거구에서 선출되며, 56명만 비례대표를 통해 선출되고 국회의원의 임기는 4년이다. 의원이 임기를 마치지 못할 경우, 보궐선거가 실시된다. 국회의 입법권은 「헌법」상 국회에 부여된 가장 핵심적인 권한으로, 국가의 법률을 제정하고 개정하며 폐지할 수 있는 권한을 말하는데 이는 국민의 대표기관으로서 국회가 국가의 법질서를 형성하고 통제하는 역할을 수행한다는 점에서 매우 중요하다. 「헌법」 제40조에 근거를 둔 입법권은 이 권한이 오직 국회에 전속되어 있음을 명시한다. 즉, 행정부나 사법부는 원칙적으로 법률을 만들 수 없다.

국회의 입법권은 다음의 다섯 가지 권리를 의미한다. ① 법률 제정권(새로운 법률을 만들 수 있는 권한) ② 법률 개정권(기존 법률을 수정하는 권한) ③ 법률 폐지권(필요 없어진 법률을 폐지하는 권한) ④ 법률안 심의·의결권(제출된 법률안을 심의하고 표결로 처리하는 권한) ⑤ 위임입법에 대한 통제권(정부가 제정하는 시행령·시행규칙 등 하위법령이 위임 범위를 넘지 않도록 통제하는 역할)이 그것이다.

---

[8] 「헌법」 제40조 "입법권은 국회에 속한다."

국회는 법안을 심의하고 통과시키며, 예산과 행정 절차를 감사하고, 조약을 비준하고, 국가 임명을 승인하는 임무를 맡고 있다. 또한 고위 공직자를 탄핵하거나 해임을 권고할 수 있는 권한을 가지고 있다. 국회는 다음의 다섯 가지 기능을 가진다.

첫째 입법기능이다. 국회의 가장 본질적이고 대표적인 기능으로 법률 제정 및 개정이다. 국회의원이 발의하거나 정부가 제출한 법률안을 심의하여 제정하거나 수정한다. 입법 절차는 법률안 발의 → 상임위원회 심사 → 본회의 의결 → 대통령 공포절차를 거치는데「헌법」제40조 "입법권은 국회에 속한다."의 규정에 근거한다.

둘째, 재정 기능이다. 국가는 예산·결산을 포함한 재정 운영에 있어 국회의 심의·의결을 받아야 한다. 정부가 편성한 예산안을 국회는 심의·수정 후 확정한다. 또한 회계연도 종료 후 정부의 결산에 대해 심사한다. 세금을 신설하거나 변경할 때 국회의 법률 제정이 필요하다.「헌법」제54조에 근거한다.

셋째, 국정 통제 및 감사 기능을 가진다. 국회는 행정부를 견제하고 감시하는 기능을 수행한다. 국정 전반에 대해 조사할 수 있고 매년 정기적으로 정부 부처와 산하기관을 감사할 수 있다. 국회의원은 국무총리·각 부처 장관에게 서면질의·대정부질문이 가능하다. 또한 대통령, 국무위원 등 고위 공직자에 대한 탄핵소추권을 가지고 이를 의결할 수 있다. 이는「헌법」제61조, 제65조 등에 그 근거를 가진다.

넷째, 인사에 대한 동의 기능을 가진다.「헌법」상 주요 공직자 임명 시 국회의 동의를 요구한다. 국무총리 임명, 대법원장·대법관 임명, 헌법재판소장·헌법재판관 일부 임명, 감사원장 임명 등「헌법」제63조, 제104조 등에 근거하여 동의권을 가진다.

다섯째, 「헌법」 개정 제안 및 의결 기능을 가진다. 「헌법」을 개정할 때 국회는 제안과 의결의 주체가 된다. 대통령 또는 국회의원(재적 1/3 이상)이 발의하고 국회의 의결(재적 2/3 이상 찬성 필요)을 가지는데 「헌법」 제128~130조를 근거로 한다. 대한민국 국회의원은 총 300명으로 대한민국 국회의원실 직원, 즉 보좌진 정원이 법률로 구체적으로 정해져 있으며, 국회의원 1명당 배정할 수 있는 직원 수는 정규 보좌관 최대 3명, 정책 보좌관 최대 1명, 비서 및 보조 인력 4~5명 규모이다. 정규 보좌관은 입법·법률 전문성을 중심으로, 정책·법안 작성 등의 업무를 맡으며 정책 보좌관은 특정 분야의 정책기획 및 분석, 규제영향평가, 입법정책 컨설팅 등을 수행한다. 비서 및 보조 인력은 사무관리, 일정 조율, 지역구 민원 대응, 홍보 및 회계·경리 등 다양한 지원 업무를 담당한다. 보좌진은 모두 별정직 공무원 신분으로 채용되며, 실질적인 고용 조건(급여·근무 시간·전문성) 등은 의원실마다 다소 차이가 있다. 의원입법의 기술력 제고를 위해 국회 입법조사처 및 법제실의 전문성을 강화하고 의원실 보좌진에 입법 전문가 배치가 필요하며 정부입법과 의원입법의 조화 및 정부는 집행 책임성, 의원은 민의 반영을 통해 상호 보완이 요구된다. 또한 입법의 중복·상충 입법을 방지하고 입법정보시스템을 통한 사전 검토 체계 강화가 요구된다. 특히 법제처의 법률 체계정합성을 사전 검토 하는 기능을 보다 강화할 필요가 있다. 정부입법은 정책 일관성과 기술적 정교함이 있어 매우 유용하며 의원입법은 민의를 반영하고 정치적 유연성을 중시할 수 있다는 점에서 큰 장점이 존재한다. 그러므로 양 입법을 통해 입법의 민주성과 전문성, 효율성을 조화시키는 제도적 뒷받침이 필요할 것으로 보인다.

관련 조문

1. 「헌법」

제52조 국회의원과 정부는 법률안을 제출할 수 있다.

제53조 ① 국회에서 의결된 법률안은 정부에 이송되어 15일 이내에 대통령이 공포한다.

② 법률안에 이의가 있을 때에는 대통령은 제1항의 기간내에 이의서를 붙여 국회로 환부하고, 그 재의를 요구할 수 있다. 국회의 폐회 중에도 또한 같다.

③ 대통령은 법률안의 일부에 대하여 또는 법률안을 수정하여 재의를 요구할 수 없다.

④ 재의의 요구가 있을 때에는 국회는 재의에 붙이고, 재적의원 과반수의 출석과 출석의원 3분의 2 이상의 찬성으로 전과 같은 의결을 하면 그 법률안은 법률로서 확정된다.

⑤ 대통령이 제1항의 기간 내에 공포나 재의의 요구를 하지 아니한 때에도 그 법률안은 법률로서 확정된다.

⑥ 대통령은 제4항과 제5항의 규정에 의하여 확정된 법률을 지체없이 공포하여야 한다. 제5항에 의하여 법률이 확정된 후 또는 제4항에 의한 확정법률이 정부에 이송된 후 5일 이내에 대통령이 공포하지 아니할 때에는 국회의장이 이를 공포한다.

⑦ 법률은 특별한 규정이 없는 한 공포한 날로부터 20일을 경과함으로써 효력을 발생한다.

2. 「국회법」

제79조(의안의 발의 또는 제출) ① 의원은 10명 이상의 찬성으로 의안을 발의할 수 있다.

② 의안을 발의하는 의원은 그 안을 갖추고 이유를 붙여 찬성자와 연서하여 이를 의장에게 제출하여야 한다.

③ 의원이 법률안을 발의할 때에는 발의의원과 찬성의원을 구분하되, 법률안 제명의 부제(副題)로 발의의원의 성명을 기재한다. 〈개정 2023. 7. 11.〉

④ 제3항에 따라 발의의원의 성명을 기재할 때 발의의원이 2명 이상인 경우에는 대표발의의원 1명을 명시(明示)하여야 한다. 다만, 서로 다른 교섭단체에 속하는 의원이 공동으로 발의하는 경우(교섭단체에 속하는 의원과 어느 교섭단체에도 속하지 아니하는 의원이 공동으로 발의하는 경우를 포함한다) 소속 교섭단체가 다른 대표발의의원(어느 교섭단체에도 속하지 아니하는 의원을 포함할 수 있다)을 3명 이내의 범위에서 명시할 수 있다. 〈신설 2023. 7. 11.〉

⑤ 의원이 발의한 법률안 중 국회에서 의결된 제정법률안 또는 전부개정법률안을 공표하거나 홍보하는 경우에는 해당 법률안의 부제를 함께 표기할 수 있다. 〈개정 2023. 7. 11.〉

[전문개정 2018. 4. 17.]

제79조의2(의안에 대한 비용추계 자료 등의 제출) ① 의원이 예산상 또는 기금상의 조치를 수반하는 의안을 발의하는 경우에는 그 의안의 시행에 수반될 것으로 예상되는 비용에 관한 국회예산정책처의 추계서 또

는 국회예산정책처에 대한 추계요구서를 함께 제출하여야 한다. 〈개정 2021. 7. 27.〉

② 제1항에 따라 의원이 국회예산정책처에 대한 비용추계요구서를 제출한 경우 국회예산정책처는 특별한 사정이 없으면 제58조제1항에 따른 위원회의 심사 전에 해당 의안에 대한 비용추계서를 의장과 비용추계를 요구한 의원에게 제출하여야 한다. 이 경우 의원이 제1항에 따라 비용추계서를 제출한 것으로 본다. 〈신설 2021. 7. 27.〉

③ 위원회가 예산상 또는 기금상의 조치를 수반하는 의안을 제안하는 경우에는 그 의안의 시행에 수반될 것으로 예상되는 비용에 관한 국회예산정책처의 추계서를 함께 제출하여야 한다. 다만, 긴급한 사유가 있는 경우 위원회의 의결로 추계서 제출을 생략할 수 있다. 〈개정 2021. 7. 27.〉

④ 정부가 예산상 또는 기금상의 조치를 수반하는 의안을 제출하는 경우에는 그 의안의 시행에 수반될 것으로 예상되는 비용에 관한 추계서와 이에 상응하는 재원조달방안에 관한 자료를 의안에 첨부하여야 한다. 〈개정 2021. 7. 27.〉

⑤ 제1항부터 제4항까지에 따른 비용추계 및 재원조달방안에 관한 자료의 작성 및 제출 절차 등에 필요한 사항은 국회규칙으로 정한다. 〈개정 2021. 7. 27.〉

[전문개정 2018. 4. 17.]

제79조의3(조세특례 관련 법률안에 대한 조세특례평가 자료의 제출) ① 의원이나 위원회가 「조세특례제한법」에 따른 조세특례를 신규로 도입하

는 법률안을 발의하거나 제안하는 경우로서 연간 조세특례금액이 국회규칙으로 정하는 일정 금액 이상인 때에는 국회예산정책처 등 국회규칙으로 정하는 전문 조사·연구 기관에서 조세특례의 필요성 및 적시성, 기대효과, 예상되는 문제점 등 국회규칙으로 정하는 내용에 대하여 평가한 자료를 함께 제출하여야 한다. 다만, 위원회에서 제안하는 법률안에 대해서는 긴급한 사유가 있는 경우 위원회의 의결로 자료 제출을 생략할 수 있다.
② 제1항에 따른 조세특례평가 자료의 작성 및 제출 절차 등에 필요한 사항은 국회규칙으로 정한다.
[전문개정 2018. 4. 17.]

제86조(체계·자구의 심사) ① 위원회에서 법률안의 심사를 마치거나 입안을 하였을 때에는 법제사법위원회에 회부하여 체계와 자구에 대한 심사를 거쳐야 한다. 이 경우 법제사법위원회 위원장은 간사와 협의하여 심사에서 제안자의 취지 설명과 토론을 생략할 수 있다.
② 의장은 제1항의 심사에 대하여 제85조제1항 각 호의 어느 하나에 해당하는 경우에는 심사기간을 지정할 수 있으며, 법제사법위원회가 이유 없이 그 기간 내에 심사를 마치지 아니하였을 때에는 바로 본회의에 부의할 수 있다. 이 경우 제85조제1항제1호 또는 제2호에 해당하는 경우에는 의장이 각 교섭단체 대표의원과 협의하여 해당 호와 관련된 안건에 대하여만 심사기간을 지정할 수 있다.
③ 법제사법위원회가 제1항에 따라 회부된 법률안에 대하여 이유 없이 회부된 날부터 60일 이내에 심사를 마치지 아니하였을 때에는 심사대상

법률안의 소관 위원회 위원장은 간사와 협의하여 이의가 없는 경우에는 의장에게 그 법률안의 본회의 부의를 서면으로 요구한다. 다만, 이의가 있는 경우에는 그 법률안에 대한 본회의 부의 요구 여부를 무기명투표로 표결하되, 해당 위원회 재적위원 5분의 3 이상의 찬성으로 의결한다. 〈개정 2021. 9. 14.〉

④ 의장은 제3항에 따른 본회의 부의 요구가 있을 때에는 해당 법률안을 각 교섭단체 대표의원과 합의하여 바로 본회의에 부의한다. 다만, 제3항에 따른 본회의 부의 요구가 있었던 날부터 30일 이내에 합의가 이루어지지 아니하였을 때에는 그 기간이 지난 후 처음으로 개의되는 본회의에서 해당 법률안에 대한 본회의 부의 여부를 무기명투표로 표결한다.

⑤ 법제사법위원회는 제1항에 따라 회부된 법률안에 대하여 체계와 자구의 심사 범위를 벗어나 심사하여서는 아니 된다. 〈신설 2021. 9. 14.〉
[전문개정 2018. 4. 17.]

제93조(안건 심의) 본회의는 안건을 심의할 때 그 안건을 심사한 위원장의 심사보고를 듣고 질의·토론을 거쳐 표결한다. 다만, 위원회의 심사를 거치지 아니한 안건에 대해서는 제안자가 그 취지를 설명하여야 하고, 위원회의 심사를 거친 안건에 대해서는 의결로 질의와 토론을 모두 생략하거나 그 중 하나를 생략할 수 있다.
[전문개정 2018. 4. 17.]

제93조의2(법률안의 본회의 상정시기) 본회의는 위원회가 법률안에 대한 심사를 마치고 의장에게 그 보고서를 제출한 후 1일이 지나지 아니하

였을 때에는 그 법률안을 의사일정으로 상정할 수 없다. 다만, 의장이 특별한 사유로 각 교섭단체 대표의원과의 협의를 거쳐 이를 정한 경우에는 그러하지 아니하다.
[전문개정 2018. 4. 17.]

제94조(재회부) 본회의는 위원장의 보고를 받은 후 필요하다고 인정할 때에는 의결로 다시 안건을 같은 위원회 또는 다른 위원회에 회부할 수 있다.
[전문개정 2018. 4. 17.]

제95조(수정동의) ① 의안에 대한 수정동의(修正動議)는 그 안을 갖추고 이유를 붙여 30명 이상의 찬성 의원과 연서하여 미리 의장에게 제출하여야 한다. 다만, 예산안에 대한 수정동의는 의원 50명 이상의 찬성이 있어야 한다.
② 위원회에서 심사보고한 수정안은 찬성 없이 의제가 된다.
③ 위원회는 소관 사항 외의 안건에 대해서는 수정안을 제출할 수 없다.
④ 의안에 대한 대안은 위원회에서 그 원안을 심사하는 동안에 제출하여야 하며, 의장은 그 대안을 그 위원회에 회부한다.
⑤ 제1항에 따른 수정동의는 원안 또는 위원회에서 심사보고(제51조에 따라 위원회에서 제안하는 경우를 포함한다)한 안의 취지 및 내용과 직접 관련이 있어야 한다. 다만, 의장이 각 교섭단체 대표의원과 합의를 하는 경우에는 그러하지 아니하다.
[전문개정 2018. 4. 17.]

제96조(수정안의 표결 순서) ① 같은 의제에 대하여 여러 건의 수정안이 제출되었을 때에는 의장은 다음 각 호의 기준에 따라 표결의 순서를 정한다.
1. 가장 늦게 제출된 수정안부터 먼저 표결한다.
2. 의원의 수정안은 위원회의 수정안보다 먼저 표결한다.
3. 의원의 수정안이 여러 건 있을 때에는 원안과 차이가 많은 것부터 먼저 표결한다.
② 수정안이 전부 부결되었을 때에는 원안을 표결한다.
[전문개정 2018. 4. 17.]

제97조(의안의 정리) 본회의는 의안이 의결된 후 서로 어긋나는 조항·자구·숫자나 그 밖의 사항에 대한 정리가 필요할 때에는 이를 의장 또는 위원회에 위임할 수 있다.
[전문개정 2018. 4. 17.]

제98조(의안의 이송) ① 국회에서 의결된 의안은 의장이 정부에 이송한다.
② 정부는 대통령이 법률안을 공포한 경우에는 이를 지체 없이 국회에 통지하여야 한다.
③ 헌법 제53조제6항에 따라 대통령이 확정된 법률을 공포하지 아니하였을 때에는 의장은 그 공포기일이 경과한 날부터 5일 이내에 공포하고, 대통령에게 통지하여야 한다.
[전문개정 2018. 4. 17.]

제98조의2(대통령령 등의 제출 등) ① 중앙행정기관의 장은 법률에서 위임한 사항이나 법률을 집행하기 위하여 필요한 사항을 규정한 대통령령·총리령·부령·훈령·예규·고시 등이 제정·개정 또는 폐지되었을 때에는 10일 이내에 이를 국회 소관 상임위원회에 제출하여야 한다. 다만, 대통령령의 경우에는 입법예고를 할 때(입법예고를 생략하는 경우에는 법제처장에게 심사를 요청할 때를 말한다)에도 그 입법예고안을 10일 이내에 제출하여야 한다.
② 중앙행정기관의 장은 제1항의 기간 이내에 제출하지 못한 경우에는 그 이유를 소관 상임위원회에 통지하여야 한다.
③ 상임위원회는 위원회 또는 상설소위원회를 정기적으로 개회하여 그 소관 중앙행정기관이 제출한 대통령령·총리령 및 부령(이하 이 조에서 "대통령령등"이라 한다)의 법률 위반 여부 등을 검토하여야 한다. 〈개정 2020. 2. 18.〉
④ 상임위원회는 제3항에 따른 검토 결과 대통령령 또는 총리령이 법률의 취지 또는 내용에 합치되지 아니한다고 판단되는 경우에는 검토의 경과와 처리 의견 등을 기재한 검토결과보고서를 의장에게 제출하여야 한다. 〈신설 2020. 2. 18.〉
⑤ 의장은 제4항에 따라 제출된 검토결과보고서를 본회의에 보고하고, 국회는 본회의 의결로 이를 처리하고 정부에 송부한다. 〈신설 2020. 2. 18.〉
⑥ 정부는 제5항에 따라 송부받은 검토결과에 대한 처리 여부를 검토하고 그 처리결과(송부받은 검토결과에 따르지 못하는 경우 그 사유를 포함한다)를 국회에 제출하여야 한다. 〈신설 2020. 2. 18.〉

⑦ 상임위원회는 제3항에 따른 검토 결과 부령이 법률의 취지 또는 내용에 합치되지 아니한다고 판단되는 경우에는 소관 중앙행정기관의 장에게 그 내용을 통보할 수 있다. 〈신설 2020. 2. 18.〉

⑧ 제7항에 따라 검토내용을 통보받은 중앙행정기관의 장은 통보받은 내용에 대한 처리 계획과 그 결과를 지체 없이 소관 상임위원회에 보고하여야 한다. 〈신설 2020. 2. 18.〉

⑨ 전문위원은 제3항에 따른 대통령령등을 검토하여 그 결과를 해당 위원회 위원에게 제공한다. 〈개정 2020. 2. 18.〉

[전문개정 2018. 4. 17.]

제109조(의결정족수) 의사는 헌법이나 이 법에 특별한 규정이 없으면 재적의원 과반수의 출석과 출석의원 과반수의 찬성으로 의결한다.

[전문개정 2018. 4. 17.]

제2절 　　　　　　　　　　법령입안 심사기준

1. 입법의 기본 구조와 심사의 필요성

　법치주의(法治主義, Rule of Law)란 단순히 "법에 의한 통치"를 뜻하는 것이 아니라, 국가권력이 법에 따라 행사되어야 하며, 법 자체도 정의롭고 합헌적이어야 한다는 민주주의 핵심 원리이다. 법치주의란 국가 권력은 자의적으로 행사되지 않고, 법에 근거하여 통제되고 운영되어야 한다는 원리로서 국민의 자유와 권리 보장, 권력의 남용 방지, 예측 가능하고 안정된 사회 질서 유지에 그 목적이 있다.

　영국의 법철학자 A.V. 다이시(A.V. Dicey)는 법치주의를 세 가지 요소로 설명하였는데 ① 자의적인 권력의 부정, ② 법 앞의 평등 ③ 「헌법」의 근원이 보통법(Common Law)이다.

　법치주의에는 형식적 법치주의와 실질적 법치주의가 있다. 형식적 법치주의란, 국가권력은 법률에 따라 행사되어야 한다는 의미로, 적법절차와 법을 우위에 둔다. 이는 입법 절차만 준수하면 형식적으로 합법이 될 수 있다.

　한편 실질적 법치주의는 그 법률 자체도 내용 면에서 정당하고 정의로워야 한다. 즉, 법의 내용이 기본권을 보장하고 인권을 존중하며 정의로워야 하는 것이다. 그리하여 악법은 법이 될 수 없으며 위헌심사가 필요하다. 실질적 법치주의는 현대 헌법국가에서 강조되는 개념으로 단순히 '법대로'가 아니라, 정의로운 법을 '법답게' 집행하자는 것이다.

2. 법치주의의 내용

법치주의의 첫 번째는 「헌법」 우위의 원칙이다. 「헌법」은 최고의 규범이며, 모든 법률은 「헌법」에 합치해야 한다. 위헌 법률은 무효이며 헌법재판소에 의해 언제든지 위헌심사가 가능하다.

법치주의의 두 번째 내용은 권력 분립과 통제이다. 입법·행정·사법이 분리되고 서로 견제함으로써 권력 남용을 방지하는 것이다.

세 번째는 법 앞의 평등이다. 누구에게나 동일한 법이 적용되어야 하며, 특권이나 차별은 배제되어야 한다.

넷째, 적법절차의 원칙(Due Process)은 법률에 의해 정당한 절차를 거치지 않으면 처벌·제한이 불가하다.

다섯째, 사법적 구제수단을 보장한다. 국가권력에 의한 침해에 대해 국민이 법적으로 구제받을 수 있어야 한다.

그러므로 현대에서 법치주의는 위의 원칙을 지키기 위해 법률이 모호하게 행정부에 위임되면 법치주의가 훼손될 수 있어 이를 경계할 필요가 있고(위임입법 남용 방지), 법이 국민의 자유를 과도하게 제한하지 않도록 헌법적 통제가 필요하며(국민의 권리보장), AI, 빅데이터, 플랫폼 경제 등의 새로운 기술환경에 맞는 법질서가 필요(디지털 사회 속 법치)하다고 할 수 있다.

법치주의는 단순한 절차적 원리가 아닌, 국가권력과 법, 그리고 국민의 권리 사이의 정의로운 질서를 의미한다. 법이 살아 있는 원칙으로 기능하기 위해서는 입법, 행정, 사법 모든 영역에서 법치주의 정신이 실현되어야 한다.

3. 법령입안의 개념과 단계

(1) 법령입안의 목적과 중요성

1) 법령의 합법성 확보
상위법령(「헌법」, 법률 등)에 위배되지 않도록 하여 법체계의 정합성 유지.

2) 법령의 명확성과 일관성 확보
문장의 표현이 모호하지 않고 해석에 혼란이 없도록 함.

3) 입법기술의 통일과 품질 확보
조문 배열, 용어, 문장구성, 숫자 표기 등의 기준을 통일.

4) 국민 권익 보호와 규제 적정성 검토
과도한 규제나 국민 불이익 요소가 없는지 검토.

5) 행정의 예측가능성 보장
집행 기관이 예측 가능하게 법을 집행할 수 있도록 구조화.

(2) 법령심사의 중요성

- 법령은 국민의 권리·의무에 직접 영향을 미치므로 입법 오류는 곧 국민 피해로 이어질 수 있음.
- 부실 입법은 위헌 시비, 집행의 혼란, 불필요한 소송의 증가, 행정력 낭비를 초래함.

- 정치적 신뢰성과 행정의 안정성 확보를 위해 법령심사는 입법과정의 핵심적 절차임.

(3) 법령심사 담당기관의 역할

1) 법제처(행정부 소속)

① 역할
- 정부입법안 심사: 각 부처가 입안한 법률안·시행령·시행규칙 등을 법령심사 기준에 따라 심사.
- 법령 정합성 유지: 상위법 위반, 위임입법 범위 일탈, 용어 불일치 등 오류 방지.
- 입법지침 제공: "법제업무 운영규정", "훈령·예규 등의 발령 및 관리 지침" 등을 통해 형식·내용 기준 제공.
- 행정규칙 정비: 고시·지침 등 비입법적 규범의 법적 타당성 검토.
- 법제지원: 지자체 조례 심사·자문, 법령해석, 입법컨설팅.

② 심사 절차 개요
  각 부처가 초안을 법제처에 제출 → 법제처에서 입법기술·법리·표현 등을 종합 심사 → 수정·보완 요청 → 최종 확정

법제처의 역할

입법학자라면 누구나 한 번쯤 일하기를 꿈꾸었을 직장인 법제처는 법령을 체계적이고 합리적으로 정비하고, 정부의 입법 활동을 총괄·지원하며, 국민이 법령을 쉽게 이해하고 활용할 수 있도록 돕는 정부 중앙행정기관이다. 이곳은 「헌법」과 법률에 근거한 정부 입법정책의 중추적 역할을 수행한다. 법제처는 「정부조직법」 제23조 "법제처는 정부의 법제에 관한 사무를 관장한다."[9]를 근거로 법령안을 심사한다. 각 부처가 입안한 법률안, 대통령령안, 총리령안, 부령안 등을 심사하여 「헌법」·상위법과의 합치성, 체계성, 입법기술의 정확성을 검토하는 것이다. 이때 위임입법 한계, 중복·충돌 여부, 용어 정의, 문장 구조 등을 정밀 검토한다.

또한 정부입법을 총괄한다. 정부 입법 계획을 수립 및 조정하는 데 입법예고, 규제심사, 국무회의 상정 전까지의 전체 입법 절차를 지원한다. 각 부처의 입법담당자 대상 입법 교육 및 표준안을 제공한다.

그 밖에도 법령정비 및 법령집행의 일관성을 유지하도록 돕는다. 시대변화나 사회적 요구에 따라 불합리하거나 불명확한 법령을 정비하여 법령 간 충돌 방지 및 법령 체계화 작업을 수행(예: 기본법-개별법 정비)한다. 상위법을 개정 시에 하위법령의 일괄정비계획을 수립·관리한다. 자치법규(지방자치단체 조례·규칙) 정비도 지원하는데 지방자치단체의 조례·규칙이 법령에 위반되지 않도록 입안 자문·심사·표준 조례안을 제공하기도

---

9) 제23조(법제처) ① 국무회의에 상정될 법령안·조약안과 총리령안 및 부령안의 심사와 그 밖에 법제에 관한 사무를 전문적으로 관장하기 위하여 국무총리 소속으로 법제처를 둔다.

> 한다. 즉, 조례의 법령 위반 여부 판단 기준을 안내한다. 국민 법제 서비스 제공을 위해 국가법령정보센터를 운영(www.law.go.kr)한다. 모든 법령, 자치법규, 판례, 행정해석, 헌재결정 등을 통합 제공하며 생활법령 정보 서비스를 운영(www.easylaw.go.kr)한다. 국민이 일상생활에 필요한 법령을 쉽게 이해할 수 있도록 사례 중심 설명을 제공한다. 국제법제 협력 및 비교법제를 연구하여 외국의 입법례·법제동향 연구 및 국제법제교류 협력을 도모하고, 개발도상국 법제 역량 강화를 위한 법제 ODA(공적개발원조)를 시행하며, 한·아세안 법제교류, 국제 법제포럼을 개최하는 일도 하고 있다. 법제처장은 차관급으로 대통령이 임명하며 소속 부서는 법령심사국, 법제정책국, 경제법제국, 행정법제국 등이고 소속 위원회는 법제심의위원회, 법제발전위원회 등이다.

2) 국회 상임위원회 법률심사

① 역할
- 의원입법안 심사: 국회의원이 발의한 법률안을 상임위 차원에서 검토.
- 소관 부처 의견 청취 및 법안심사소위원회에서 세부조문 조정.
- 입법의 정책적 정당성·사회적 타당성 중심 검토(행정부의 기술심사와 차이).

② 지원기구
- 국회입법조사처: 정책적 영향, 국내외 사례 등을 조사 분석.
- 국회법제실: 조문 구성, 법리 검토, 문장 정리 등 법제 기술적 지원.

3) 기타 기관 및 절차

① 행정안전부

지방자치단체 조례·규칙 심사 기준 제공.

② 감사원

법령 해석 및 위법한 하위법령 존재 시 지적 가능.

③ 사법부

위헌·위법한 법령에 대해 사법심사 가능(헌법재판소 포함).

(4) 법령심사 실패의 사례

1) 사례 ① "개발제한구역 고시 사건"

① 사건 개요
- 서울특별시장이 고시를 통해 개발제한구역 내 행위제한 내용을 고시함.
- 해당 고시는 개발제한구역의 지정 및 관리에 관한 규정(대통령령)을 근거로 했으나, 법률이나 시행령에서 구체적으로 위임한 바 없는 내용을 고시로 규정함.
- 이에 따라 건축 또는 토지사용 관련 행위를 제한받은 주민이 「헌법」상 재산권 침해를 이유로 취소소송을 제기.

② 주요 쟁점
- 고시가 국민의 권리를 제한할 수 있는가?
  → 고시는 법령이 아닌 행정규칙의 하나로, 일반적으로 국민의 권리·

의무에 직접 영향을 줄 수 없음.
- 위임 없는 고시는 유효한가?
  → 법률 또는 대통령령에 구체적인 위임 없이, 행정청이 자체 판단으로 국민의 권리를 제한하면 위법하다는 주장.

③ 대법원 판결 요지
- "국민의 권리·의무에 관한 기본적이고 본질적인 사항은 반드시 법률로 규정되어야 하며, 그 위임을 받은 행정입법도 구체적·명확한 위임 없이 행정청의 고시로 규율해서는 안 된다."
  → 고시는 대통령령이나 조례 등 상위 법령의 명시적 위임이 없는 한 국민 권리 제한의 효력을 가질 수 없고, 따라서 무효라는 판결을 내림.

④ 법령심사 관점에서 본 실패 요인
- 위임입법 원칙 위반: 대통령령의 구체적 위임 없이 하위 고시로 권리 제한.
- 법형식의 오남용: 행정규칙(고시)을 사실상 법규명령처럼 사용.
- 심사 누락: 위임 명시 여부, 수권 근거에 대한 적절한 심사 부족.

⑤ 결론
  대통령령 위임 없이 국민 권리를 제한한 고시 → 대법원은 "위임 없는 행정규칙은 무효"라고 판단.

2) 사례 ② 「중대재해 처벌 등에 관한 법률 시행령」(초기안)

(2022년 1월 시행 전 심사·입법과정에서 논란)

① 사건 배경
- 「중대재해 처벌 등에 관한 법률」(2021년 제정): 사업주 또는 경영책임자에게 중대산업재해 발생 시 형사처벌을 부과하는 법률로 주목받음.
- 시행령은 대통령령으로, 법률에서 위임한 사항(책임범위, 안전보건 확보의무 등)을 구체화해야 함.
- 초기 시행령 입법예고안(2021. 6.)에서, 의무 주체와 내용, 구체적 안전조치 기준 등이 지나치게 포괄적이고 모호하다는 비판이 제기됨.

② 주요 문제점
- "경영책임자 등"의 범위가 불명확함.
- 대표이사, CEO는 당연히 포함되지만, 지방공기업, 공공기관 등의 복잡한 지배구조에서는 누구인지 명확하지 않음.
- "안전 및 보건 확보 의무"의 내용이 추상적임.
- "적절한 조치" 등 포괄적 표현 다수 → 사업주 입장에서 법 위반 여부를 예측하기 어려움.
- "상시 근로자 수 산정 방식"의 불투명성.
- 도급·용역 근로자 포함 여부 불명확 → 대상 사업장 판단 혼란.

③ 법제처 및 공청회 이후 개선된 사항
- 법제처 심사에서: 의무 주체를 "대표이사 등 사업을 실질적으로 지배하는 자"로 명확화.
- 안전보건 의무사항을 10가지 항목으로 세분화(예: 위험성 평가 실

시, 교육, 시설 개선 등).
- 노동계 및 산업계 공청회 반영: 50인 미만 사업장에 대한 유예기간 설정(2년), 중복 처벌 논란 해소를 위한 타법 조정.

④ 법령심사 관점에서 본 실패 요인
- 모호한 용어 사용: "적절한 조치", "경영책임자" 등 명확성 부족.
- 규제 예측가능성 결여: 사업자가 법 위반 여부를 사전에 판단하기 어려움.
- 실효성 중심의 기준 미비: 실무적 이행 기준이 없어 형식적 의무로 전락 우려.

⑤ 결론
「중대재해 처벌 등에 관한 법률」 초기 시행령: 책임주체, 적용범위 등 모호한 표현 다수 → 법제처 심사와 공청회 이후 보완.

4. 법령심사의 심사기준

(1) 개념

　법령입안 심사기준이란, 새로 제정하거나 개정하려는 법령안이 「헌법」과 상위법령에 부합하는지, 입법기술적으로 정합성이 있는지, 실효성·명확성·국민 권익 보호 관점에서 적정한지 등을 종합적으로 검토하는 기준을 말한다. 법령이란 무엇인가를 한마디로 쉽게 정의하기는 어렵지만, 법령은 기본적으로 국가적·사회적 배경을 바탕으로 주권자 또는 법령을 제정할 권한이 있는 자가 그 국가 또는 사회와 그 구성원에 대해 해당 법령의 준수를 강제하고, 스스로도 그러한 규범을 지킬 것을 전제로 일정한 목적하에 구성한 성문(成文)의 규범체계라고 정의할 수 있을 것이다.

법령입안이란 특정 정책의 내용을 법령의 형식으로 구체화하는 작업을 의미한다. 법령입안의 대상이 되는 법령은 일정한 의식적 활동의 소산이고, 마땅히 준수해야 한다는 당위의 성격을 갖는 규범체계라고 할 수 있으며, 동시에 준수하지 아니하는 경우에는 일정한 제재가 따르는 규범체계를 의미한다.

따라서 법령입안의 대상이 되는 법령은 관습(법)이나 조리(「민법」 제1조 참조)와 같이 사회적으로 자연스럽게 형성된 규범질서나 상식적으로 구체적인 사항에 대해 사물의 본질을 탐구하는 과정에서 준수의무가 발생하는 형태의 규범이 아니라 일정한 목적(입법 목적)을 달성하기 위해서 의식적으로 구체화(성문화)된 규범체계이고, 동시에 규범 준수에 국가적 권력이 개입한다는 점에서 윤리, 종교 및 관습 등과 구분되는 규범체계이며, 규범이라는 점에서 행정행위 등 구체적인 공권력 작용과도 구분된다. 그리고 법령입안은 이와 같은 성문의 법령을 구체화하는 작업이라는 점에서 법규범을 정립하는 작용인 "입법"의 한 과정이라 할 수 있고, 정립된 법령을 집행하는 작용인 행정이나 법령을 해석하는 작용인 사법(司法)과는 구분된다. 입법은 법규범을 정립하는 활동으로서 하나의 단일한 과정이 아니라 일련의 과정으로 이루어진다. 일반적으로 입법의 필요성에 대한 판단과 입법을 통해 달성하려는 목적 및 입법을 통해 달성하려는 목표의 달성 수준에 대한 결정 과정이 선행되어야 하고, 이를 구체화하여 법규범으로서의 형식을 갖추는 과정, 그리고 정당한 권한을 갖는 입법자가 입법절차를 밟아 법규범을 완성하여 실효성 있는 법규범을 정립하는 과정으로 구분해 볼 수 있다.

예를 들어 어떤 사회문제에 대해 규제할 필요성이 인정된다면 그 규제의 필요성과 규제의 정도에 대한 정치적·사회적 합의가 이루어지고, 그 규제를 어떤 형식으로 어떤 법령으로 실행할 것인가에 대한 검토가 이루어진 후 입법자가 이를 구체적으로 법령의 형식으로 만들어서 국회의 심의·의결 및 공포나 국무회의의 의결 및 공포 등 입법절차를 거쳐서 해당 법규범이 실효성을 갖고 존재하게 하는 일련의 과정이 입법과정이라고 할 수 있다.

이와 같은 입법과정은 정치적이면서 「헌법」과 법령(「국회법」 등 입법에 관한 법령)이 정하는 절차에 따라 이루어지는 과정이다. 또 이러한 입법과정이 순차적으로 진행될 수도 있지만 사안에 따라서는 동시에 진행되는 경우도 있다.

여기서 법규범은 국민이 준수해야 하는 강제규범이고, 현대 민주주의 국가에서 행정과 사법(司法)이 법을 기초로 행해지므로 그 법규범을 누가 어떻게 정립하는가의 문제는 매우 중요하다.

「헌법」에서는 "입법권은 국회에 속한다."(제40조)라고 규정하여 입법권을 국회의 권한으로 선언하고 있다. 즉 주권자인 국민의 대의기관인 국회에 입법권을 부여함으로써 국회로 하여금 입법 의사를 실현하도록 하는 것을 원칙으로 선언하고 있다. 그런데 국회가 입법권을 가진다고 하여 입법에 관련된 모든 권한을 국회가 독점적으로 행사해야 한다는 의미는 아니다. 「헌법」에 따르면 국회의원 외에 정부도 법률안을 제출할 수 있고(제52조), 대통령은 법률에서 구체적으로 범위를 정하여 위임받은 사항과 법률을 집행하기 위하여 필요한 사항에 관하여 대통령령을 발할 수 있으며(제75조), 국무총리 또는 행정각부의 장은 소관 사무에 관하여 법률이나 대통령령의 위임 또는 직권으로 총리령 또는 부령을 발할 수 있다(제95조).

이와 같이 「헌법」은 국회의 입법권 외에 대통령, 국무총리 및 행정각부의 장이 「헌법」과 법률의 범위에서 일정한 규범을 정립할 수 있도록 규정하고 있고, 형식적 의미의 법률의 입법에 대해서도 정부의 법률안 제출권 등을 통해 관여의 여지를 두고 있다. 법령입안은 이와 같은 입법의 과정에서 법령의 형식을 갖추어 일정한 정책적 목적을 법규의 형식으로 구체화하는 과정을 의미한다. 즉 법령입안은 넓은 의미의 입법의 한 과정이며, 국회나 정부가 일정한 정책적 목적을 달성하기 위해 법규범의 정립을 추진하는 과정에서 정책 목적과 수단을 법규의 형식으로 구체화하는 과정이다.

성문법 체계를 채택한 국가의 법체계는 「헌법」을 정점으로 하여 법규의 종류별로 효력의 우열이 있는 법규범의 체계로 이루어진다. 즉, 상위의 효력이 있는 법규범은 하위의 법규범보다 우월한 효력을 가지며, 하위 법규범은 상위 법규범에 위반되어서는 안 된다는 원칙이 적용된다.

한편 성문법 체계에서는 법규범의 종류에 따라 그 입법 주체와 절차 등을 달리하는 것이 일반적이다. 「헌법」에서는 「헌법」을 정점으로 하여 법률, 대통령령(제75조), 총리령 및 부령(제95조)의 순서로 법체계를 구성하고 있고,[10] 법률에 대한 입법권은 국회(제40조), 대통령령의

---

[10] 「헌법」에서는 법률과 동일한 효력을 가지는 법규로서 긴급명령 및 긴급재정·경제명령(제76조)을 규정하고 있고, 그 밖에 국회규칙(제64조), 대법원규칙(제108조), 헌법재판소규칙(제113조), 중앙선거관리위원회규칙(제114조) 등을 규정하고 있으나, 긴급명

제정권은 대통령, 총리령 및 부령의 제정권은 각각 국무총리와 행정각부의 장에게 부여하고 있다. 먼저 법률은 「헌법」의 위임에 따라 국가의 기본적인 운영에 관한 사항과 국민의 권리·의무 등에 관한 사항을 규정하는 가장 중요한 법규범이다. 「헌법」은 국민의 요건(제2조제1항), 국민의 권리와 자유에 관한 사항(제12조, 제13조, 제23조, 제24조, 제27조, 제31조, 제32조, 제33조 및 제37조 등), 국회 등 국가기관의 구성과 운영(제41조제2항·제3항, 제49조, 제61조제2항, 제67조제5항, 제96조, 제101조제3항, 제102조제2항 단서 및 제3항 등)에 관한 사항을 법률로 정하도록 규정하고 있다. 이와 같은 법률에 관한 입법권은 국회에 전속되고(제40조), 법률은 「헌법」의 위임 사항 또는 「헌법」에 위반되지 않는 범위에서 필요한 사항을 규정해야 한다.

다음으로 대통령령과 총리령·부령은 각각 상위법령의 위임에 따른 사항이나 그 집행에 필요한 사항, 상위법령에 위반되지 않는 사항을 규정하는 법규범으로서 상위법령의 위임에 의해 제정되느냐에 따라 위임명령과 집행명령으로 구분된다. 여기서 상위법령의 위임에 따라 하위법령에서 일정한 사항을 규정할 경우 그 하위법령은 법률의 위임규정과 결합하여 법규적 효력을 갖는다.

한편 상위법령의 위임도 일정한 한계가 있음을 주의해야 한다. 예를 들어 「헌법」에서 법률로 정하도록 규정한 사항을 법률에서 아무런 제한 없이 대통령령으로 정하도록 위임한 경우, 해당 법률의 규정은 일정한 사항을 법률로 정하도록 한 「헌법」에 위반될 소지가 있다. 법률에서

령 및 긴급재정·경제명령은 비상시를 상정한 일종의 변칙적인 법률 대위(代位) 명령이란 점에서, 나머지 국회규칙 등은 정부의 입법을 대상으로 하지 않는다.

대통령령으로 정하도록 위임하는 경우에도 구체적으로 범위를 정하여 위임해야 한다(「헌법」 제75조 참조).

이와 같은 법체계와 법령 형식의 차이 등은 입법자 및 입법과정 참여자가 입법과정에서 항상 주의해야 할 사항이다. 입법자는 법령의 입법을 추진하면서 법체계에서 가장 적절한 법령 형식을 선택하고, 해당 법령 형식에 적합한 절차를 거쳐야 한다. 해당 법령의 내용뿐만 아니라 형식도 법체계에서 조화롭게 자리를 잡을 수 있도록 해야 하는 것이다. 한편, 법률이나 대통령령·총리령·부령 등 법령이 「헌법」이나 법률 또는 상위법령에 위반되면 이론상으로는 당연히 무효가 되어야 하나, 그러한 법령이라 하더라도 위헌 또는 상위법 위반이라는 유권적인 판정이 있을 때까지는 계속해서 집행되고 그에 따라 법률관계가 형성되기 때문에 그 법령의 시행 시점까지 거슬러 올라가 무효화되면 법적 안정성을 크게 해칠 수 있다.[11] 따라서 법체계에 어긋나는 등 법령의 내용과 형식에 문제가 있더라도 그 효력에 대해서는 권위 있는 기관의 명확한 확인이 필요하다. 법률의 「헌법」 위반 여부에 대해서는 헌법재판소(「헌법」 제111조제1항제1호)가, 대통령령 등 하위법령의 상위법 위반 여부 등에 대해서는 대법원(「헌법」 제107조제2항)이 최종적으로 심사할

---

[11] 「헌법재판소법」은 이러한 법적 안정성의 보호라는 관점에서 형벌에 관한 법률을 제외하고는 법률의 위헌결정은 그 결정이 있는 날부터 효력을 가지도록 하여(장래효(將來效), 제47조제2항) 소급효를 인정하지 않고 있다. 제47조(위헌결정의 효력) ① 법률의 위헌결정은 법원과 그 밖의 국가기관 및 지방자치단체를 기속(羈束)한다. ② 위헌으로 결정된 법률 또는 법률의 조항은 그 결정이 있는 날부터 효력을 상실한다. ③ 제2항에도 불구하고 형벌에 관한 법률 또는 법률의 조항은 소급하여 그 효력을 상실한다. 다만, 해당 법률 또는 법률의 조항에 대하여 종전에 합헌으로 결정한 사건이 있는 경우에는 그 결정이 있는 날의 다음 날로 소급하여 효력을 상실한다.

권한을 갖는다. 따라서 입법자는 「헌법」과 법률 등 여러 규범들 간의 관계를 고려하여 항상 가장 바람직한 형식의 법령으로 정책 목적을 달성할 수 있는 내용의 입법을 해야 하고, 법령의 체계나 내용이 상위법령 위반 등으로 위헌·위법 심사가 행해질 수 있다는 것을 늘 염두에 두고 입법을 해야 한다.

(2) 법령입안 심사의 기준

1) 위헌·위법 여부

법령입안 심사기준에서 가장 중요한 것은 헌법합치성이라 할 것이다. 즉, 법령이 「헌법」상 기본권을 과도하게 침해하지 않는지 여부(과잉금지원칙, 평등원칙 등 위반 여부)를 살펴야 할 것이다. 상위법 위반 여부, 즉 상위법령(「헌법」, 법률, 대통령령 등)에 위반되거나 모순되지 않는지, 위임입법의 적정성, 즉 하위명령(시행령 등)이 법률의 위임 없이 국민 권리를 제한하거나 의무를 부과하지 않았는지 등을 확인하는 것이다.

위임입법 한계 위반의 예로는 고시·훈령으로 국민의 권리를 제한하는 것은 위법하다고 판단될 수 있을 것이다.

2) 입법기술적 정합성

법령입안 심사기준의 다른 기준으로는 정합성이 있을 수 있다. 체계정합성이란 법령 간 내용이 충돌되거나 중복, 누락되지 않아 조화를 이루어야 한다는 것이다. 용어도 정합성을 갖추어야 하는데 동일한 용어가 다른 의미로 쓰이지 않았는지, 법령 간 용어 일관성이 유지되는지 여부를 확인할 필요가 있다. 또한 조문 구성에도 논리성이 있어야 할 것이다. 제목·조문 순서·항목 나열 방식이 논리적이고 규칙적인지도 매우 중요하다. 표현이 명확하지 않고 추상적이어서 자의적 해석이 있는 경우 정합성이 있다고 보기 어려울 수 있다.

3) 정책 실현의 적정성

또 다른 기준으로는 입법 목적의 실현 가능성이 있다. 해당 입법이 실질적으로 정책 목표를 달성할 수 있는 구조인지도 중요하다. 예를 들어 과잉입법의 방지도 필요한데, 필요 이상으로 국민에게 부담·의무를 부과하거나, 사업자의 경제활동을 위축시키는 규제가 없는지 살필 필요가 있다. 즉, 집행 가능성이 아예 없거나 행정부의 조직·인력·재정 측면에서 실효성 있게 집행 가능한지도 중요한 부분이라고 할 수 있을 것이다.

4) 국민 권익 보호 및 투명성

그 밖에도 국민의 기본권 침해 여부도 중요하다. 국민의 재산권·직업의 자유·정보의 자유 등 침해 요소가 존재하는지 여부가 매우 중요하다. 이 경우 규제영향분석을 반영할 필요가 있다. 규제를 신설·강화 시 규제심사 및 영향분석이 적절히 이루어졌는지 살펴볼 필요가 있다. 이때 이해관계자 의견이 반영되어야 한다. 즉, 입법예고·공청회 등을 통해 국민·전문가·업계 등의 의견을 수렴했는지가 중요하다.

5) 국제조약 및 외국법제와의 정합성

법령입안 시 국제법 위반 여부도 중요한 쟁점이 된다. WTO, FTA,

환경협약 등 국제조약에 저촉되지 않는지, 외국 입법례를 참조하고 외국 입법례를 적절히 참고하되, 국내 실정에 맞게 조정했는지도 살필 필요가 있다. 이 기준은 사전심사 및 법률안 체계, 자구심사 수행 시 중요한 기준이 될 수 있다.

법령 취약점 이해

1) 제도적 취약점

① 의원입법의 남용과 질적 저하

- 국회에서 발의되는 법안의 90% 이상이 의원입법이며, 이 중 상당수가 실질적 검토 없이 발의됨.
- 유사·중복 법안 다수 존재 → 입법혼란 야기.
- 실효성·예산영향분석 없이 정치적 목적이나 지역 민원 중심 법안 다수.

예: 21대 국회에서 「청년기본법」 유사 법안이 각기 다른 의원 이름으로 10건 이상 발의됨.

② 법령 체계 정합성 확보 미흡

- 상위법과 하위법, 유사 분야 간의 법률 간 충돌·중복이 빈번.
- 위임입법의 한계 일탈이 반복됨(예: 고시로 권리 제한 → 개발제한구역 고시 사건).
- 부처 간 소관 충돌로 법안 시행 지연.

예: 산업부와 환경부의 전기차 충전설비 설치 기준 충돌 사례.

2) 절차적 취약점

① 이해관계자 참여 및 의견수렴 절차 미흡
- 입법예고제도 운영되기는 하나 형식적으로 운영되는 경우가 많음.
- 입법 과정에서 시민사회·현장 전문가 의견 반영 부족(필수절차라는 인식 없음, 결국 정부안이 통과, 의견청취의 흔적은 보이지 않음).

예: 「중대재해 처벌 등에 관한 법률」 제정 당시 노동계와 중소기업계 간 의견 충돌 → 최종 법안에 핵심 쟁점 포함 안 됨.

② 법안 심사기능의 비효율성
- 상임위원회별 심사 능력 편차가 큼(전문성 부족, 공청회 형식적 운영).
- 국회법제실 인력 한정 → 수백 건 법안에 정밀심사 어려움.
- 졸속 통과법 사례 다수.

예: 특정 조례 개정안이 입법예고 후 10일 내에 본회의 통과.

3) 내용적 취약점

① 법령 표현의 난해함
- 국민이 이해하기 어려운 전문용어, 한자어, 일본어식 표현 여전.
- 법제처 '알기 쉬운 법령' 사업이 있음에도 전체 법령 대상 정비율이 낮음.

예: "관계 행정기관의 장은 적절한 조치를 강구하여야 한다." → 표현이 모호하고 주체 불명확.

② 평가·재검토 체계 부재
- 법률 시행 후 평가 의무 조항이 없음.

- 입법의 효과, 비용, 정책 성과에 대한 체계적 피드백 부재.
- 규제법안에 대해서도 실질적 규제영향분석(RIA) 약함.

예: 수많은 미사용 규제법 조항이 개정 없이 존속 중(규제 Sunset 제도 실효성 부족).

4) 결론

법제처 심사제도가 있어 위임입법, 문장구조, 용어사용 등 심사 제도화가 도입되었고, 국회입법조사처·법제실 등으로 정책성과 법리성의 동시 검토가 가능해졌다. 원칙적으로 모든 법안은 40일 이상 의견수렴을 할 수 있도록 하는 전자입법시스템으로 법령 통합관리, 공포·개정 정보 접근성이 높은 것은 분명 우리나라 입법운영 행정의 장점이다.

그러나 입법 품질상 유사·중복 법안 정리 제도 도입, 의원입법의 사전심사를 강화하고 입법 과정에 있어 이해관계자 참여를 제도화하며, 공청회 의무화 및 실질화, 법령 체계를 법령통합체계화를 구축하고, 위임입법 한계를 명확화할 필요가 있다. 또한 입법 언어를 'Plain Language' 지침으로 전면 도입하고 법제처 주도 전수 정비가 필요하다. 또한 입법 성과를 평가하는 사후평가제도(Sunsetting, RIA) 도입 및 법령폐지 정비 기준을 마련하여야 한다.

제3절　　알기 쉬운 법령 만들기

1. 들어가며

왜 '알기 쉬운 법령'이 중요한가. 법령은 국민의 권리·의무와 직접 관련되는데 어려운 법은 국민의 법적 불복종이나 소송 증가를 초래한다. OECD·국제기구도 'Plain Language Law'를 강조한 바 있다.

사례
- "어린이 보호구역에서 차를 세워야 하나요?" → 현장에서는 헷갈리는 법령 조항이 많음.
- "~할 수 있다" → 허용인지 의무인지 혼란.

(1) 법령이 어려운 이유와 알기 쉬운 법령의 요건

1) 법령이 어려운 이유는 다음과 같다.
- 복잡한 문장 구조: 한 문장에 주어·목적어·보어가 다 붙음.
- 추상적 표현: "적절한 조치", "필요한 범위" 등.
- 외국어식 표현, 한자어 과다: "사단법인", "사후조치", "정당한 사유가 없을 때에는"
- 법제 간 중복·충돌: 같은 사안을 여러 법령이 다르게 규정.

2) 알기 쉬운 법령의 요건 5가지

법제처 "알기 쉬운 법령 만들기 지침" 기반

- 명확한 표현: 누구든지 읽고 정확한 의미를 알 수 있어야 함.
- 간결한 문장: 불필요한 수식어, 중복 어구 지양.
- 일관된 용어 사용: 같은 개념은 같은 용어 사용.
- 국민 눈높이에 맞춘 표현: 행정용어·전문용어 최소화.
- 체계적이고 보기 쉬운 조문 배열: 긴 문장을 나누고 목록화.

좋은 vs 나쁜 조문 사례 비교

항목	나쁜 예	좋은 예
중복된 표현	"즉시, 지체 없이"	"지체 없이"
불분명한 책임	"관계 행정기관은 적절한 조치를 하여야 한다."	"시장은 ○○에 대해 △△ 조치를 하여야 한다."
긴 문장	한 문장에 4줄 이상	하나의 문장 = 하나의 주제

(2) 알기 쉬운 법령을 위한 제도적 노력

- 법제처: "알기 쉬운 법령 만들기 지침" 운영.
- 각 부처: 입법예고 시 국민 의견수렴, 법령심사 시 표현 개선.
- 국회입법조사처: 법령 난이도 분석 도입 추진 중.

'좋은 법'은 읽는 사람이 이해할 수 있어야 한다. 법은 전문가만을 위한 도구가 아니라, 모든 국민이 읽고 행동할 수 있는 안내서여야 한다.
　알기 쉬운 법령은 국민의 신뢰, 행정의 효율, 사법의 정의를 모두 높이는 핵심이다.

2. 입법정책결정론

"입법정책결정론(立法政策決定論, Theory of Legislative Policy Decision-making)"은 단순히 법률을 만드는 기술적 과정을 넘어서, 입법이라는 공공정책 도구를 통해 사회문제를 어떻게 해결할 것인가에 초점을 둔 입법학의 핵심 분야이다. 쉽게 말하면, "왜 이 법이 필요하며, 어떻게 구성되어야 가장 합리적인가"를 연구하는 분야이다. 이는 '과잉금지원칙'으로 연구된다.

(1) 헌재 1996. 4. 25. 92헌바47 판결

> (가) 기본권제한입법의 한계
>
> 국민의 기본권은 국가안전보장·질서유지 또는 공공복리를 위하여 제한할 수 있지만, 권리의 본질적인 내용을 침해할 수 없는바(헌법 제37조 제2항), 위 제한의 한계로 "과잉금지의 원칙"을 적용할 수 있다.
>
> 즉, 국민의 기본권을 제한하는 입법의 목적이 헌법 및 법률의 체제상 그 정당성이 인정되어야 하고(목적의 정당성), 그 목적의 달성을 위하여 그 방법이 효과적이고 적절하여야 하며(방법의 적절성), 입법권자가 선택한 방법이 설사 적절하다고 하더라도 보다 완화된 형태나 방법을 모색함으로써 기본권의 제한은 필요한 최소한도에 그치도록 하여야 하며(피해의 최소성), 그 입법에 의하여 보호하려는 공익과 침해되는 사익을 비교형량할 때 보호되는 공익이 더 커야 한다(법익의 균형성).

(라) 정책수행수단의 선택과 입법재량의 문제

조합의 난립 방지를 통하여 축협의 육성·발전을 도모한다고 하는 입법목적을 달성하기 위하여 가능한 여러 수단들 가운데 구체적으로 어느 것을 선택할 것인가의 문제는 입법재량의 영역에 속하는 문제인데다가, 우리나라의 경우 경제발전과 더불어 건실한 축산진흥시책을 수립하고 양축인의 자주적 협동조합을 육성할 필요성이 커졌음에도 양축인들의 조합결성 기반이 조성되어 있지 아니하고 조합활동이 미약한 현실상의 문제점이 있어 정부의 강력한 지도·감독하에 빠른 시일안에 축협을 조직하고 축협운동을 활성화시키기 위하여는 전국 양축인의 협동조직화 및 계열화가 요구되어 이 사건 심판대상조항을 두게된 것인바, 가사 위 입법목적을 위한 수단으로서 이 사건 심판대상조항이 정한 방법이 최선의 것이 아니라고 할지라도 위헌이라고 할 수는 없다라는 주장이 있을 수 있으므로 이를 살펴본다.

입법목적을 달성하기 위하여 가능한 여러 수단들 가운데 구체적으로 어느 것을 선택할 것인가의 문제가 기본적으로 입법재량에 속하는 것이기는 하다.

그러나 위 입법재량이라는 것도 자유재량을 말하는 것은 아니므로 입법목적을 달성하기 위한 수단으로서 반드시 가장 합리적이며 효율적인 수단을 선택하여야 하는 것은 아니라고 할지라도 적어도 현저하게 불합리하고 불공정한 수단의 선택은 피하여야 할 것인바, 이 사건의 경우 앞서 본 입법목적은 조합의 설립요건을 강화한다든가(축협법은 조합의 설립에 관하여 자유설립주의나 준칙주의를 택하지 아니하고 인가주의를 택하고 있으므로 설립요건의 강화에 의하여도 조합의 난립을 어느 정도 방

> 지할 수 있다), 조합에 대한 국가의 지원과 감독권의 적절한 행사나 그 밖에 협동조합의 본질에 반하지 않는 수단들을 통하여서도 달성할 수 있을 것임에도, 앞서 살펴 본 바와 같이 결사의 자유 등 기본권의 본질적 내용을 해하는 복수조합설립금지라는 수단을 선택한 것은 현저하게 불합리하고 불공정한 것이므로 이는 위헌임이 명백하다.
>
> (마) 따라서 이 사건 심판대상조항은 과잉금지의 원칙 및 자의금지의 원칙에 반하여 청구인의 결사의 자유, 직업의 자유, 평등권을 침해하는 위헌의 법률조항이라고 할 것이다.

(2) 헌재 1990. 9. 3. 89헌가95 판결

> 다. 과잉금지의 원칙(비례의 원칙)의 준수 여부
> 위에서 살펴본 바와 같이 국민의 기본권의 하나인 재산권(담보물권)에 대한 제한에 있어서, 이 사건 심판대상이 된 법조항은 기본권 제한법률로서 그 내용상의 한계를 일탈하여 담보물권의 본질적인 내용을 침해하고 있는 것이 분명하지만, 설사 이와 견해를 달리하여 담보물권의 본질적인 내용의 침해가 없는 것이라고 할지라도 국민의 기본권을 제한하는 법률은 그 제한의 방법에 있어서도 일정한 원칙의 준수가 요구되는 바, 그것이 과잉금지의 원칙이며 이하에서는 이 점을 소상히 판단하기로 한다.
> 과잉금지의 원칙이라는 것은 국가가 국민의 기본권을 제한하는 내용의 입법활동을 함에 있어서, 준수하여야 할 기본원칙 내지 입법활동의 한계를 의미하는 것으로서 국민의 기본권을 제한하려는 입법의 목적이 헌법 및

법률의 체제상 그 정당성이 인정되어야 하고(목적의 정당성), 그 목적의 달성을 위하여 그 방법(조세의 소급우선)이 효과적이고 적절하여야 하며(방법의 적절성), 입법권자가 선택한 기본권 제한(담보물권의 기능상실과 그것에서 비롯되는 사유재산권 침해)의 조치가 입법목적달성을 위하여 설사 적절하다 할지라도 보다 완화된 형태나 방법을 모색함으로써 기본권의 제한은 필요한 최소한도에 그치도록 하여야 하며(피해의 최소성), 그 입법에 의하여 보호하려는 공익과 침해되는 사익을 비교형량할 때 보호되는 공익이 더 커야 한다(법익의 균형성)는 헌법상의 원칙이다(헌법재판소 위 결정 참조). 위와 같은 요건이 충족될 때 국가의 입법작용에 비로소 정당성이 인정되고 그에 따라 국민의 수인(受忍)의무가 생겨나는 것으로서, 이러한 요구는 오늘날 법치국가의 원리에서 당연히 추출되는 확고한 원칙으로서 부동의 위치를 점하고 있으며, 헌법 제37조 제2항에서도 이러한 취지의 규정을 두고 있는 것이다.

그런데 조세국가로 표현되는 현대국가에서 조세채권을 차질없이 확보하는 것은 국가의 재정적 기초를 공고히 함과 동시에 국가의 통치활동을 원활하고 온전하게 수행하는데 있어서 필연적인 전제라고 할 수 있는데, 조세채권의 확보를 위한 제도로서 조세우선의 원칙과 자력집행의 원칙을 그 양대지주로 들 수 있다. 조세채권의 우선은 동일한 채무자에 대하여 조세채권과 공과금이나 민사 또는 상사채권이 경합되고, 그 채무자의 전재산이 경합청구된 채권 전부를 변제하기에 부족할 때 특히 그 의미를 갖게 되며, 이러한 경우 조세채권은 타채권에 우선하여 징수할 수 있게 되는 것이다(여기서는 위헌심판의 대상이 되어 있는 조세우선의 원칙에 대하여서만 살펴보기로 한다). 조세채권이 우선하여 징수되어야 할 이유에 대하여서는 조세는 국가재정의 기초이기 때문에 의당 국가의 시책으로 그 이익을 향수하는 국민으로부터 환수되어야 한다거나(공공성·공익성의 이론), 조세채권은 당사자의 임의로운 선택에 의하여 발생하는 것이 아니라 조세관계법률이 정하는 과세요건의 충족에 따라 자동적으로 과세충당부분이 창출되기 때문에 그 부분은 당연히 공제되어야 한다거나(우선공제성(優先控除性)이론), 일반채권은 예컨대 자금의 대차 또는 재화의 매매와 같이 반대급부를 수반하지만 조세채권은 비록 이론상 일반보상성(一般補償性)이 있다고는 하지만 특정한 개별적인 반대급부를 수반하지 않아 그 이행가능성이 희박하기 때문이거나(무대가성(無代價性)이론), 조세관계법률은 과세의 요건과 절차를 국민에게 공포하고 있으므로 그에 의하여 발생되는 조세채권도 일반채권과 비한다면 어느 정도 공시되어 있기 때문이라고(공시성(公示性)이론) 설명되고 있다.

이상의 논거가 조세우선의 원칙의 배경이며 일부 논거에 의문이 없는 것은 아니나 조세의 우선징수의 필요성은 일반적으로 긍인(肯認)되고 있는 바이므로 위 국세기본법 조항의 목적의 정당성은 일응 인정할 수 있다고 할 것이다.

그런데 전체주의 국가관이 지배하던 시대에는 국가의 우선권이라는 관념에서 국가가 가진 공법상의 권리는 사법상(私法上)의 권리에 대하여 무조건 그리고 무제한 우선되어야 한다고 하였으나, 통치권자(과세권자)와 피통치자(납세국민)가 이념상 자동적(自同的)인 민주국가에서는 이와 같은 논리는 통용될 수 없으며, 피통치자의 불의의 피해를 예방하고 정당한 권익을 보호하는 것 또한 바로 통치권자의 주요사명이요 공적 의무라고 할 것이므로 조세우선의 원칙에도 스스로 그 범위와 한계가 구획(區劃)되어져야 할 것이다.

> 국회의 입법활동에 있어서 재산권 기타 경제적 활동의 자유규제는 다른 정신적 자유규제의 경우에 비하여 보다 넓은 입법재량권을 갖는다는 것을 인정하지 않는 것은 아니지만, 재산권이라 할지라도 그 본질적인 내용이 침해될 수 없음은 물론 과잉금지원칙의 적용이 배제되는 것도 아님은 앞에서 살펴본 바이다. 즉 용이하고 편의한 방법에 의한 충분한 조세의 징수 확보라는 국가적 요구와 국민의 재산권 내지 납세자 기본권의 보장이라는 일견 모순되고 상반되는 듯한 두 개의 헌법상의 법익가치를 어떻게 조화시키는 것이 가장 이상적이며 또 그것이 헌법정신에 부합한다고 할 것인가 하는 문제가 검토되어야 하는 것이다.

3. 입법논증론

(1) 개요

입법논증론은 입법 과정에서 사용되는 논증의 구조, 정당화 방식, 그리고 규범적 판단의 타당성을 분석하고 체계화하는 학문이다. 이는 단순히 법률을 제정하는 기술을 넘어서, 왜 특정 입법이 정당한지, 어떻게 정당화할 수 있는지를 설명하려는 시도라고 할 수 있다. 입법자가 특정 규범(법률)을 만들기 위해 제시하는 논리적 근거와 정당화 과정으로서 "A라는 사회문제가 존재 → 기존 제도로 해결 불가능 → 따라서 새로운 법이 필요 → 그 법의 내용은 B이어야 한다."라는 과정에 논증의 논리구조를 정당화하는 것을 말한다.

(2) 입법논증의 구성요소

입법논증에서는 4가지 구성요소를 순차적으로 거쳐야 하는데 ① 사실이 존재하여야 한다. 즉, 지속적으로 현재의 사회 현실, 문제 상황이 존재하여야 하는 것이다. 즉, 고령화 심화, 디지털 성범죄 증가와 같은 상황이 존재하여야 한다. ② 가치가 전제되어야 한다. 즉, 보편적으로 지향해야 할 사회적 가치가 있어야 한다. 예를 들어 정의, 안전, 공공복리와 같은 것이다. ③ 규범을 명제하는 것이다. 즉, 입법의 구체적 내용이 제안되어야 한다. 예를 들어 'A 행위는 금지한다.' 또는 'B를 허용한다.'와 같은 바람직한 허용행위 또는 금지해야 하는 행위가 존재한다. ④ 목적-수단 논리가 존재한다. 특정 목적 달성을 위해 어떤 수단(법규범)이 가장 적절한지를 논증하여야 한다. 이러한 논리 구조는 형식논리 또는 연역적 구조를 기반으로 한다.

예를 들어 대전제로 "국민의 건강을 해치는 요소는 법으로 규제되어야 한다."라고 하고 소전제로 "청소년 대상 전자담배 광고는 건강을 해친다."로 하면 결론적으로는 "청소년 대상 전자담배 광고는 법으로 규제해야 한다."라고 하여야 한다. 하지만 실제 입법에서는 가치 판단과 정책적 고려가 개입되므로, 귀납적, 비형식논증, 가치논증도 중요하다.

(3) 입법논증의 정당화 기준

입법 논증에 있어 기준으로는 ① 타당성(validity): 논리적으로 모순이 없는가? ② 정합성(coherence): 기존 법체계와 충돌하지 않는가? ③ 목적 적합성: 제정하려는 법이 실질적으로 문제를 해결할 수 있는가? ④ 최소 침해성: 기본권 침해가 최소 수준인가? ⑤ 비례성: 입법

목적과 수단이 균형을 이루는가? 등이 있다.

입법논증과 관련한 이론으로 법실증주의는 입법자의 의사와 정당한 절차를 매우 중시하는데 법실증주의(legal positivism)가 입법자의 의사와 정당한 절차를 매우 중시하는 이유는, 이 이론의 핵심 전제와 목적, 법의 안정성 확보를 위한 철학적 기반에 뿌리를 두고 있기 때문이다.

법실증주의의 기본 전제를 살펴보면 "법이란 존재하는 실정법(positum)이며, 도덕과는 별개로 오직 사실적·형식적 기준에 의해 성립한다."라는 것이다. 즉, 법의 유효성(validity)은 오직 "어떻게 만들어졌는가?"에 달려 있고, "무엇이 정의로운가?"와는 독립적이라는 전제이다.

즉, 입법논증에 있어 정당화 기준은 무엇보다도 입법자의 의사가 중시되어야 하는데 그 이유는 법의 근원은 국가 권위이기 때문이다. 법실증주의에 따르면, 법은 입법권을 가진 국가 권위(입법자)의 의사 표현이며 "법이 무엇인가?"는 "입법자가 어떤 명령을 했는가?"로 판단된다.

대표 학자로는 존 오스틴(John Austin)이 있다. 그는 "법은 주권자의 명령(command)이며, 그에 따르지 않을 경우 제재(sanction)가 뒤따른다."라고 한 바 있다.

또한 이는 민주주의 원칙과도 부합하는데 현대 법실증주의는 국민주권과 대표제 민주주의의 관점에서, 국민이 선출한 입법자의 의사를 정당한 법의 표현으로 본다. 따라서 "국민이 위임한 입법 권한을 정당하게 행사한 것", 즉 이를 "정당한 법"이라고 하는데 이는 법치주의(rule of law)를 실현하기 위한 실천적 근거이기도 하다.

(4) 정당한 절차 중시 이유

입법논증에 있어서 정당한 절차를 거쳤는지를 최우선으로 하는 이유는 첫째, 법의 예측가능성과 안정성이 보장되기 때문이다. 법실증주의는 법적 안정성과 일관성을 매우 중시하는데 정당한 절차 없이 자의적·즉흥적으로 만들어진 법은 예측불가능하고 사회질서를 해친다. 따라서 절차적 정당성이 확보되어야만 법이 유효하고 권위 있는 규범이 될 수 있다고 본다.

또한 법과 도덕을 구분하기 위한 기준으로서 정당한 절차는 상당히 중요한데 도덕은 사람마다 다를 수 있지만, 절차는 명확하고 객관적이다. 입법 절차(예: 국회의 제·개정 절차, 공포, 시행 등)는 법의 존재 여부를 객관적으로 판별할 수 있는 기준이 된다. 법실증주의는 "누가 정당한 권한으로, 어떤 절차에 따라 만들었는가?"를 기준으로 법의 유효성을 판단한다. 그러므로 입법자의 의사와 그 의사가 정당한 절차를 통해 표현되었는지는 이론 전체의 성립 기반이 된다.

그리하여 하트(H.L.A. Hart)의 현대 법실증주의 관점에서 하트는 "명령으로서의 법" 개념을 비판하면서도, "규칙을 만드는 규칙(rule of recognition)"을 통해 여전히 정당한 절차와 권위의 중요성을 강조했는데 즉, "이 법은 유효한가?"라는 사회가 공통으로 인식하는 절차(인식 규칙)에 따라 판단된다는 뜻이다.

(5) 법실증주의의 한계

오늘날 법실증주의에 따른 적법절차 원칙의 견지에서 위헌입법이 판단되고 있으나 이에 대한 비판 논리도 거센데, 이는 핵심 개념인 "법의 유효성" VS "법의 정당성" 때문이라고 할 수 있다. 법실증주의는 법의 유효성(validity)을 형식적 조건(입법 절차, 권한)에 따라 판단한다. 따라서 도덕적으로 옳지 않거나 부당해 보여도, 형식 요건을 갖추면 법으로 인정한다.

즉, 형식적 유효성 판단이 매우 중요한데, 위헌 여부를 「헌법」이 정한 절차와 권한 기준에 따르기 때문이다. 또한 절차 중시로 인하여 「헌법」에 어긋난 입법 절차나 권한 일탈을 중요시하다 보니 절차법상 위반은 바로 "무효"가 되어 실정법으로도 유효하지 않게 판단한다. 그러므로 형식적으로 각하된 것은 내용 비판이 원칙적으로 보류되는 한계가 발생한다. 그리하여 도덕적 정당성(예: 불공정, 차별 등)은 유효성 판단의 근거가 되지 않는다. 단, 「헌법」에 규정된 도덕적 기준(기본권 등)은 예외가 된다. 법실증주의는 「헌법」이라는 상위 법률체계 내에서의 절차 위반이나 권한 일탈을 근거로 위헌 입법을 비판할 수 있으며, 이 역시 형식적·절차적 합법성 기준에 근거한 비판이다. "정당한 절차가 없는 입법은 법이 아니다."라고 하는 것이다. 하트(H.L.A. Hart)와 풀러(L. Fuller)의 '법과 도덕' 논쟁은 하트(법실증주의)와 풀러(자연법론)의 기본 입장부터 다르기 때문에 시작된 관점이라고 할 수 있다. 하트는 법과 도덕은 별개라고 하는 반면, 풀러는 법은 도덕적 정당성을 가져야 하며 이는 우리가 느낄 수 있다고 주장한다. 또한 하트는 법이란 어디까지나 규칙에 따라 제정된 실정법이며, 풀러는 사회적 도덕을 실현하는 규범 질서에 불과하다고 한다. 그래서 하트는 나치법도 절차에 따라 제정되었으면 유효 → 도덕적으로 비난할 수는 있으나, 법은 법이었다고 한다. 하지만, 풀러는 명백한 불의는 법이 아님 → "악법은 무효"였다고 말한다. 하트는 법치의 조건이란 규칙, 관습, 권위 인정에 따른 유효성을 확보해야만 한다고 하고, 풀러는 법치의 조건은 "내재적 도덕성" 8가지 조건을 준수해야 진정한 법(명확성, 일반성, 공표성 등)이라고 한다. 결국 논쟁의 핵심은, 하트는 법적 유효성과 도덕적 정당성은 별개 → 법의 존재는 사회적 사실에 의해 결정된다고 말하고, 풀러는 도덕이 결여된 법은 '법'이 아님 → 법은 도덕적 질서의 일부라고 한다. 하트의 『The Concept of Law』(1961)와 이를 조목조목 반박한 풀러의 『The Morality of Law』(1964)는 이후 압법할 것과 입법하지 말아야 할 것의 구별을 고민하게 하는 책이다. 그래서 하트와 풀러 이후 법철학과 입법학은 그들 책에 대한 주석에 불과하다. 즉, 법률의 "형식적 유효성"과 "실질적 정당성"의 균형을 이루는 것이 결코 쉽지 않음을 알려주고 있다. 하트와 법실증주의는 절차적 정당성을 강조하며 법의 안정성과 예측가능성을 중시한다. 풀러는 내용적 정당성(도덕성)이 없는 법은 정당하지 않다고 경고한다. 입법자는 형식 요건을 갖춘 법 제정은 물론, 그 내용이 정의로운가, 기본권을 침해하지 않는가에 대해서도 책임을 져야 한다.

결국 이로 인해 「헌법」의 역할 재인식으로, 법실증주의도 「헌법」은 상위 실정법으로 존중되어야 하고 「헌법」의 가치(자유, 평등, 생명권 등)는 입법 내용의 최소한의 도덕 기준으로 기능할 수밖에 없으며, 입법자는 헌법적 가치와 실정법적 기법을 동시에 고려해야 한다. 또한 공공의 이익과 도덕성의 재결합을 시도하며 하트 이후의 "중도 실증주의자들"(예: Joseph Raz, Neil MacCormick) 등은 법적 유효성 판단에 도덕이 개입될 수 있다고 보고 이원론을 보완한 바 있다. 현대 입법자는 절차적 타당성에만 머물 것이 아니라, 시민의 권리, 사회 정의, 공공복리 실현이라는 실질적 목표까지 고려해야 한다. 법실증주의의 위헌 기준에 대해 자연법은 지속적으로 비판하여 왔는데, 절차적 위법에 지나치게 치우치다 보니 도덕 판단이 후순위가 되었기 때문이었다. 하트는 법실증주의자로서 법이 사회 규칙인 반면, 풀러는 법이 도덕적 질서라고 하였는데 결국 "절차의 정당성+내용의 도덕성"이 균형을 이루는 입법이 필요하다.

제2장

법령입안 심화

제1절 「헌법」 기본원리와 법제 실무

1. 국민주권주의

(1) 개념

국민주권주의란 국가의 주권이 국민에게 있고, 모든 권력이 국민으로부터 나온다는 원리를 말한다. 이는 「헌법」 제1조제2항에 명시되어 있으며, 대한민국 「헌법」 전체를 관통하는 가장 핵심적인 원리 중 하나이다. 국민주권주의는 단지 선거와 국민투표 같은 정치적 권리 행사에만 그치지 않고, 국가의 입법과 행정 전반에 걸쳐 국민의 참여와 의견 반영을 요구하는 실천적 원칙이다.

입법 과정에서도 이 원리는 중요한 의미를 갖는다. 법률이 국민의 생활에 직접 영향을 미치는 만큼, 국민이 법의 제정·개정 과정에 일정한 방식으로 참여할 수 있도록 보장하는 것이 국민주권의 실현이라 할 수 있다. 이를 제도적으로 뒷받침하는 것이 바로 입법예고제와 주민조례 청구제도이다.

(2) 입법예고제

입법예고제는 정부가 법률이나 대통령령, 총리령, 부령 등을 새로 제정하거나 개정할 때, 그 내용을 미리 국민에게 알리고 일정 기간 동안 의견을 받을 수 있도록 하는 제도이다. 「행정절차법」 제41조와 「법제업무운영규정」 등에 의해 운영되며, 일반적으로 40일 이상 예고하도록 되어 있다.

이 제도는 국민의 알권리와 참여권을 보장하고, 다양한 이해관계자의 의견을 수렴하여 입법의 질을 높이기 위한 것이다. 또한, 법률안의 내용에 대한 예기치 못한 부작용이나 규제 과잉 문제를 사전에 파악하여 보완할 수 있는 기능도 수행한다. 입법예고는 형식적으로만 운영되는 경우도 있으나, 실질적인 의견 반영과 피드백이 이루어질 경우 국민과 국정 간의 신뢰를 높이는 중요한 수단이 될 수 있다.

(3) 주민조례청구제도

주민조례청구제도는 지방자치단체의 주민이 직접 조례의 제정·개정·폐지를 청구할 수 있도록 한 제도이다. 「지방자치법」 제15조와 제16조에 근거하여 운영되며, 청구요건(청구인 수, 나이 등)은 지방자치단체마다 조례로 정해져 있다. 예컨대, 특별시나 광역시에서는 1만 명 이상의 서명을 받아야 조례청구가 가능하며, 일반 시·군은 그보다 적은 수로도 청구가 가능하다.

주민조례청구는 지방의 문제에 대해 주민이 직접 규범 형성에 참여하는 도구이자, 국민주권주의를 지방분권적으로 실현하는 장치이다. 실제로 학교급식, 청소년 보호, 성평등, 보건의료 등 다양한 분야에서 주민조례청구가 활용되어 왔다. 그러나 현재로서는 주민청구가 있더라도 지방의회에서 조례안을 부결하면 효력이 발생하지 않기 때문에, 실효성을 높이기 위한 제도 보완이 필요하다는 지적도 있다. 또한, 보다 많은 주민이 참여할 수 있도록 온라인 청구 시스템을 도입하는 등 절차적 개선도 필요하다.

2. 법치주의

(1) 개념

법치주의란, 국가 권력은 국민의 자유와 권리를 보장하기 위해 법에 근거하여 행사되어야 한다는 원리를 말한다. 이는 「헌법」 제1조에서 밝힌 민주주의의 기초이자, 「헌법」 제37조제2항에서 확인할 수 있는 기본권 제한의 요건과도 밀접히 연결되어 있다.

법치주의는 단순히 법률의 존재만을 의미하는 것이 아니라, 그 법률이 정당하고 예측 가능해야 하며, 모든 국가기관이 법률을 존중하고 준수해야 한다는 원칙을 포함한다. 따라서 국민의 권리를 제한하거나 의무를 부과하는 모든 국가행위는 반드시 법률에 근거를 두어야 하며, 그 내용 또한 헌법적 가치에 부합해야 한다.

(2) 위임입법 요건 준수의 의미

법률이 위임을 통해 하위 법령이나 행정입법(대통령령, 총리령, 부령 등)에 규율을 맡길 수는 있지만, 이 경우에도 반드시 「헌법」상 정해진 요건을 충족해야 한다.

즉, 국민의 기본권에 영향을 미치는 사항이나 새로운 의무를 부과하는 내용은 '법률이 직접 규정하거나 구체적인 위임이 있어야만 하위규범이 효력을 가질 수 있다. 이를 위임입법의 한계라고 하며, 위임의 명확성과 구체성이 확보되지 않으면 하위법령은 위헌 또는 무효가 될 수 있다.

예를 들어, "개발제한구역 고시 사건"에서는 고시로 국민의 권리를 제한했지만, 위임 근거가 명확하지 않아 대법원은 해당 고시를 무효라고 판단하였다. 이처럼 위임입법 요건을 지키는 것은 법치주의 실현의 핵심 요소이며, 입법·행정 실무에서 매우 중요한 기준이다.

1) 체계 정당성

"체계 정당성의 원리"란 동일 규범 내에서 또는 상이한 규범 간에 그 규범의 구조나 내용 또는 규범의 근거가 되는 원칙 면에서 상호 배치되거나 모순되어서는 안 된다는 헌법적 원리를 말한다. 법령 상호 간에 체계 정당성을 요구하는 이유는 입법자의 자의(恣意)를 금지하여 규범의 명확성과 예측 가능성, 규범에 대한 신뢰와 법적 안정성을 확보하기 위해 「헌법」이 일정한 법체계를 구성하도록 한 결과에 따른 것이다.

물론 이와 같은 체계 정당성 원리를 위반하여 입법이 이루어졌다고 해서 해당 법령이 위헌이나 위법한 법령이 되는 것은 아니다. 일반적으로 체계 정당성의 원리를 위반한 경우에도 결과적으로 비례의 원칙이나 평등의 원칙에 위반되어야 비로소 위헌이나 위법의 문제가 발생하며, 또 체계 정당성의 원칙 위반을 정당화할 합리적인 사유의 존재에 대해서는 입법자의 입법 재량이 인정된다고 한다.[12]

따라서 입법자는 입법과정에서 법체계의 통일과 조화를 위해 체계 정당성의 원칙을 준수해야 하고, 특히 새로운 법령을 제정하거나 법령으로 새로운 제도를 창설할 때에는 당연히 기존 법령과의 조화를 늘 염두에 두어야 한다.[13]

---

12) 헌법재판소 2004. 11. 25. 선고 2002헌바66 결정
13) 「행정기본법」 제38조제2항제2호 "법령등의 내용과 규정은 다른 법령등과 조화를 이루어야 하고, 법령등 상호 간에 중복되거나 상충되지 아니하여야 한다."

2) 법령의 입안과 특별법 선택

새로운 사항을 법령으로 규율하려는 경우에 기존의 법령을 개정할 것인지 아니면 독자적으로 새로운 법령을 제정할 것인지를 결정해야 한다. 이에 대해서 명확한 기준이 정립되어 있는 것은 아니나, 기존의 법령에서 규정한 제도를 보완하거나 새로운 사항을 규율하더라도, 유사한 분야를 규율하는 법령이 있어 그 법령을 개정함으로써 쉽게 반영할 수 있는 경우라면 기존 법령을 개정하는 것이 일반적이다. 전혀 새로운 분야를 규율하거나 기존의 여러 법령에서 규율하고 있는 사항을 아울러 체계적·종합적으로 규율할 필요성이 있다면 새로운 법령을 제정하는 것이 일반적이다. 요컨대 입법정책적으로 입법 목적을 실현하는 데 어느 쪽이 유리한지, 어느 쪽이 입법 경제적인지, 어느 쪽이 법체계의 정합성 유지에 적합한지, 어느 쪽이 국민이 법을 이해하는 데 도움이 되는지 등을 고려해서 결정해야 한다.

한편, 최근 특정한 입법정책의 수행에 효과적으로 대응하고, 특정한 정책에 대한 국민의 관심을 불러일으켜 입법 목적을 원활하게 달성하기 위해 각종 특별법, 특례법, 특별조치법 등의 명칭으로 특별법이 많이 제정되고 있다.[14] 특별법은 새로운 분야의 입법 수요를 법령에 반영하기 위해 기존 법제도에 대한 예외적인 상황이나 내용을 규정해야 할 필요성이 있는 경우에 만들어지고 있으나, 특별법이 다수 양산되면 법체계가 혼란스러워져 법규범 상호 간의 충돌과 모순으로 체계 정당성을 침해할 여지가 커진다. 또한, 국민여론과 정치적인 이유에 따라 급히 입법이 진행되는 경우에는 합리성이 결여되거나, 법령이 특정 문제

---

14) 제명에 "특별법", "특례법", "특별조치법" 또는 "특례에 관한 법률" 등 다양하게 사용된다.

나 특정 지역에만 특례를 인정하는 등 처분적 내용을 규정함으로써 형평상의 문제가 발생할 수도 있다. 또 특별법이 많아지면 법체계가 복잡해져 국민들이 법을 이해하기 어렵게 되고 법체계에 대한 신뢰성도 낮아질 수 있으므로 특별법 제정에는 신중해야 한다.

따라서 일반법의 법체계를 크게 훼손하는 것이 아니라면 일반법에 함께 규정하는 것이 바람직하다. 즉 입법자는 새로운 입법 수요를 위해 특별법이 반드시 필요한지를 엄격하게 검토해 보아야 하고, 특별법의 제정 필요성, 실효성과 적합성, 기존 법령과의 조화 등을 종합적으로 검토하는 것이 필요하다. 그리고 부득이 특별법을 제정하거나 특례를 규정해야 할 필요가 있다고 판단되는 경우에는 특별법이 평등의 원칙, 비례(과잉금지)의 원칙, 책임주의 원칙 등 「헌법」상의 여러 원칙을 위반하는 것이 아닌지, 기존의 일반법과의 관계에서 해석·적용 시에 모순되거나 충돌되는 부분이 없는지 등에 대한 체계적인 검토가 필요하다.

다음으로 해당 법률이 어떤 법률이나 내용에 관한 특례나 특별 규정인지를 목적 규정에서 명확히 드러나도록 명시하는 것이 필요하다. 이 경우 일반법을 적시하여 그에 대한 특례를 규정한다는 것을 명시할 수도 있지만 다수의 일반법에 대한 특례를 규정하는 경우에는 어느 하나의 일반법만을 적시하는 것이 곤란하므로 특례의 내용 등을 표시하는 경우도 있다.

한편, 설령 특별법이 제정되더라도 입법자는 그 규정 내용과 다른 법률과의 관계 등을 고려하여 특별법을 일반법이나 기본법으로 흡수하는 방식으로 개정하는 방안을 우선적으로 검토하여 법체계의 정비에 노력해야 할 것이다.

3) 법령 통폐합과 분법의 필요성

행정환경의 변화와 정책수요에 대응하여 새로운 법제도 도입 등이 활발하게 이루어진 결과 우리나라의 법령은 그 수가 지속적으로 증가되어 왔다. 입법 당시에는 법령마다 나름대로 그 필요성이 있었지만 환경이 변화함에 따라 기존의 법령이 반드시 필요한 것인지에 대한 지속적인 사후 관리가 필요하다. 즉 불필요하거나 환경변화에 맞지 않는 법령에 대해서는 지속적인 정비가 필요하고, 이와 같은 정비가 제대로 이루어지지 않을 경우 법령은 국민과 기업을 옭아매는 불합리한 규제로 작용하는 경우도 많다. 또한, 법령의 수가 증가함에 따라 법체계가 복잡해지고 일관성이 없게 되면 입법의 체계 정당성에 맞지 않게 되고 국민이 법령을 쉽게 찾고 이해하는 데에도 어려움이 많아지게 된다.

따라서 법령의 수요자인 국민의 입장에서 법령을 통폐합하여 전체 법령의 수를 줄임으로써 복잡한 법체계를 간소화하고, 법령 간의 관계를 명확히 하여 법령의 체계적 정합성을 높이는 것이 필요하다. 유사한 분야에 관한 내용을 적용 대상 등에 따라 조금씩 달리 정하거나 여러 법령에 나누어 규정하고 있어, 해당 분야에 대한 법체계가 복잡하고 내용의 전반을 알기 어려워지는 경우가 있다. 이러한 입법에서는 지역별·분야별 이기주의를 유발하거나 법령 간에 내용상 차이가 생겨 형평성의 문제가 발생할 여지가 많다. 이러한 경우 유사한 분야에 관련된 내용을 일반법에 통합하는 것이 필요하다. 각 법령 내용상 상호 연관성이 높은 경우나 유사한 사항에 대해 규율하고 있는 별도의 법령이 있는 경우로서 어느 한 법령의 조문 수가 적고 별도의 법령을 둘 필요성이 적은 경우에는 법령을 통폐합하는 것이 바람직하다. 각 법령이 동일한 수범자에 관한 사항임에도 세부 내용에 따라 법령을 따로 정하고 있는 경우가 있다. 국민의 입장에서 보면 본인에 관련된 법령의 내용을 전반적으로 파악하고 이해하기 어렵게 되므로, 법령의 내용이 너무 복잡해지는 문제가 없다면 하나의 법령으로 통합하여 규정하는 것이 바람직하다. 같은 분야에 관한 사항을 규정하면서 특정한 세부 내용만을 떼어 내어 따로 규정하는 경우 국민의 입장에서는 같은 분야의 관련된 내용이 따로 규정된 사실을 몰라서 법 집행이나 이해에 혼란이 발생할 수 있다. 해당 사항을 하나의 법령에 규정하면 특정 분야에 관한 규정이 지나치게 많아 전체적인 법체계의 균형이 깨지는 경우가 아니라면 통합해서 규정하는 것이 바람직하다. 하나의 법률에서 위임한 사항을 지나치게 많은 하위법령으로 나누어 규정하는 경우가 있으나, 이러한 경우 법률에서 위임한 사항을 어느 법령에서 정하고 있는지 알기 어려울 뿐만 아니라 법령 간의 관계가 복잡해져 법령을 전체적으로 파악하고 이해하기 어려워진다. 따라서 하나의 법률에서 위임한 사항은 가급적 하나의 하위법령으로 규정하는 것을 원칙으로 해야 한다. 종전 「국유재산의현물출자에관한법률」의 경우 정부출연기관에 국유재산을 현물출자 하는 것에 관한 사항을 규정하고 있었고 6개 조문에 불과했는데, 이를 2009년에 국유재산에 관한 일반법인 「국유재산법」에 통합한 사례, 종전에는 범죄피해자보호와 범죄피해자의 구조에 대해서 각각 「범죄피해자 보호법」과 「범죄피해자구조법」에서 규정하던 것을 현행법에서는 통합하여 「범죄피해자 보호법」에서 규정하고 있던 사례, 종전 군사법원의 재판권에 대해서는 「군사법원의재판권에관한법률」에서 별도로 규정하던 것을 2009년 「군사법원법」으로 통합한 사례 등 법률의 위임 사항이 일반적인 위임 사항과 행정 조직·기구의 구성에 관한 사항으로 구분되는 경우나, 하나의 하위법령으로 통합하면 법령 체계나 내용이 너무 복잡해져 이해하기 어려운 경우 등은 나누어서 별도의 하위법령을 규정하는 것이 가능할 것이다. 이 경우에도 되도록 적은 수의 하위법령으로 규정하는 것이 바람직하다.

이와 같이 분법은, 같은 건 같게 다른 건 다르게 그 기준과 개념이 달라지거나 부피의 문제 등에서도 결정되는데 언제나 획일적 기준이 있어 왔던 것은 아니었다.

하나의 법령에 지나치게 방대한 규정을 두고 있으면 내용이 복잡하여 오히려 이해를 어렵게 할 수 있다. 하나의 분야라도 내용이나 성질이 다른데 하나의 법령으로 규정한다면 오히려 일관된 법체계를 유지하는 것이 어려울 수 있다. 이러한 사례는 종전에는 단일한 법령체계를 유지하여 왔으나 사회가 복잡화, 분업화되면서 성격이 다른 여러 분야로 발전된 경우나 특정 산업을 집중 육성하기 위한 제도적 지원·육성 규정을 두는 경우, 특정 분야의 중요성을 강조하여 효율적으로 문제를 해결하기 위한 체계를 만드는 경우 등에서 찾아 볼 수 있다. 이와 같은 경우에는 기존의 법령을 분법하여 새로운 다수의 법령을 제정하는 것이 법령의 이해도를 높이고, 법 집행의 효율성을 높일 수 있는 방법이 된다.

법령을 분법하는 경우에는 분법이 필요한지를 먼저 검토한 후, 몇 개의 법령으로 분법할 것인지, 분법하는 경우 각 법령에 규정할 내용, 분법 상호 간의 연계 등에 관해서 종합적으로 검토하는 것이 필요하다. 이 경우 유사하거나 관련이 있는 내용, 분야, 기능 등을 기준으로 분법이 되도록 하고, 법령 간의 관계가 복잡해지지 않도록 법령 상호 간의 체계 정합성을 유지할 수 있도록 유의해야 한다. 또한 지나치게 세분하여 분법이 되지 않도록 하고, 일반법이나 기본법을 제정하거나 개정할 때에 분법된 사항을 반영할 수 있는지 검토하는 것이 필요하다. 그리고 해당 일반법이나 기본법에 골격만 남게 되는 입법이 되지 않도록 실체적 규정을 담을 수 있도록 노력해야 할 것이다.

(3) 합법성과 정당성의 의미

합법성(legality)은 국가의 모든 행위가 형식적으로 법률에 근거하여 이루어졌는가를 묻는 개념이다. 다시 말해, 법률에 명시된 절차와 형식, 위임 범위 내에서 행위가 이루어졌는지를 판단하는 기준이다.

반면, 정당성(legitimacy)은 해당 법이나 제도의 내용이 실질적으로 「헌법」의 가치와 국민의 기본권 보호 원리에 부합하는가를 묻는 개념이다.

즉, 어떤 조치가 형식적으로는 합법일지라도, 내용상 국민의 인권을 과도하게 침해하거나 「헌법」의 기본이념에 어긋난다면 정당성을 결여하게 된다. 따라서 법치주의는 단순한 형식적 합법성에 머무르지 않고, 법 자체가 헌법적 정당성을 갖추어야 한다는 실질적 기준을 요구한다. 입법자와 정책결정자에게는 두 기준 모두를 충족하는 노력이 필요하다.

3. 권력분립주의

(1) 개념

권력분립주의는 국가권력을 입법, 행정, 사법의 세 영역으로 나누어 각각 독립된 기관에 분산시키고, 이들 기관이 서로를 견제하고 균형을 이루도록 하는 원리를 말한다. 이는 국가 권력이 한곳에 집중될 경우 발생할 수 있는 권력 남용과 전제(專制)를 방지하고, 국민의 자유와 권리를 실질적으로 보호하기 위한 「헌법」의 핵심 원리이다. 대한민국 「헌법」은 국회(입법부), 대통령과 행정부(행정부), 법원(사법부)의 상호 견제 구조를 통해 권력분립주의를 제도화하고 있으며, 이는 단지 기능 분담이 아니라 민주주의 유지와 헌정 질서 수호의 필수 요소이다.

(2) 입법·행정·사법의 상호 견제의 의미

입법·행정·사법이 각자 고유한 권한을 행사하면서도 서로의 권한이 남용되지 않도록 감시하고 조절하는 구조를 '상호 견제'라고 한다. 예를 들어, 국회는 법률을 제정하고 정부를 감시하며, 행정부는 법률에 따라 정책을 집행하되 국회의 통제를 받는다. 사법부는 입법과 행정의 행위가 「헌법」과 법률에 위반되는지 심사할 수 있으며, 때로는 법률 그 자체의 위헌 여부도 판단할 수 있다. 이처럼 각 권력 기관은 자신의 권한을 행사하되 타 기관의 작용에 대해 일정한 제한을 가할 수 있어야 하고, 이를 통해 헌법적 질서를 유지하며 국민의 권리를 보장하게 된다.

(3) 입법권 침해 우려 있는 행정입법 제한의 의미

행정부가 법률의 위임 없이 대통령령, 총리령, 부령, 고시, 지침 등의 행정입법을 통해 국민의 권리를 제한하거나 새로운 의무를 부과할 경우, 이는 입법권 침해에 해당할 수 있으며 권력분립 원리에 어긋나는 행위가 된다. 행정입법은 원칙적으로 국회의 입법권을 보완하는 수단이지 대체하는 수단이 아니므로, 국민의 권리·의무에 중대한 영향을 미치는 사항은 반드시 국회가 제정한 법률로 정해져야 한다. 따라서 법률의 위임 없이 행정기관이 자의적으로 고시나 지침 등을 통해 사실상 규범력을 행사한다면, 이는 법치주의와 더불어 권력분립주의에도 위배될 수 있으며, 행정입법의 형식과 한계에 대한 엄격한 통제가 요구된다.

4. 기본권보장주의

(1) 개념

기본권보장주의란 국가가 국민의 자유와 권리를 최대한 보장해야 한다는 「헌법」상의 원칙으로, 입법·행정·사법 등 국가권력의 행사는 국민의 기본권을 침해하지 않도록 제한되어야 한다는 원리이다. 이때, 대한민국 「헌법」에 보장되어 있는 기본권은 인간의 존엄과 가치 및 행복추구권을 중심으로, 평등권, 자유권, 참정권, 사회권, 청구권 등으로 구성되어 있으며, 이는 모든 국민이 인간으로서 존엄을 유지하며 자유롭고 평등하게 살아갈 수 있도록 국가가 보장해야 할 핵심적인 권리들이다.

(2) 국민의 자유와 권리는 「헌법」에 의해 보장된다는 의미

국민의 자유와 권리는 「헌법」에 의해 보장되며, 이는 국가가 이를 침해하거나 제한하려면 반드시 「헌법」상 근거와 정당한 목적, 적정한 수단에 따라야 한다는 것을 의미한다.

이는 방법의 적절성과 목적의 합법성이 있어야만 기본권을 제한할 수 있다는 것을 말하면 그렇다고 하더라도 본질적인 기본권은 침해할 수 없다는 것을 의미한다. 본질적인 기본권 침해 금지의 의미는, 국가가 공공복리나 질서유지를 이유로 국민의 기본권을 제한할 수는 있지만, 그 제한이 해당 기본권의 핵심적 내용이나 존재 이유 자체를 무력화하거나 제거해서는 안 된다는 것을 의미한다. 예를 들어, 표현의 자유를 제한하더라도 비판의 자유 자체를 없애거나, 재산권을 규제하더라도 사적 소유 제도 자체를 부정하는 방식으로는 안 된다는 것이다. 이는 기본권 제한이 가능하더라도 그 한계는 명백히 존재하며, 기본권의 최소한의 본질적 가치는 절대로 침해될 수 없는 「헌법」상 불가침의 영역이라는 원칙이다. 이 원칙은 국가권력의 남용을 막고, 형식적 정당성을 갖춘 법률이라 하더라도 실질적으로 국민의 자유와 권리를 뿌리부터 훼손하지 않도록 통제하는 중요한 헌법적 방어장치가 되어 준다.

(3) 과잉금지 원칙에 따른 규제설계의 의미

과잉금지 원칙은 입법자가 국민의 권리를 제한할 경우 그 제한이 필요한 목적을 달성하는 데 적절하고, 침해의 최소성이 확보되며, 법익 간의 균형이 유지되어야 함을 요구하므로, 규제설계 시 이 원칙을 준수하여야 위헌 소지를 피할 수 있다.

「헌법」상 과잉금지 원칙을 구성하는 네 가지 요소에 대해 설명하면 목적의 합법성이란, 기본권을 제한하는 입법이나 행정작용이 「헌법」에 위반되지 않고 정당한 공익적 목적을 추구하는 것이어야 한다는 것을 의미한다. 둘째, 방법의 적절성이란, 기본권을 제한하는 수단이 해당 목적을 효과적으로 달성할 수 있는 합리적이고 유효한 방법이어야 함을 뜻한다.

　법익의 균형성이란, 기본권 제한으로 인해 침해되는 사익과 이를 통해 달성하고자 하는 공익 간의 이익 형량에서 공익이 명백히 더 중대하고 우월해야 함을 의미한다.

　최소 침해성이란, 기본권을 제한하는 경우에도 가능한 한 침해의 범위가 최소화되어야 하며, 동일한 목적을 달성할 수 있는 덜 침해적인 대안이 존재한다면 그 대안을 우선적으로 선택해야 한다는 원칙이다.

〈사례 1〉 청소년 유해매체물 인터넷 차단 사건
　　　　(헌재 2002. 6. 27. 99헌마480 등)
　헌법재판소는 청소년 보호를 목적으로 한 유해매체물의 인터넷 접속 차단 조치가 목적은 정당하지만, 성인 이용자의 표현의 자유까지 광범위하게 제한하여 최소침해성과 법익균형성을 충족하지 못한다고 판단하여 위헌 결정을 내렸다.

〈사례 2〉 전기통신감청허가제 사건(헌재 1990. 9. 3. 89헌마160)
　헌법재판소는 범죄수사를 위한 통신감청은 목적의 합법성과 수단의 적절성은 인정되나, 감청 요건과 절차가 지나치게 포괄적이고 제한이 없어 사생활의 비밀과 자유에 대한 침해가 과도하므로 최소침해 원칙에 반한다고 보아 위헌으로 결정하였다.

〈사례 3〉 도시형 생활주택 건설 제한 사건
　　　　(헌재 2013. 12. 26. 2012헌바228)
　헌법재판소는 도시형 생활주택의 건설을 일정 규모 이상 제한한 조치는 공공복리라는 정당한 목적이 있으나, 해당 조치가 입법목적을 달성하는 데 실효성이 낮고, 사인의 재산권을 과도하게 제한하므로 법익의 균형성이 결여되었다고 판단하여 위헌 결정을 내렸다.

이러한 판례들은 과잉금지 원칙의 네 요소가 단지 선언적 기준이 아니라, 실제 법률과 행정행위의 위헌 여부를 판단하는 데 실질적으로 적용되고 있음을 보여 준다.

(4) 행정벌 설정 시 비례성 고려의 의미

행정벌을 설정할 때에는 행위의 위법성과 책임의 정도에 비례하여 과도한 제재가 되지 않도록 하여야 하며, 이는 국민의 기본권을 불필요하게 침해하지 않기 위한 비례성 원칙의 실현을 의미한다.

---

1. 주차위반 과태료 일률 부과 사건

사례 개요: 모든 주차위반 차량에 대해 장소나 시간, 교통방해의 정도와 무관하게 동일한 금액의 과태료를 부과한 제도.

쟁점: 위반의 경중과 책임의 차이를 고려하지 않고 일률적으로 처벌하는 것이 정당한가?

비례성 판단: 헌법재판소는 위반행위의 경중에 관계없이 과도한 처벌을 동일하게 부과하는 것은 책임의 정도에 비례하지 않아 과잉금지원칙에 위반될 수 있음을 지적함.

2. 음주운전 3회 적발 시 무조건 면허취소 사건

사례 개요: 음주운전이 3회 적발되면 혈중알코올농도나 운전정도, 거리와 관계없이 면허를 자동 취소하는 법령.

쟁점: 매우 경미한 위반도 일괄적으로 면허를 박탈하는 것이 과연 정당한가?

비례성 판단: 대법원은 사안의 경중이나 개선 가능성을 전혀 고려하지 않은 일률적인 제재는 비례성을 상실할 수 있다고 보아 재량행사의 일탈·남용 여부를 적극 심사함.

3. 경미한 명의도용에 대한 형사처벌 사건(대포폰 사건)

사례 개요: 타인의 명의를 도용해 휴대폰을 개통한 행위에 대해 정상적인 통화 목적이라도 무조건 형사처벌하는 법령.

쟁점: 모든 명의도용 행위가 범죄로 처벌될 수 있는가?

비례성 판단: 헌법재판소는 명의도용의 목적과 수단, 결과의 위법성이 크지 않다면, 단지 형식적 요건만으로 형사처벌을 하는 것은 과도한 기본권 침해라고 판단함.

5. 복지국가원리

(1) 개념

복지국가원리란 국가가 단순히 자유와 질서를 보장하는 소극적 역할을 넘어, 국민의 인간다운 삶을 실현하기 위해 적극적으로 경제적·사회적 약자를 보호하고 복지 향상을 위한 정책을 시행해야 한다는 「헌법」상의 기본원칙이다.

〈사례 1〉 기초생활보장제도 위헌심판 사건
　　　　(헌재 2004. 3. 25. 2001헌마312)
개요: 국민기초생활보장법이 일정한 소득 이하의 국민에게 생계급여를 지급하면서도, 다른 소득이 있거나 부양의무자가 존재한다는 이유로 급여를 배제한 사례에서 청구인이 위헌심판을 청구함.

　복지국가원리와의 관계: 헌법재판소는 국민의 인간다운 생활을 보장할 국가의 의무를 명확히 하며, 사회보장 수급권이 단순한 시혜가 아닌 권리임을 강조함. 이는 국가가 소극적으로 머무르지 않고 사회권 실현을 위한 적극적 입법·행정을 해야 함을 확인한 사례이다.

〈사례 2〉 장애인 이동권 보장 사건(지하철 승강기 설치 요구)
개요: 장애인 단체가 서울지하철역에 승강기 등 이동수단이 설치되지 않은 것이 평등권 및 인간다운 삶을 침해한다고 주장하며 소송 제기.

　복지국가원리와의 관계: 법원과 국가인권위원회는 장애인의 이동권은 인간다운 생활을 위한 필수 조건이며, 국가는 이러한 사회적 약자를 위한 물리적 접근성과 복지 인프라를 적극적으로 보장할 의무가 있다고 판단. 이는 복지국가원리의 실질적 구현 사례로 평가된다.

〈사례 3〉 고령자·노인 기초연금 도입(「기초연금법」 제정, 2014년)
사례 개요: 소득이 낮은 고령층의 노후 빈곤 문제를 해결하기 위해 국가가 일정 연령 이상의 국민에게 매월 정액의 기초연금을 지급하는 제

도를 도입.

복지국가원리와의 관계: 노후 소득보장을 국가의 책임으로 명시하고, 이를 통해 고령자의 인간다운 생활과 사회통합을 실현하려는 정책은 「헌법」상 복지국가원리를 입법으로 구체화한 대표적 사례이다.

(2) 「헌법」이 규정한 사회적 약자의 의미

「헌법」은 노인, 장애인, 빈곤층, 아동, 청소년 등 사회적 약자를 명시적 또는 묵시적으로 보호의 대상으로 규정하고 있으며, 이는 경제적·사회적 조건으로 인해 자력으로 인간다운 생활을 유지하기 어려운 국민을 의미한다. 「헌법」은 노인, 장애인, 빈곤층, 청소년 등을 중심으로 사회적 약자를 정의하고 있으며, 주로 복지 향상과 인간다운 생활 보장에 초점을 맞추고 있는 반면, UN은 이보다 광범위하고 다양한 정체성과 상황을 가진 집단들을 사회적 약자로 포함하며, 차별의 구조적 원인을 제거하고 국제적 기준에 따른 인권 보장을 강조한다.

「대한민국 헌법」이 규정한 사회적 약자와 유엔(UN)이 정한 사회적 약자의 개념과 범주

구분	「대한민국 헌법」	유엔(UN)
사회적 약자 개념	인간의 존엄과 평등, 생존권 보장을 위해 특별한 보호가 필요한 집단	구조적 불평등·차별로 인해 권리 실현에 제약을 받는 집단
법적 지위	「헌법」 조항 및 관련 법률에 근거하여 국가 보호 의무 명시	국제인권규범(세계인권선언, 장애인권리협약 등)에 따라 회원국의 보호 권고
노인	제34조제4항 "국가는 노인과 청소년의 복지향상을 위한 정책을 실시할 의무를 진다."	고령자 권리보호에 대한 국제지침 제정 추진 중(e.g., 마드리드 고령화 국제행동계획)
장애인	제34조제5항 "신체장애자 및 질병·노령 기타의 사유로 생활능력이 없는 국민은 법률이 정하는 바에 의하여 국가의 보호를 받는다."	「장애인권리협약」(CRPD)에서 포괄적 권리 명시
빈곤층	제34조제1·2항 "모든 국민은 인간다운 생활을 할 권리를 가진다. 국가는 사회보장·사회복지의 증진에 노력할 의무를 진다."	「지속가능발전목표」(SDGs)에서 빈곤 퇴치 최우선 과제
아동, 청소년	제34조제4항 "국가는 노인과 청소년의 복지향상을 위한 정책을 실시할 의무를 진다."	「아동권리협약」(CRC)으로 전 세계 아동의 권리 보호 규범화
여성	제36조제1항: "혼인과 가족생활은 개인의 존엄과 양성의 평등을 기초로 성립되고 유지되어야 하며, 국가는 이를 보장한다."	「여성차별철폐협약」(CEDAW)로 여성 차별 해소 및 참여 보장
이주민, 소수자	「헌법」상 명시적 규정 없음(관련 법률로 보호)	인종차별철폐협약(ICERD), 난민협약 등으로 국제적 보호 권고
법적 강제성	「헌법」 조항에 따라 입법·정책으로 강제 가능	국제협약이지만 국내법화 여부에 따라 구속력 달라짐
보호 범위	「헌법」에 명시된 일부 집단 중심	성별, 국적, 민족, 종교, 성적 지향 등 다양한 소수자 포함
보호 수단	복지 정책·사회보장·차별금지 등	권리 선언, 국제조약, 이행 모니터링 체계

노인과 관련하여 우리나라 「헌법」 제34조제1항은 "모든 국민은 인간다운 생활을 할 권리를 가진다."라고 규정하고 있고, 후단에는 "국가는 재해를 예방하고 그 위험으로부터 국민을 보호하기 위하여 노력하여야 한다."라고 규정한다. 또한 「세계인권선언」 제25조는 "모든 사람은 의식주, 의료 및 필요한 사회복지를 포함하여 자신과 가족의 건강과 안녕에 적합한 생활수준을 누릴 권리와, 실업, 질병, 장애, 배우자 사망, 노령 또는 기타 불가항력의 상황으로 인한 생계 결핍의 경우에 보장을 받을 권리를 가진다."라고 규정한다. 「마드리드 고령화 국제행동계획」(2002)은 노인의 자립성과 참여권 보장을 규정한다.

한편 「헌법」 제34조제5항에서 장애인과 관련하여 "신체장애자 및 질병·노령 기타의 사유로 생활능력이 없는 국민은 법률이 정하는 바에 의하여 국가의 보호를 받는다."라고 규정하고 UN 「장애인권리협약」 (CRPD) 제1조는 "장애인의 존엄과 권리·자유의 완전한 향유를 보장·촉진"한다고 규정한다. 제19조는 지역사회 내 자립생활을 보장하여야 한다고 규정하고 있다.

빈곤층 역시 「헌법」 제34조제2항에서 "국가는 사회보장·사회복지의 증진에 노력할 의무를 진다."라고 규정하고, 「세계인권선언」 제25조는 "의식주, 의료 및 필요한 사회복지를 포함하여 자신과 가족의 건강과 안녕에 적합한 생활수준"을 보장하여야 하며, 「지속가능발전목표」 (SDGs) Goal 1 "모든 형태의 빈곤 종식"을 규정하고 있다.

아동·청소년과 관련하여 「헌법」 제34조제4항에서 "국가는 노인과 청소년의 복지향상을 위한 정책을 실시할 의무를 진다."라고 규정하고 있고 「아동권리협약」(CRC) 제3조는 아동 최선이익 원칙과 제28조 교육에 대한 권리, 제19조 폭력·학대로부터의 보호가 규정되어 있다.

여성 역시 「헌법」 제36조제1항에서 "혼인과 가족생활은 개인의 존엄과 양성의 평등을 기초로 성립되고 유지되어야 하며, 국가는 이를 보장한다."라고 규정하며, 제11조제1항 "모든 국민은 법 앞에 평등하다. 누구든지 성별·종교 또는 사회적 신분에 의하여 정치적·경제적·사회적·문화적 생활의 모든 영역에 있어서 차별을 받지 아니한다."라고 규정한다. UN 역시 「여성차별철폐협약」(CEDAW) 제2조에서 법과 정책의 차별을 제거하고, 제7조 정치·공적 영역의 여성 참여를 보장하며, 제11조 노동권 및 모성보호를 규정하고 있다.

이주민·소수자에 대해서는 우리나라의 경우 「헌법」상 명시규정이 없다. 다만 평등권과 인간의 존엄 보장을 통해 일반 보호가 가능하다는 해석이 대부분이다. 또한 UN의 「인종차별철폐협약」(ICERD) 제5조는 모든 인종에 대해 동등한 권리를 보장하며, 「이주노동자 권리협약」(ICRMW) 제25조는 노동 및 사회보장 권리가 보장되어야 한다고 규정한다.

난민·무국적자의 경우 「헌법」상 직접 명시 규정이 없으며 「출입국관리법」, 「난민법」 등으로 보호된다고 해석되나 우리나라는 UN 「난민지위에 관한 협약」에 가입하지 않았다. 이 협약 제33조에는 강제송환 금지 원칙이 규정되어 있으며, 「세계인권선언」 제14조는 박해 시 타국에 피난처를 구할 권리가 규정되어 있다.

성소수자의 경우는 「헌법」에 명시 규정이 없다. 다만 성별 평등 조항으로 논의될 수 있을 것이다. 그러나 양성평등진흥법에 대해 성소수자는 위헌의 소지를 계속 제기하고 있는 실정이며, UN 자유권위원회·인권이사회는 국내 병역 등 여러 문제에 대해 권고가 다수 존재하나 차별금지 원칙에 성적 지향이 포함되어 있다. 「세계인권선언」 제2조는

"어떠한 종류의 차별이 없이, 이 선언에 규정된 모든 권리와 자유를 향유할 자격이 있다."라고 규정하고 있다. 대한민국 「헌법」은 사회적 약자의 보호를 「헌법」 조항으로 명시하되, 주요 대상은 노인, 장애인, 빈곤층, 아동·청소년, 여성 등으로 제한적으로 보고 있다. 반면, UN의 국제인권규범은 보호대상을 더 폭넓게 설정하며, 국적·인종·이주 배경·성적 지향·무국적자 등 다양한 소수자까지 포함하여 구체적 권리보장 조항을 규정한다. 「헌법」은 선언적이고 원칙적인 규정에 머무는 경우가 많고, UN 조약은 구체적이고 실행지향적인 보호 장치와 모니터링 메커니즘을 갖추고 있다.

(3) 사회적 약자를 보호할 의무의 의미

국가는 사회적 약자가 기본적인 생존과 인간의 존엄을 유지할 수 있도록 제도적 보호장치를 마련하고, 이들의 권리 실현을 위한 교육, 고용, 복지정책을 추진할 「헌법」상 의무를 가진다. 이는 단순히 국가는 시민의 자유를 침해하지 말아야 한다는 소극적 역할에 그치지 않고, 경제적·사회적으로 취약한 지위에 있는 국민들을 위해 적극적인 조치를 취할 헌법적 책임이 있다는 것을 의미한다.

먼저 기본적인 생존 보장이란 사회적 약자가 최소한의 생계와 주거, 의료 등 인간다운 생활을 영위할 수 있도록 기초생활보장제도, 기초연금, 의료급여, 공공주택 등의 정책을 설계하고 시행해야 한다는 의미이다. 또한 인간의 존엄 유지란 단순히 생존만이 아니라, 사회 구성원으로서 존중받고 자율적인 삶을 살 수 있는 환경을 마련해야 하며, 이는 문화 접근권, 교육권, 자립 지원 등 포괄적 정책을 필요로 한다. 다음으로 제도적 보호장치 마련은 「헌법」이 정한 국가의 책임은 단지 선언에 그치지 않으며, 이를 실현하기 위해 법률 제정, 행정기관 설립, 예산 배정 등의 실질적 제도를 구성해야 한다는 뜻이다. 끝으로 권리 실현을 위한 정책이란 사회적 약자가 교육 받을 기회, 일할 수 있는 기회, 사회서비스를 이용할 수 있는 기회를 갖도록 맞춤형 교육·직업훈련, 장애인 고용지원, 돌봄·복지 서비스 확대 등을 추진해야 한다는 것을 뜻한다. 결국 「헌법」상 의무는 국가가 마음대로 해도 되고 안 해도 되는 것이 아니라, 「헌법」이 부과한 강제적 책임으로, 이행하지 않거나 소홀히 하면 위헌적 상태로 평가될 수 있다.

(4) 사회보장 관련 입법의 적극적 형성 책임의 의미

국회와 정부는 사회보장제도의 도입과 확대를 통해 국민의 최소한의 생활을 보장할 수 있도록 적극적으로 입법과 정책을 형성해야 하며, 이는 단순한 재량이 아니라 「헌법」이 부과한 책임으로 이해된다.

6. 민주주의의 실질화

(1) 개념

민주주의의 실질화란 단순히 다수결에 의한 결정이나 형식적 절차의 진행에 그치지 않고, 모든 국민이 평등하게 정치에 참여하고, 다양한 사회적 약자와 소수자의 목소리가 실제 정책과 법제도에 반영되는 내용적·질적 민주주의를 실현하려는 원리를 의미한다.

(2) 형식적 절차를 넘어서 실질적 평등·참여 보장의 의미

단순한 투표나 공청회 같은 형식적 민주 절차만으로는 진정한 민주주의가 완성될 수 없으며, 사회적·경제적 여건에 따라 참여에 제약을 받는 계층에게 실질적인 참여 기회를 보장함으로써 내용적인 평등과 정치적 포용을 구현해야 한다는 것을 뜻한다.

1) 제도적 장치 마련

첫째, 참여형 입법절차를 제도화하는 방법이 있다. 법률 제정 시 사전영향평가나 사회적 약자 의견수렴 절차를 의무화하여, 형식이 아닌 실질 참여를 유도하는 것이다. 예를 들어 여성·장애인·청소년 정책에 관련 당사자 위원회를 두는 방식이다.

둘째, 의사결정 기구 내 할당제를 도입하는 것이다. 이는 위원회, 공청회, 자문기구 구성 시 성별·연령·장애 여부·지역 등을 고려한 구성 다양성을 보장하는 것으로 예를 들어 국민참여예산제의 지역별, 연령별 대표를 선발하는 것이다.

셋째, 선거제도의 개선이다. 소수정당, 여성, 청년, 장애인 후보에게 비례대표·지역구 공천할당제 등을 도입하거나, 기탁금 완화·정보접근 지원 등을 통해 정치 참여의 진입 장벽을 낮추는 것이다.

2) 절차적 투명성 및 접근성 강화

첫째, 정보접근성을 보장하는 것이다. 정책 정보나 법안 내용을 쉽게 이해할 수 있도록 장애인용 점자자료, 청소년용 쉬운 설명자료, 다문화 언어 번역본 등을 제공하는 것도 방법이 될 수 있다.

둘째, 온라인 의견수렴·숙의 플랫폼을 확대하는 것이다. 정부·지자체의 입법 및 정책결정 과정에서 온라인 참여 플랫폼(예: 국민참여입법센터, 국민생각함) 등을 통해 누구나 의견을 낼 수 있는 기회를 확대하는 것이다.

셋째, 이해관계자 맞춤형 청문·공청회를 운영하는 것이다. 기존의 일방적·전문가 중심 공청회에서 벗어나, 이해당사자(예: 청소년 당사자, 이주민 단체 등)가 실질적으로 발언할 수 있는 참여 구조와 시간을 보장하는 것이다.

3) 정책적 배려 및 권리 역량 강화

첫째, 정치교육 및 권리 교육을 강화하는 방법이 있다. 청소년, 장애인, 노인 등을 대상으로 생활 속 정치 참여, 권리 주장 방법 등을 교육하고, 정치적 의사표현을 장려하는 프로그램을 운영하는 것이다.

둘째, 사회적 약자 지원조직에 대한 공적 지원을 하는 것이다. 이주민센터, 장애인단체, 청소년협의체 등 약자 대표 조직이 실제 입법·행정에 참여할 수 있도록 예산·정보·교육 등을 지원한다.

셋째, 차별금지법과 접근성 강화법을 제정하는 것이다. 제도적·환경적 차별 없이 누구나 정치적 행위에 접근할 수 있도록 하는 평등보장 법률 제정도 실질적 참여 보장의 핵심 수단이다.

(3) 장애인·청소년 등 소수자 의견을 법제화 과정에 반영의 의미

정책과 법률을 제정할 때, 장애인·청소년·이주민·성소수자 등 사회적 소수자의 경험과 필요가 무시되지 않도록 의견 수렴 절차와 참여 구조를 마련하는 것은 민주주의를 보다 평등하고 포용적인 제도로 발전시키기 위한 필수 요소임을 의미한다. 즉, 제도적으로 청소년참여기구를 설치하고, 여성·장애인 비례대표를 할당하며 쉬운 법안 해설을 제공하고, 온라인 숙의 플랫폼 운영, 약자 대상 정치교육, 차별금지·접근성 보장법을 제정하는 등 약자의 의견을 법제화 과정에 반영하는 것은 민주주의에서 다수결로 발생할 수 있는 부작용을 최소화하고자 함이다.

제2절   법제 실무에서의 헌법원리 적용 포인트

1. 위임입법 한계 준수

「헌법」상 권리제한은 반드시 국회가 만든 '법률'이어야 하며, 위임입법 시 위임의 구체성과 명확성 확보가 필요하다. 기본권 제한 입법 시 과잉금지원칙(목적의 정당성, 방법의 적합성, 침해 최소성, 법익균형성)을 기준으로 입법 내용을 설계해야 하는데, 예를 들어 "허위정보 게시 금지법"을 만들 경우 → 표현의 자유 침해가 없는지 엄격한 법익 형량이 필요할 것이다.

〈예시〉 표현의 자유와 가짜 뉴스
표현의 자유는 어떤 기본권인가.
「헌법」 제21조제1항은 "모든 국민은 언론·출판의 자유와 집회·결사의 자유를 가진다."라고 규정하고 있고 표현의 자유는 언론·출판·집회·결사의 자유를 포함하는 정치적 기본권이자 자유권적 기본권이다.
표현의 자유는 개인이 자신의 의견·사상·정보를 외부로 표현하고 타인과 소통할 수 있는 자유로서, 개인의 인격 실현 수단이자 여론 형성과 민주적 의사결정에 기여하는 수단이며, 정부에 대한 비판과 감시를 가능하게 하는 자유라고 할 수 있다. 이때 포함할 수 있는 범위는 말, 글, 그림, 음악, 인터넷, 방송, SNS, 광고 등 다양한 형태의 표현이 포함된다.

그렇다면 표현의 자유는 언제, 어떻게 제한될 수 있는가.

「헌법」 제21조제4항에 따라, "언론·출판은 타인의 명예나 권리 또는 공중도덕이나 사회윤리를 침해하여서는 아니된다." 표현의 자유는 절대적인 권리가 아니며, 다른 기본권이나 공익과 충돌할 경우 제한될 수 있다. 제한 가능한 경우로는 타인의 명예·인격권을 보호하여야 하는 때이다. 먼저 허위사실 유포, 모욕, 인신공격 등은 제한될 수 있다. 이는 명예훼손죄, 모욕죄를 구성할 수 있다. 또한 공공의 안전과 질서 유지상 사회 혼란, 불법집회 등으로 질서를 위협하는 표현의 경우 역시 제한될 수 있다. 즉, 불법시위, 선동 발언이 있는 경우이다. 그 밖에 국가안보를 보호하기 위해 반국가단체 선전, 간첩행위 등은 제한이 가능하다. 즉, 이적표현물은 처벌되어야 한다. 그 밖에도 공중도덕·사회윤리를 유지하기 위해 음란물, 혐오표현 등은 제한 가능하다. 성적 표현 규제, 혐오 발언은 제재되어야 한다. 청소년 보호를 위해 유해 콘텐츠, 폭력적 표현 등은 제한될 수 있으며 청소년 유해매체물은 차단되어야 한다.

제한의 기준으로는 과잉금지 원칙을 적용하여야 한다. 즉, 표현의 자유를 제한하려면, 다음 요건을 모두 충족해야 한다.

먼저 정당한 공익 목적이 있어야 하고 표현 제한 수단이 적절해야 하며 침해가 최소화되어야 하고 표현의 자유 침해와 공익 간 법익 균형이 있어야 한다. 즉, 단지 불쾌하거나 반대되는 의견이라는 이유만으로는 제한될 수 없고, 반드시 엄격한 헌법적 심사 기준을 충족해야 한다.

〈사례 1〉 전교조 교사 시국선언 사건

사건명: 전교조 교사 시국선언 징계 사건(헌재 2010. 4. 29. 2008헌마419 등)

사실 관계: 전국교직원노동조합 소속 교사들이 정부의 교육정책과 촛불집회 대응 등을 비판하는 시국선언문을 발표함. 교육청은 이를 정치적 중립의무 위반으로 보아 징계 조치함.

쟁점: 공무원인 교사의 시국선언이 정치적 표현의 자유에 해당하는가, 그리고 이를 징계한 것이 「헌법」에 합치되는가.

헌법재판소 판단: 공무원은 정치적 중립 의무가 있어 일정한 표현의 제한은 가능하다고 판단. 그러나 시국선언은 폭력적이거나 정당 지지를 유도한 것이 아니라 정책 비판이었으며, 공익적 목적과 표현의 수단·내용 등을 고려할 때 과도한 제한으로 위헌 가능성이 있다는 소수의견도 존재.

의의: 공무원의 정치적 표현의 자유도 일정 부분 보호된다는 기준을 확인.

〈사례 2〉 명예훼손죄 위헌 심판 사건

사건명: 「형법」 제307조제1항(명예훼손죄) 위헌제청 사건(헌재 2016. 12. 29. 2013헌가15)

내용: 사실을 적시한 경우에도 타인의 명예를 훼손하면 형사처벌 할 수 있도록 한 현행 「형법」 조항이 표현의 자유를 과도하게 제한하는 것 아니냐는 위헌 여부가 문제 됨.

헌재 판단: 사실 적시에 의한 명예훼손도 개인의 명예 보호라는 공익을 위해 제한 가능하며, 해당 조항은 과잉금지원칙에 위배되지 않는다고 보아 합헌 결정.

의의: 표현의 자유가 진실한 사실을 바탕으로 하더라도, 명예를 훼손하면 일정한 형사적 책임이 따를 수 있음을 확인한 판례.

〈사례 3〉 인터넷 게시 글에 대한 「정보통신망법」 명예훼손 처벌 사건

사건명: 「정보통신망법」상 명예훼손 위헌 여부(헌재 2012. 2. 23. 2008헌바157)

내용: 「정보통신망 이용촉진 및 정보보호 등에 관한 법률」 제70조제1항은 인터넷에서 명예를 훼손한 경우 사실이든 허위든 형사처벌 할 수 있도록 규정하고 있음.

쟁점: 인터넷 표현에 대한 형사처벌이 표현의 자유를 지나치게 제한하는 것인지 여부.

헌재 판단: 인터넷은 파급력이 커서 명예훼손 피해가 심각할 수 있으므로 형사처벌 가능. 다만, 고의성이 없거나 공익 목적일 경우 예외 인정 가능.

의의: 온라인 공간에서도 표현의 자유는 보장되지만, 타인의 권리 침해 시 책임을 져야 함을 강조한 사례.

가짜뉴스 시대의 도전…디지털 교육의 새 패러다임

2025년 6월 24일 고민정의원이 대표발의한 디지털 기반의 원격교육 활성화 기본법 개정안은 학생들이 활발하게 사용하는 유튜브, 인스타그램 등 SNS에 이른바 '가짜뉴스'와 같은 허위 정보 또는 사실관계가 틀린 정보가 포함된 콘텐츠 확산에 따라 학생들이 이러한 왜곡된 정보에 무분별하게 노출되면서 이를 비판 없이 그대로 받아들일 가능성도 높아지고 있다.

현행법도 학교에서 디지털 미디어 문해 교육을 실시하도록 하고 있지만, 문제는 실행력이다. 교육 현장에는 체계적인 계획도, 예산도, 전문 인력도 부족하다.

결국 아이들은 정보를 제대로 걸러내지 못한 채 '사실처럼 보이는 거짓'을 받아들이고, 이는 학업은 물론 사회 전반의 민주적 가치관 형성에도 부정적 영향을 미칠 수 있다.

이번 개정안은 이 같은 우려를 반영해 교육부장관이 관계 부처와 협의하여 5년마다 기본계획을 수립·시행하도록 하고, 각 시·도 교육감이 지역 여건에 맞는 연도별 시행계획을 마련하도록 의무화했다.

더 나아가 국가와 지방자치단체가 필요한 예산과 인력을 확보하도록 명문화하고, 유아 및 초중등 교육과정에 디지털 미디어 문해 내용을 포함할 수 있도록 국가교육위원회와의 협력 체계도 규정했다.

취지는 분명하다. 하지만, 법안의 실효성을 높이기 위해 몇 가지 보완 과제가 필요하다.

첫째, 전문 교사 양성과 현직 교원 대상 연수가 반드시 뒤따라야 한다. 디지털 문해력은 단순히 컴퓨터 사용법을 가르치는 수준이 아니라, 알고리즘 이해, 정보의 출처 비판, 미디어 윤리까지 포함하는 고차원적 교육이다. 교사에게 이런 내용을 가르칠 수 있는 역량이 없다면, 법은 선언에 그칠 수밖에 없다.

둘째, 사교육화의 우려도 배제할 수 없다. 공교육 현장에서 디지털 문해 교육이 부실하게 이루어진다면, 부모들은 결국 사설 교육에 의존할 수밖에 없고, 이는 또 다른 교육격차를 야기할 수 있다. 이를 방지하려면 국가 차원의 표준 교육 콘텐츠와 플랫폼이 신속히 구축되어야 한다.

셋째, 문화체육부와 교육부의 협력 체계가 명확히 정리되어야 한다. 국가교육위원회에 교육과정 반영을 요청할 수 있도록 문화체육부장관의 역할을 규정한 것은 협업을 유도하려는 의도지만, 부처 간 역할이 중첩되어 혼선을 초래할 가능성도 존재한다. 명확한 역할 구분과 협업 프로토콜이 필요하다.

제대로 된 디지털 미디어 문해 교육을 위해서는 AI 교과서 도입 때의 혼선과 달리 전제 조건이 중요하다.

첫째, 전문 교사 양성과 교원 연수로 단순히 과목을 만드는 것이 아니라, 디지털 리터러시 교육을 담당할 전문 교사를 양성하고, 현장 교원들에게 비판적 사고, 미디어 제작 윤리, 알고리즘 이해 등 통합형 연수를 제공해야 한다.

둘째, 표준화된 교육 콘텐츠 개발이다. 지역 간 격차를 줄이기 위해 국가 차원에서 표준화된 교육자료 및 온라인 플랫폼을 개발하고, 교실에서 쉽게 활용할 수 있도록 해야 한다.

셋째, 학생 참여형 프로젝트 중심 학습을 증가시켜야 한다. 단순 이론 전달식 교육이 아니라, 학생 스스로 팩트체크, 영상 제작, SNS 뉴스 해석 활동에 참여하도록 하는 실천 중심 프로그램이 필요하다.

넷째, 지속적인 모니터링과 평가이다. 기본계획 및 시행계획이 수립되더라도, 그 이행 여부와 효과성에 대한 주기적인 평가체계가 마련되지 않으면 유명무실한 정책이 될 우려가 크다.

디지털 시대의 시민은 단순한 '정보 소비자'가 아닌 '정보 해석자'이자 '의사결정자'다. 특히 미래를 이끌어 갈 학생들에게 이러한 능력을 길러주는 것은 이제 선택이 아니라 필수다.

가짜뉴스에 휘둘리는 사회가 아닌, 비판적 사고로 미래를 여는 시민을 키우는 일. 그 출발점은 바로 교실 속 디지털 문해 교육을 제대로 수행할 국가의 의지에 달려 있다.

2. 위임입법의 한계

(1) 개념

위임입법의 한계란 국회가 제정한 법률이 행정부에 권한을 위임할 경우, 그 위임은 반드시 명확한 범위·내용·기준을 정한 상태에서 이루어져야 하며, 행정부는 그 위임 범위를 넘어서 국민의 권리나 의무를 자의적으로 제한해서는 안 된다는 원칙이다. 이 원칙은 「헌법」 제75조·제95조, 그리고 법치주의·권력분립 원리에 근거한다. 고시·지침·예규 등의 형식 판단은 국민의 권리를 제한하려면 반드시 법률 또는 대통령령의 위임이 필요하다. 국가가 국민의 자유나 권리를 제한하거나 의무를 부과하려면, 이는 반드시 국회가 제정한 법률 또는 법률의 위임을 받은 대통령령(시행령)에 근거해야 하며, 고시, 지침, 예규, 훈령 등 행정청 내부 문서나 하위규범만으로는 국민의 권리 제한이 허용되지 않는다는 의미이다. 이는 「헌법」 제37조제2항, 그리고 법치주의(legality) 원칙에서 도출되는 것이다. 우리 법체계에서는 「헌법」을 정점으로 법령의 위계질서를 전제로 하고 있으므로 법률이나 대통령령, 총리령·부령 등 각 법령의 형식에 따라 어떠한 사항을 정할 것인지가 문제 된다.

  입법자는 「헌법」이 설정한 법체계에 적합하게 법령을 입법해야 하고, 이를 위반하는 경우에는 위헌 또는 위법의 문제를 일으킬 수 있으므로 각 법령의 형식에 적합한 내용을 규정해야 한다. 이 문제는 일반적으로 상위법령에서 명시적으로 하위법령에 정할 것을 위임하는 경우, 그 수권(授權)의 기준과 관련하여 문제 되기도 한다. 먼저 「헌법」에서는 앞서 언급한 바와 같이 국민의 권리와 의무에 관한 사항, 정부의 조직에 관한 사항 등 중요한 사항을 법률로 정하도록 명시적으로 규정하고 있으므로, 해당 사항에 대해서는 법률로 정하는 것이 원칙이다. 그리고 법률에서 정해야 할 중요한 사항이라고 입법자가 판단하는 사항도 법률로 정할 수 있을 것이다(중요사항유보설). 물론 이렇게 법률로 규정해야 하는 사항에 대해서도 그 주요 내용을 법률에 규정한 다음 그 밖의 사항은 범위를 구체적으로 정하여 대통령령으로 위임하거나 바로 총리령·부령 또는 자치법규(조례, 규칙) 등으로 정하도록 위임할 수 있다.

다음으로 대통령령과 총리령·부령은 발령권자의 지위에 차이가 있고 법체계에서 차지하는 위계가 다르기는 하나,[15] 명령이라는 점에서는 그 법적 성격을 같이 하기 때문에 양자의 규율 대상을 엄밀하게 구분하기는 어렵다. 그러나 대통령령은 제정권자가 대통령이고 국무회의의 의결을 필요로 한다는 점(「헌법」 제89조제3호 참조)에서 국무총리나 행정각부의 장이 발령하는 총리령·부령과는 격이 다르다고 할 수 있으며, 이 점에서 양자 규율 대상의 구분을 논할 실제적인 이유가 있다. 우선 법률에서 명시적으로 대통령령 또는 총리령·부령으로 정하도록 하위법령의 종류를 정하여 위임한 사항은 당연히 대통령령 또는 총리령·부령으로 정해야 한다. 다음으로 행정각부에 공통되거나 여러 부처와 관련되는 사항은 대통령령으로 정하는 것이 원칙이나, 몇 개의 부처에만 관련되는 사항이라면 관련 부처가 공동으로 발령하는 이른바 공동부령의 형식으로 규정하는 방법도 있다. 일반적으로 법률로 정해야 할 사항 외에 하위법령으로 정하는 사항 중 상대적으로 보다 중요한 사항은 대통령령으로 정하고, 총리령·부령은 그 밖의 것을 정하도록 해야 한다. 좀 더 부연한다면 국민의 권리·의무와 관련된 실체적인 사

---

15) 총리령과 부령의 관계에 대해서는 그 효력이 동일하다는 주장(동위설)과 총리령이 우월하다는 주장(총리령 우위설)의 대립이 있으나, 총리령의 경우 총리가 행정 각부를 총괄하는 위치에서 발령하는 것이 아니라 실제로는 부령 발령권을 가지지 않는 국무총리 소속의 행정기관(법제처, 식품의약품안전처 등)이 발령하는 것이란 점을 고려할 때 양자는 같은 위상을 갖는다고 봐도 무방할 것이다. 다만, 양자는 통상적으로 규율 사항을 달리할 것이므로 우열을 논할 실익은 없다.

항 중 위임 사항을 정할 때에는 가능하면 대통령령으로 정하고, 행정처분의 기준이나 서식과 같은 단순한 절차(집행명령)에 관한 사항은 총리령·부령으로 정하도록 하는 것이 타당할 것이다. 그러나 실체적인 사항이라 하더라도 기술적이고 전문적인 사항이어서 국무회의에서 논의하는 것이 별다른 의미를 갖지 않는 사항은 총리령·부령으로 정하기도 한다. 끝으로 상위법령의 내용을 하위법령에 재기재하는 경우 재기재한 내용의 상위법령이 개폐되는 경우 하위법령 내용이 함께 정비되지 않은 경우에는 하위법령의 효력에 관한 다툼이 생길 수 있기 때문에 상위법령 내용을 하위법령에 재기재하지 않도록 한다.[16]

---

16) 법제처 2011. 3. 3. 11-0068 해석례

○ **법률의 소관 사항 예시**

- 「헌법」에서 법률로 정하도록 한 사항
- 국민의 권리·의무에 관한 사항

○ **대통령령의 소관 사항 예시**

- 법률에서 위임한 사항
- 법률을 집행하는 데에 필요한 사항
- 국정의 통일적 추진·집행을 위한 기본 방침에 관한 사항
- 여러 부처에 공통되는 사항이거나 그 밖에 국무회의에서 논의를 거쳐 결정할 필요가 있다고 판단되는 사항
- 행정기관의 조직에 관한 사항
- 권한의 위임·위탁에 관한 사항

○ **총리령·부령의 소관 사항 예시**

- 법률·대통령령에서 위임한 사항
- 법률·대통령령을 집행하는 데에 필요한 사항
- 각 부처가 단독으로 업무를 수행할 수 있는 사항
- 서식 등에 관한 사항[17]
- 절차적·기술적 사항

---

17) 복제에 관한 사항은 「국가공무원 복무규정」 제8조의2에 따라 행정규칙으로 정함이 원칙이나, 개별 법령의 위임이 있는 경우, 총리령·부령 등 다른 입법 형식으로 규정한 입법례도 있다.

「국가공무원 복무규정」 제8조의2(복장 및 복제 등) ①·② 생략 ③ 특수한 직무에 종사

(2) 하위법에 위임하는 내용

오늘날 전문적·기술적 사항의 증가, 경제·사회 상황의 변화에 따라 신속한 대처가 필요한 입법 분야가 증대되면서 법률이나 상위법령에서 하위법령으로 정하도록 위임해야 할 필요성이 그 어느 때보다 커지고 있다. 그러나 「헌법」은 국회에 입법권을 부여하고 있으므로(제40조), 법률을 제정·개정하는 국회의 입법권 전부 또는 일부를 형해화(形骸化)시키는 수준의 포괄적인 위임은 국회가 입법부로서의 그 본질적 기능을 스스로 포기하는 것이 되므로 허용되지 않는다. 또한 이와 유사하게 법률이나 상위법령에서 하위법령으로 정하도록 위임한 사항을 해당 하위법령에서 다시 그 하위의 법령으로 정하도록 하는 경우에도 원래의 위임의 취지에 맞아야 하며, 그 위임의 취지를 벗어나는 수준의 재위임은 허용되지 않는다고 보아야 한다. 입법사항이나 위임된 사항을 하위법령에 위임하려면 구체적으로 범위를 정하여 포괄적·일반적 위임이 되지 않도록 해야 한다. 「헌법」에서 특히 법률로 규정하도록 명시한 사항과 국민의 권리를 제한하거나 의무를 부과하는 사항은 법률에서 정해야 하는데, 법률에서 하위법령에 규정을 위임하는 경우에도 위임하려는 내용에 따라 어떤 법령의 형식에 위임하는 것이 적절한지에 대한 검토가 필요하다. 즉, 대통령령으로 규정하도록 위임할 사항인지, 총리령·부령으로 규정하도록 위임할 사항인지에 대해 법체계의 정합성이라는 관점에서 판단할 필요가 있다.

한편, 법령에서 행정규칙인 고시 등에 위임하는 경우가 있다. 법령의

하는 공무원의 제복 착용에 필요한 사항은 법률에 특별한 규정이 있는 경우를 제외하고는 해당 중앙행정기관의 장이 정한다. ④ 생략

직접적인 위임에 따라 수임 행정기관이 그 법령의 시행에 필요한 구체적인 사항을 고시·훈령·예규 등으로 정한 경우에 그 고시 등은 상위법령의 위임 한계를 벗어나지 않는 범위에서 상위법령과 결합하여 대외적인 구속력을 갖는 법규명령으로서의 효력을 갖는다.[18] 이와 같이 법령의 위임에 따라 정하는 고시 등은 법령보충적 행정규칙으로서 법규성이 인정되지만, 전문적·기술적 사항 등 그 업무의 성질상 고시 등에 위임이 불가피한 예외적인 경우에만 위임해야 한다.[19]

그 밖에 법령이나 행정규칙 외에도 자치법규는 법률, 대통령령이나 총리령·부령에서 위임한 사항, 각 지방자치단체 차원에서 법령을 집행하는 데에 필요한 사항 등을 정할 수 있다. 그리고 공공기관이나 특별히 법률에 따라 설립된 특수법인의 이사회 구성이나 임원 임면 등 해당 법인의 자치적 운영에 관한 사항은 법령이 아닌 해당 법인의 정관으로 정하도록 위임하는 경우도 있다.

(3) 사례

〈사례 1〉 개발제한구역 고시 사건

■ 사건 개요

정부가 일정 지역을 '개발제한구역'(그린벨트)으로 지정하고, 해당 구역 안에서는 건축물의 신축, 토지의 형질 변경, 공작물 설치 등을 금지

---

[18] 헌법재판소 1992. 6. 26. 선고 91헌마25 결정, 대법원 1998. 6. 9. 선고 97누19915 판결

[19] '고시'와 유사한 용어로 '공고'하도록 규정하는 경우가 있으나, 법령보충적 행정규칙으로서 법규성을 인정받으려는 경우에는 '공고하여야 한다'는 표현 대신 '고시하여야 한다'는 표현을 사용하도록 한다.

한다는 '고시'를 발표.

이에 토지 소유자가 자신이 보유한 토지의 개발행위가 제한된 것에 대해 기본권 침해를 주장하며 소송 제기.

■ **대법원 판단**

고시는 행정청의 단순한 사무처리 지침 또는 공고 형식에 불과하며, 국민의 재산권과 같은 「헌법」상 권리를 제한하려면 반드시 법률 또는 법률에 근거한 대통령령의 위임이 있어야 한다고 판시했다. 즉, 고시만으로 국민의 재산권을 제한한 것은 위임입법의 한계를 일탈한 것으로 무효라고 판단한 것이다. 이는 행정청 내부 지침(예: 예규, 고시, 지침 등)은 행정조직 내부의 업무 처리 기준일 뿐, 대외적으로 국민의 권리·의무를 창설하거나 제한할 수 없다는 것을 의미한다. 국민의 권리를 제한하려면 반드시 법률, 또는 법률이 구체적으로 위임한 대통령령(시행령)을 통해서만 가능하다(단순한 부령(총리령·부령)이나 고시 등은 안 됨). 고시, 지침 등에 의해 권리가 제한되었다면 위헌·위법 소지가 있어 취소·무효 소송 제기 가능성이 있다. "고시·지침·예규 등만으로 국민의 권리를 제한할 수 없다."라는 원칙은, 국가권력이 자의적으로 국민의 권리를 침해하지 못하도록 하고, 모든 공권력 행사는 반드시 법률에 근거해야 한다는 '법률유보 원칙'의 실현이다. 이는 「헌법」상 법치국가의 원리이자, 행정권의 자의적 확대를 방지하는 입법권 존중의 표현이라 할 수 있다.

⟨사례 2⟩ 산림법 시행령 사건

■ 사건 개요

산림법에서 "산림훼손 금지구역" 지정에 관한 구체적 요건이나 절차 없이 대통령령에 위임.

■ 결정 요지

"국민의 재산권을 본질적으로 제한할 수 있는 사항을 구체적 기준 없이 시행령에 포괄적으로 위임하는 것은 위임입법의 한계를 일탈한 것으로 위헌"이라고 판단.

국민의 권리제한에 관한 기본적 사항은 반드시 국회가 법률로 정해야 함을 분명히 함.

⟨사례 3⟩ 「건축법 시행령」 사건

■ 사건 개요

일정 건축물의 용도변경을 제한하는 내용을 시행령에서 구체적으로 정하도록 위임.

■ 결정 요지

건축물 사용에 대한 제한은 재산권 행사에 중대한 영향을 미치므로, 법률에서 구체적인 기준과 범위를 정하지 않고 시행령에 맡긴 것은 위헌.

⟨사례 4⟩ 판문점 견학 제한 고시 사건

■ 사건 개요

통일부 장관이 '고시'를 통해 판문점 견학을 일정 자격자에 한정하고,

견학 신청을 거부당한 국민이 자유권 침해를 주장함.

■ **대법원 판단**

국민의 거주·이전의 자유, 국제평화지역 견학의 권리를 제한하는 조치는 법률 또는 그 위임에 따른 대통령령 등으로 정해야 하며, 단순한 고시로 제한하는 것은 무효라고 판시했다. 단순 고시는 국민 기본권을 제한할 수 있는 근거가 될 수 없음을 명시한 사례이다.

위와 같이 위임입법 한계 관련 주요 판단 기준은 어디까지나 국민의 권리 제한 여부로, 그중에서도 자유·재산 등 본질적 권리 제한은 반드시 법률이 직접 규정해야 한다. 또한 위임의 명확성에 있어서 위임은 '범위·내용·기준'이 구체적이고 명확해야 하며, 행정입법의 범위인 시행령(대통령령)은 일정 범위 내에서 가능하고, 고시·지침 등은 불가하다. 그러므로 위임입법 일탈을 판단하는 데 있어 위임 없이 자의적으로 권리 제한 시, 그 조치는 무효 또는 위헌 가능하다. 국회가 법률로 정해야 할 국민의 권리·의무의 본질적 사항은, 단순히 행정부가 정하는 고시·지침·예규 등으로 대체할 수 없다. 위임이 허용되더라도 그 내용은 반드시 구체적이고 명확해야 하며, 이를 벗어난 행정입법은 위헌 또는 무효로 판단될 수 있다.

법령심사 기준으로서 헌법원리를 사용하는 것은 법제처 및 상임위 심사 시 '헌법합치성' 체크에 해당하는 것으로 가장 핵심 절차에 해당하는 것이라고 할 것이다.

3. 정책 기획 및 규제 설계

(1) 규제영향분석의 개념

규제영향분석(Regulatory Impact Analysis, RIA)이란 「행정규제기본법」상 규제법정주의에 따라 정부가 새로운 법령, 행정규칙, 규제조치 등을 제정하거나 개정할 때, 그 규제가 경제·사회에 미칠 영향, 비용·편익, 대안 가능성 등을 사전에 체계적으로 분석하고, 이를 바탕으로 필요성과 타당성을 검토하는 제도이다. 즉, 규제를 시행하기 전 미리 예방적·과학적 입법을 위한 정책도구이다.

규제는 법률에 근거하여야 하며, 그 내용은 알기 쉬운 용어로 구체적이고 명확하게 규정되어야 한다. 규제는 법률에 직접 규정하되, 규제의 세부적인 내용은 법률 또는 상위법령(上位法令)에서 구체적으로 범위를 정하여 위임한 바에 따라 대통령령·총리령·부령 또는 조례·규칙으로 정할 수 있다. 다만, 법령에서 전문적·기술적 사항이나 경미한 사항으로서 업무의 성질상 위임이 불가피한 사항에 관하여 구체적으로 범위를 정하여 위임한 경우에는 고시 등으로 정할 수 있다. 행정기관은 법률에 근거하지 아니한 규제로 국민의 권리를 제한하거나 의무를 부과할 수 없다(법 제4조).

규제의 원칙으로는 국가나 지방자치단체는 국민의 자유와 창의를 존중하여야 하며, 규제를 정하는 경우에도 그 본질적 내용을 침해하지 아니하도록 하여야 한다. 또한 국가나 지방자치단체가 규제를 정할 때에는 국민의 생명·인권·보건 및 환경 등의 보호와 식품·의약품의 안전을 위한 실효성이 있는 규제가 되도록 하여야 한다. 규제의 대상과 수단은 규제의 목적 실현에 필요한 최소한의 범위에서 가장 효과적인 방법으로 객관성·투명성 및 공정성이 확보되도록 설정되어야 한다(법 제5조).

제7조(규제영향분석 및 자체심사) ① 중앙행정기관의 장은 규제를 신설하거나 강화(규제의 존속기한 연장을 포함한다. 이하 같다)하려면 다음 각 호의 사항을 종합적으로 고려하여 규제영향분석을 하고 규제영향분석서를 작성하여야 한다. 〈개정 2015. 5. 18., 2023. 7. 11.〉
1. 규제의 신설 또는 강화의 필요성
2. 규제 목적의 실현 가능성
3. 규제 외의 대체 수단 존재 여부 및 기존규제와의 중복 여부
4. 규제의 시행에 따라 규제를 받는 집단과 국민이 부담하여야 할 비용과 편익의 비교 분석
5. 규제의 시행이 「중소기업기본법」 제2조에 따른 중소기업에 미치는 영향
6. 「국가표준기본법」 제3조제8호 및 제19호에 따른 기술규정 및 적합성평가의 시행이 기업에 미치는 영향
7. 경쟁 제한적 요소의 포함 여부
8. 규제 내용의 객관성과 명료성
9. 규제의 존속기한·재검토기한(일정기간마다 그 규제의 시행상황에 관한 점검결과에 따라 폐지 또는 완화 등의 조치를 할 필요성이 인정되는 규제에 한정하여 적용되는 기한을 말한다. 이하 같다)의 설정 근거 또는 미설정 사유
10. 규제의 신설 또는 강화에 따른 행정기구·인력 및 예산의 소요

11. 규제의 신설 또는 강화에 따른 부담을 경감하기 위하여 폐지·완화가 필요한 기존규제 대상
12. 관련 민원사무의 구비서류 및 처리절차 등의 적정 여부

② 중앙행정기관의 장은 제1항에 따른 규제영향분석서를 입법예고 기간 동안 국민에게 공표하여야 하고, 제출된 의견을 검토하여 규제영향분석서를 보완하며, 의견을 제출한 자에게 제출된 의견의 처리 결과를 알려야 한다.

③ 중앙행정기관의 장은 제1항에 따른 규제영향분석의 결과를 기초로 규제의 대상·범위·방법 등을 정하고 자체규제심사위원회의 심의를 거쳐 그 타당성에 대하여 자체심사를 하여야 한다. 이 경우 관계 전문가 등의 의견을 충분히 수렴하여 심사에 반영하여야 한다. 〈개정 2023. 7. 11.〉

④ 규제영향분석의 방법·절차와 규제영향분석서의 작성지침 및 공표방법, 자체규제심사위원회의 구성, 자체심사의 기준 및 절차 등에 관하여 필요한 사항은 대통령령으로 정한다. 〈개정 2023. 7. 11.〉

[전문개정 2010. 1. 25.]

제8조(규제의 존속기한 및 재검토기한 명시) ① 중앙행정기관의 장은 규제를 신설하거나 강화하려는 경우에 존속시켜야 할 명백한 사유가 없는 규제는 존속기한 또는 재검토기한을 설정하여 그 법령등에 규정하여야 한다. 〈개정 2013. 7. 16., 2023. 7. 11.〉

② 규제의 존속기한 또는 재검토기한은 규제의 목적을 달성하기 위하여 필요한 최소한의 기간 내에서 설정되어야 하며, 그 기간은 원칙적으로 5년을 초과할 수 없다. 〈개정 2013. 7. 16.〉

③ 중앙행정기관의 장은 규제의 존속기한 또는 재검토기한을 연장할 필요가 있을 때에는 그 규제의 존속기한 또는 재검토기한의 6개월 전까지 제10조에 따라 위원회에 심사를 요청하여야 한다. 〈개정 2013. 7. 16.〉
④ 위원회는 제12조와 제13조에 따른 심사 시 필요하다고 인정하면 관계 중앙행정기관의 장에게 그 규제의 존속기한 또는 재검토기한을 설정할 것을 권고할 수 있다. 〈개정 2013. 7. 16.〉
⑤ 중앙행정기관의 장은 법률에 규정된 규제의 존속기한 또는 재검토기한을 연장할 필요가 있을 때에는 그 규제의 존속기한 또는 재검토기한의 3개월 전까지 규제의 존속기한 또는 재검토기한 연장을 내용으로 하는 개정안을 국회에 제출하여야 한다. 〈개정 2013. 7. 16.〉
[전문개정 2010. 1. 25.]
[제목개정 2013. 7. 16.]

제8조의2(규제의 재검토) ① 중앙행정기관의 장은 규제의 재검토기한이 도래하는 경우 제7조제4항에 따른 자체규제심사위원회의 심의를 거쳐 해당 규제의 시행상황을 점검하는 방법 등으로 규제의 재검토를 실시하고 그 결과에 따라 규제의 폐지 또는 완화 등 필요한 조치를 하여야 한다.
② 중앙행정기관의 장은 제1항에 따른 재검토의 결과보고서를 작성·보존 및 공개하고, 다음 재검토를 실시할 때 그 내용을 반영하여야 한다.
③ 규제의 재검토의 실시 절차, 결과보고서의 작성·보존 및 공개 등에 필요한 사항은 대통령령으로 정한다.
[본조신설 2023. 7. 11.]
[종전 제8조의2는 제8조의3으로 이동 〈2023. 7. 11.〉]

제8조의3(소상공인 등에 대한 규제 형평) ① 중앙행정기관의 장은 규제를 신설하거나 강화하려는 경우 「소상공인기본법」 제2조에 따른 소상공인 및 「중소기업기본법」 제2조제2항에 따른 소기업에 대하여 해당 규제를 적용하는 것이 적절하지 아니하거나 과도한 부담을 줄 우려가 있다고 판단되면 규제의 전부 또는 일부의 적용을 면제하거나 일정기간 유예하는 등의 방안을 검토하여야 한다. 〈개정 2020. 2. 4.〉
② 중앙행정기관의 장은 제1항을 적용하는 것이 적절하지 아니하다고 판단될 경우에는 제10조제1항에 따라 위원회에 심사를 요청할 때에 그 판단의 근거를 제시하여야 한다.
[본조신설 2018. 4. 17.]
[제8조의2에서 이동 〈2023. 7. 11.〉]

제13조(긴급한 규제의 신설·강화 심사) ① 중앙행정기관의 장은 긴급하게 규제를 신설하거나 강화하여야 할 특별한 사유가 있는 경우에는 제7조, 제8조제3항, 제9조 및 제10조의 절차를 거치지 아니하고 위원회에 심사를 요청할 수 있다. 이 경우 그 사유를 제시하여야 한다.
② 위원회는 제1항에 따라 심사 요청된 규제의 긴급성이 인정된다고 결정하면 심사를 요청받은 날부터 20일 이내에 규제의 신설 또는 강화의 타당성을 심사하고 그 결과를 관계 중앙행정기관의 장에게 통보하여야 한다. 이 경우 관계 중앙행정기관의 장은 위원회의 심사 결과를 통보받은 날부터 60일 이내에 위원회에 규제영향분석서를 제출하여야 한다.

> ③ 위원회는 제1항에 따라 심사 요청된 규제의 긴급성이 인정되지 아니한다고 결정하면 심사를 요청받은 날부터 10일 이내에 관계 중앙행정기관의 장에게 제7조부터 제10조까지의 규정에 따른 절차를 거치도록 요구할 수 있다.
> [전문개정 2010. 1. 25.]

「행정규제기본법」 제7조는 규제의 신설·강화 시 사전검토 등에서 행정기관의 장은 새로운 규제를 신설하거나 강화하려는 경우, 그 규제가 정당한 목적, 최소침해성, 비용 대비 편익 등을 갖추고 있는지를 사전에 검토하여야 한다고 하고 규제를 신설하거나 강화하려는 경우에는 해당 규제에 따른 편익·비용·영향·대안 가능성 등에 대한 영향분석서를 작성하여 관계 부처 및 규제개혁위원회에 제출하여야 한다고 한다. 이때 규제의 타당성을 심사할 때 과잉금지, 국민부담, 중복규제, 대체 가능성 등을 고려하여야 한다고 규정되어 있으므로 특별한 예외사유가 없는 한 입법 시에 규제영향분석서를 제출하여야 한다.

즉, 국가나 지방자치단체가 신기술을 활용한 새로운 서비스 또는 제품과 관련된 규제를 법령 등이나 조례·규칙에 규정할 때에는 다음 각 호의 어느 하나의 규정 방식을 우선적으로 고려하여야 한다.

1. 규제로 인하여 제한되는 권리나 부과되는 의무는 한정적으로 열거하고 그 밖의 사항은 원칙적으로 허용하는 규정 방식.
2. 서비스와 제품의 인정 요건·개념 등을 장래의 신기술 발전에 따른 새로운 서비스와 제품도 포섭될 수 있도록 하는 규정 방식.

3. 서비스와 제품에 관한 분류기준을 장래의 신기술 발전에 따른 서비스와 제품도 포섭될 수 있도록 유연하게 정하는 규정 방식.
4. 그 밖에 신기술 서비스·제품과 관련하여 출시 전에 권리를 제한하거나 의무를 부과하지 아니하고 필요에 따라 출시 후에 권리를 제한하거나 의무를 부과하는 규정 방식.

국가와 지방자치단체는 신기술 서비스·제품과 관련된 규제를 점검하여 해당 규제를 제1항에 따른 규정 방식으로 개선하는 방안을 강구하여야 한다.

제19조의3(신기술 서비스·제품 관련 규제의 정비 및 특례) ① 중앙행정기관의 장은 신기술 서비스·제품과 관련된 규제와 관련하여 규제의 적용 또는 존재 여부에 대하여 국민이 확인을 요청하는 경우 신기술 서비스·제품에 대한 규제 특례를 부여하는 관계 법률로 정하는 바에 따라 이를 지체 없이 확인하여 통보하여야 한다.
② 중앙행정기관의 장은 신기술 서비스·제품과 관련된 규제와 관련하여 다음 각 호의 어느 하나에 해당하여 신기술 서비스·제품의 육성을 저해하는 경우에는 해당 규제를 신속하게 정비하여야 한다.
1. 기존 규제를 해당 신기술 서비스·제품에 적용하는 것이 곤란하거나 맞지 아니한 경우
2. 해당 신기술 서비스·제품에 대하여 명확히 규정되어 있지 아니한 경우
③ 중앙행정기관의 장은 제2항에 따라 규제를 정비하여야 하는 경우로서 필요한 경우에는 해당 규제가 정비되기 전이라도 신기술 서비스·제품

과 관련된 규제 특례를 부여하는 관계 법률로서 대통령령으로 정하는 법률(이하 "규제 특례 관계법률"이라 한다)로 정하는 바에 따라 해당 규제의 적용을 면제하거나 완화할 수 있다. 〈개정 2023. 7. 11.〉

④ 중앙행정기관의 장은 규제 특례 관계법률에 규제의 적용을 면제하거나 완화하는 규정을 두는 경우에는 다음 각 호의 사항을 종합적으로 고려하여야 한다. 〈개정 2023. 7. 11.〉

1. 국민의 안전·생명·건강에 위해가 되거나 환경 및 지역균형발전을 저해하는지 여부와 개인정보의 안전한 보호 및 처리 여부
2. 해당 신기술 서비스·제품의 혁신성 및 안전성과 그에 따른 이용자의 편익
3. 규제의 적용 면제 또는 완화로 인하여 발생할 수 있는 부작용에 대한 사후 책임 확보 방안

⑤ 신기술 서비스·제품과 관련된 규제 특례를 부여받고자 하는 자의 신청을 받은 중앙행정기관의 장(이하 "규제 특례 주관기관"이라 한다)은 신기술 서비스·제품 관련 규제 특례에 관한 사항을 심의·의결하기 위하여 규제 특례 관계법률에 따라 설치된 위원회(이하 "규제 특례 위원회"라 한다)의 심의·의결을 거쳐 제3항에 따른 규제 특례를 부여하려는 경우에는 대통령령으로 정하는 기간 이내에 규제 특례 위원회에 신청된 사항을 상정하여야 한다. 〈신설 2023. 7. 11.〉

⑥ 제3항에 따른 규제 특례 부여가 규제 특례 위원회에서 부결된 경우에는 규제 특례의 부여를 신청한 자는 대통령령으로 정하는 바에 따라 규제 특례 주관기관의 장에게 재심의를 신청할 수 있다. 〈신설 2023. 7. 11.〉

⑦ 신기술 서비스·제품과 관련된 규제 특례를 부여받은 자는 사정의 변경 등 정당한 사유가 있는 경우 규제 특례 주관기관의 장에게 규제 특례의 내용·조건 등의 변경을 신청할 수 있다. 〈신설 2023. 7. 11.〉

⑧ 신기술 서비스·제품의 규제 특례와 관련된 규제 법령을 소관하는 중앙행정기관의 장은 대통령령으로 정하는 바에 따라 규제 특례와 관련된 법령의 정비 여부 및 사유, 정비 계획 등에 대해 규제 특례를 부여받은 자 및 규제 특례 주관기관의 장에게 통보하여야 한다. 〈신설 2023. 7. 11.〉

⑨ 그 밖에 법령정비 등 신기술 서비스·제품과 관련된 규제 특례 제도운영에 필요한 사항은 대통령령으로 정한다. 〈신설 2023. 7. 11.〉

[본조신설 2019. 4. 16.]

(2) 규제영향분석의 역사

규제영향분석의 역사를 살펴보면 도입은 1997년 「행정규제기본법」 제정으로 시작되었다. 규제영향분석은 1997년 제정된 「행정규제기본법」을 통해 처음으로 제도화되었는데 이 법은 당시 1996년에 OECD 가입 이후 우리나라 정부가 요구받은 규제개혁 추진의 일환으로 만들어졌으며, 특히 제8조에 규제영향분석(RIA)의 도입 근거가 명시되었다. 규제영향분석을 도입하게 된 이유로는 정부 주도의 과잉규제, 중복규제, 비효율성 문제를 해결하기 위함이었으며, OECD 국가의 규제 사전심사 도입의 흐름을 반영한 것이라 할 수 있다. IMF 외환위기 전후의 국가 경쟁력 제고와 행정개혁의 필요성에 따라 정부도 이와 같은 선진체계의 도입이 필요하였다.

그러나 규제영향분석이 제대로 보편화된 것은 2000년대 중반 이후라고 할 것이다. 초기에는 형식적 분석에 그쳤고 실효성 부족 문제가 지적되었다. 이후 2000년대 중후반부터 규제영향분석이 실제 입법 과정에 본격 반영되기 시작했다. 2004년 규제개혁위원회 운영이 강화되면서 2007년부터 규제영향분석서 작성 의무 강화 및 서식이 표준화되었던 것이다. 그러면서 2009년부터 모든 입법에서 규제영향분석서의 작성이 의무화되었고 본 규정의 신설과 강화로 규제는 규제영향분석서(RIA) 첨부가 의무화되었다.

앞서 살펴본 바와 같이 규제영향분석의 예외 사유가 되는 당연한 이유로는 긴급한 사유, 즉 국가안보, 자연재해, 공중보건 위기 등 긴급한 사정이 있는 경우(예: 감염병 확산에 따른 긴급한 방역조치)나, 경미한 규제(규제의 영향이 미미하거나 단순 정비에 불과한 경우 예: 문구 정정, 정리 또는 명확화 등), 상위법령에 따른 형식적 조치(이미 상위 법령에서 내용이 정해져 있어 하위 법령이 단순히 이를 반영하는 경우), 기존 규제의 단순 유지 또는 반복(기존 규제를 그대로 유지하거나 동일 내용을 반복 적용하는 경우)[20]을 제외하고는 규제영향분석을 하여야 한다.

특히 2010년대 이후 현대적 체계가 정비되면서 2013년에 규제총량제가 실시되었다. 규제총량제는 "신규 규제를 도입하려면 기존 규제를 반드시 폐지하거나 완화해야 한다."라는 규제의 총량을 관리·억제하는 제도로서 영어로는 "Regulatory Budgeting 또는 One-in, One-

---

20) 이 경우에도 해당 규제가 국민 권리를 실질적으로 제한할 경우에는 규제영향분석 생략이 허용되지 않는다.

out Rule"이라고 한다. 이는 영국에서 처음 만들어진 제도로 알려져 있는데 정부가 각 부처에 대해 일정한 규제 수를 '총량 한도'로 설정하고, 신규 규제를 만들기 위해서는 그에 상응하는 기존 규제를 정비하도록 의무화하는 제도이다. 즉, 단순히 개별 규제의 타당성을 따지는 것에서 나아가, 정부 전체의 규제 규모와 복잡성 자체를 줄이기 위한 '전략적 규제관리 수단'이라 할 수 있다.

2014년 박근혜 정부에서 본격 도입된 규제 기요틴[21] 정책과 연계되어 당시 행정규제가 누적되어 기업 활동과 창업의 걸림돌로 작용한다는 지적이 제기됨에 따라 규제의 "양" 자체를 관리해야 한다는 취지에서 영국, 캐나다, 미국 등 선진국 모델을 참고해 도입된 이래 부처별 규제인 법률, 시행령, 시행규칙 전 범위에 걸쳐 2014년 이후 신규 규제부터 적용하였다. 이러한 원칙은 "One-in, One-out"으로 하나의 규제를 신설하면, 하나의 규제를 폐지하거나 완화해야 한다는 의미인데 긴급성, 국민안전, 법률 위임사항 등은 예외로 인정 가능할 수 있으나 평가 지표를 만들어 연도별 부처별 규제 증가량, 정비 건수, 총량 변화 등을 관리하는 것을 뜻한다.

이러한 것은 긍정적 효과가 분명 확연한 것이 사실이었다. 예를 들어 부처의 규제 남발이 억제되고 기존에는 새로운 정책마다 규제가 무

---

[21] 규제기요틴에서 "기요틴"의 의미는 "불필요한 규제를 단칼에 베어내듯 과감하고 일괄적으로 정비한다."라는 상징적 의미에서 "기요틴"이라는 단어가 차용된 것이다. 즉, 복잡하게 하나하나 규제를 검토하기보다는, "이 규제가 정말로 필요한가?"라는 질문에 존속 이유를 입증하지 못하면 과감히 폐지하는 방식이다. 프랑스 단두대 "guillotine"에서 유래되어 단호하고 신속한 제거/미적거리지 않고 과감히 정비라는 의미를 담고 있는 이 뜻은 존치 이유가 없는 규제는 자동 폐지하는 구조로 한국, 구 유럽 동구권(체코, 루마니아 등에서 1990년대 경제개혁 시 사용)에서 자주 등장하는 용어이다.

분별하게 신설되었으나, 규제총량제가 도입되면서 부처 스스로 정비 및 축소를 병행하도록 유도되었다. 또한 정책기획단계에서 사전 검토가 강화되었으며 RIA와 연계되어, 규제 도입 전 사전 비용·편익 분석이 강화되었다. 그 밖에도 정량적 관리 기반이 마련되었고 규제 수와 강도를 계량화하여 성과평가·인센티브 제공 체계에 반영하였으며 국제적 신뢰도가 제고되어 OECD, IMF 등에서 "규제의 정비 체계화"가 되었다는 긍정 평가를 이끌어 내게 되었다.

그러나 규제를 '질'보다 '양' 중심 관리의 한계가 있어 단순히 숫자를 줄이는 데 집중하면 필요한 규제까지 폐지할 위험이 있다는 지적을 받았으며, 규제를 전환(대체)하는 현상이 발생하였다. 즉, 한 규제를 폐지하고 비슷한 내용의 고시나 지침으로 전환하는 꼼수의 가능성이 발견된 것이다. 그래서 복잡한 규제환경 대응력이 약화되고 AI·바이오 등 고위험 분야에서 신속한 규제 도입이 지연되는 부작용이 발견되기도 하였다. 또한 부처 간 형평성 문제가 생겨나 규제를 많이 가진 부처는 조정 여지가 있지만, 본래 규제가 적은 부처는 신규 정책 추진이 사실상 불가능해지는 역차별이 우려되었다. 규제총량제는 규제 관리의 책임성과 전략성을 높이는 데 기여한 제도이다. 다만 규제의 질적 효과와 유연성, 필요성까지 종합적으로 고려할 수 있는 후속 관리 체계가 병행되어야 진정한 규제개혁 효과가 지속된다.

제3장

정책 법제도 전략 수립 및 관리방안

− 공공기관에서
AI 기반 입법을 중심으로 −

제1절 　　AI 기반 행정을 위한 정책과 법제

1. AI 기반 행정의 개념과 배경

(1) 인공지능(AI)의 정의와 주요 기술 요소

인공지능(AI)은 인간의 인지적 기능을 모방하여 학습, 추론, 문제 해결 등을 수행하는 기술로, 주로 기계학습(Machine Learning), 자연어처리(NLP), 컴퓨터 비전, 로봇공학, 전문가 시스템 등 다양한 기술로 구성된다. 최근에는 생성형 AI와 딥러닝 기반의 알고리즘이 발전하면서 공공부문에서도 AI 기술의 활용 가능성이 더욱 커지고 있다.

(2) 공공행정에 AI를 도입하는 이유

행정 효율성의 제고, 대민서비스의 품질 향상, 정책 결정의 객관성 강화 등을 위해 AI 기술이 공공행정에 도입되고 있다. 특히, 방대한 행정 데이터를 분석하여 맞춤형 행정서비스를 제공하고, 반복적·정형화된 업무를 자동화함으로써 행정 인력의 부담을 줄이고 예산의 효율적 집행을 도모할 수 있다.

(3) 스마트행정·지능정보사회로의 이행 과정

전자정부 구축을 시작으로 디지털 행정의 기반이 마련되었으며, 이어서 빅데이터·클라우드·AI 기술의 융합을 통해 '스마트행정' 체제로 전환되고 있다. 이는 단순한 전산화 수준을 넘어, 지능적 판단과 예측이 가능한 '지능정보사회(Intelligent Information Society)'로의 이행을 의미하며, 공공부문의 혁신과 국민 체감형 서비스 확대를 위한 핵심 동력으로 작용하고 있다.

2. AI 기반 행정의 국내 정책 동향

(1) 디지털플랫폼정부 추진전략

디지털플랫폼정부는 정부 서비스의 디지털 전환을 넘어, 데이터를 통합·개방하고 AI를 통해 '국민이 찾기 전에 필요한 서비스'를 예측·제공하는 지능형 행정 체계를 구축하는 것을 목표로 한다. 이를 위해 플랫폼정부위원회는 데이터 칸막이 해소와 AI·데이터 기반 과학적 행정, GovTech 산업 육성 및 지역 확산 등을 핵심 전략으로 추진하고 있다.

(2) 행정안전부·과기정통부의 AI 활용 정책

행정안전부는 '마이AI' 서비스 제공, 범정부 데이터 공유 및 AI·데이터 기반 과학적 국정운영을 전략과제로 정하고, 디지털정부혁신실을 중심으로 국가직 디지털 및 AI 역량을 집약하고 있다. 과기정통부는 'AI 기반정책관'을 중심으로 AI 컴퓨팅 인프라 확충, 차세대 AI 모델 확보, AI 인재 양성에 집중하며, 재난안전, 보건, 법률 등 실질적인 AI 사업을 확대 중이다.

(3) 정부 AI 가이드라인 및 표준화 정책

국가표준기술원과 산업통상자원부는 'AI 표준화 전략 로드맵'을 통해 국제표준 17종, 국내표준 30종을 개발·보급하며, 특히 '초거대 AI 생성모델 안전성 평가', 'AI 윤리 가이드라인', 'ISO/IEC 42001(경영시스템)' 등 공공 및 산업 분야에 도입할 계획이다. 디지털플랫폼정부위원회는 공공부문에 초거대 AI 도입·활용을 위한 가이드라인을 2024년 4월에 발표했고, 2025년에 가이드라인 2.0을 통해 실증 사례를 수록하는 등 공공행정 내 AI 도입 기준을 구체화하고 있다. 또한 개인정보보호위원회는 공개 데이터 기반의 AI 학습 시 '정당한 이익' 기준을 명확히 하는 "공개된 개인정보 처리 안내서"를 마련하여 국민 프라이버시 보호와 기업의 법적 안정성을 동시에 확보하고 있다.

3. AI 행정의 활용 사례

(1) 민원 자동분류·상담 챗봇

AI 기반 챗봇은 민원인의 질문을 자연어로 이해하고, 민원의 성격에 따라 자동으로 분류하여 적절한 부서 또는 FAQ로 연결해 준다. 이를 통해 24시간 민원 응대가 가능해지고, 단순·반복적인 상담 문의는 자동화되어 행정담당자의 업무 부담이 크게 줄어든다. 또한 상담 내용을 학습한 챗봇은 시간이 지날수록 응답 정확도가 높아져 민원 만족도가 향상된다.

(2) 공공조달·복지·세무 분야에서의 AI 활용

① 공공조달에 있어서 AI는 입찰 문서를 자동으로 검토하고, 업체 평가지표를 분석해 최적의 공급자를 예측함으로써 조달 프로세스의 투명성과 효율성을 제고한다.
② 복지 분야는 대상자의 소득, 가족 구성, 건강정보 등을 기반으로 AI가 지원 자격을 사전 심사하고, 필요한 복지 프로그램을 맞춤형으로 추천해 준다.
③ 세무영역에서 AI는 신고서 데이터를 분석하여 이상 거래를 자동으로 탐지하고, 위험 수준에 따라 우선적으로 조사하도록 지원하여 세금 회피 및 탈루를 효율적으로 대응한다.

(3) 지자체의 스마트행정 시스템

지자체 수준에서는 AI와 IoT, 빅데이터를 결합한 스마트행정 시스템이 활발히 운영되고 있다. 예를 들어, 교통 혼잡 예측을 통해 실시간 신호체계를 조정하거나, 상수도 누수 감지 AI가 관로 이상을 조기에 탐지하여 유지보수 비용을 절감한다. 이와 함께 공공안전에선 AI 카메라가 CCTV 영상을 분석해 위험 행위를 선제적으로 감시하고, 폐기물 수거 스케줄을 최적화하여 친환경 도시 운영을 지원한다.

4. AI 행정의 법적 쟁점과 입법과제

(1) 알고리즘 투명성과 설명 가능성 문제

AI 기반 행정에서 사용되는 알고리즘은 종종 블랙박스화되어 그 작동 방식과 판단 근거가 불분명하다. 이로 인해 행정 결정의 정당성과 합리성을 국민이 이해하거나 검증하기 어려워지며, 행정의 투명성과 신뢰성에 심각한 문제를 야기할 수 있다. 따라서 '설명 가능한 AI(XAI)'를 공공 영역에 도입하고, 알고리즘에 대한 감사와 기록 보존을 위한 법적 기반 마련이 필요하다.

(2) 개인정보 보호와 AI 데이터 윤리

AI 행정은 방대한 개인정보와 민감정보를 기반으로 작동하기 때문에, 개인정보의 수집·이용·보관 과정에서 정보주체의 자기결정권 침해 우려가 크다. 특히 프로파일링이나 예측 기능이 강화될수록 차별이나 낙인 가능성도 높아진다. 이에 따라 「개인정보 보호법」 개정 및 'AI 데이터 윤리 가이드라인'의 구속력 있는 도입이 요구된다.

(3) 자동결정(AI 판단)의 법적 책임 문제

AI가 자동으로 행정 결정을 내리는 경우, 그 결정에 대한 책임 소재가 불분명해질 수 있다. 특히 오류나 차별적 판단이 발생했을 때, 담당 공무원, 시스템 개발자, 또는 AI 자체 중 누구에게 법적 책임이 귀속되는지 불투명하다. 이를 해결하기 위해서는 인간의 최종 감독 책임 (principle of human oversight)을 명시하고, 공공AI 판단에 대한 불복절차 및 행정소송 가능성을 보장하는 법제가 필요하다.

(4)「헌법」상 기본권과 AI 행정의 긴장관계

AI 행정은 국민의 정보기본권, 평등권, 절차적 정의 실현 요구 등과 충돌할 수 있다. 예컨대, 자동화된 행정 절차에서 사전통지·청문·이의제기 기회가 보장되지 않으면,「헌법」상 적법절차 원칙에 위반될 수 있다. 또한 AI가 특정 집단에 불리한 결과를 반복할 경우, 평등권 침해로 이어질 수 있다. 따라서 AI 행정은 헌법적 권리와의 정합성을 지속적으로 점검받아야 한다.

(5) 공공알고리즘에 대한 입법적 대응

공공 부문에서 사용하는 알고리즘의 등록, 사전 검증, 사후 감사 제도를 마련하는 등 법제화가 시급하다. 유럽연합의 AI 법안(Artificial Intelligence Act)처럼 위험기반 접근(Risk-based Approach)을 도입하여, 고위험 알고리즘에 대한 규제를 강화하고, '공공AI 감독기관'을 설치해 통제를 실효화할 필요가 있다. 또한「행정기본법」,「전자정부법」 등 기존 법령에 AI 행정 관련 조항을 명확히 삽입하는 것도 입법적 과제로 제시된다.

5. AI 행정 관련 국내 법령 체계

(1) 「행정기본법」의 정보기술 관련 조항

「행정기본법」은 행정절차의 전자화 및 정보기술의 활용에 대한 일반원칙을 규정하고 있으며, 제20조에서는 전자적 방식의 행정처리와 시스템 연계의 필요성을 명시하고 있다. 이를 통해 행정절차의 효율성과 접근성을 높이는 동시에, AI 기반 행정처리가 정당한 절차에 따라 이루어질 수 있도록 법적 토대를 제공하고 있다. 특히 향후 AI 의사결정 활용과 관련한 법적 근거를 보완하는 데 있어 핵심이 되는 기본법이다.

(2) 「개인정보 보호법」 및 마이데이터 제도

AI 행정은 필연적으로 개인의 민감정보를 포함한 대량의 데이터를 처리하기 때문에 「개인정보 보호법」의 적용을 받는다. 동법 제4조(정보주체의 권리), 제15조~제18조(수집·이용·제공의 제한), 제28조의2(자동화된 결정에 대한 대응권)는 AI 기반 행정서비스에서 정보주체의 권리를 보장하는 데 핵심적인 조항이다. 또한, 행정·공공 마이데이터 제도는 국민이 자신의 정보를 통제하고, 필요한 행정서비스를 능동적으로 선택하도록 지원하는 제도이며, AI 기반의 맞춤형 행정서비스 구현을 위한 필수 기반으로 작동한다.

(3) 「지능정보화 기본법」 및 윤리 가이드라인

「지능정보화 기본법」은 AI, 빅데이터, IoT 등 지능정보기술의 개발·활용 촉진과 함께, 그로 인한 사회·경제적 변화에 대한 국가적 대응을 포괄적으로 규정하고 있다. 제12조와 제20조는 공공부문의 AI 활용 방향과 데이터 연계체계 구축을 법제화하고 있으며, 이 법에 따라 과학기술정보통신부는 AI 윤리기준을 수립하고 가이드라인을 배포한다. 이 윤리기준은 공공 AI가 차별, 불투명성, 오남용을 방지하며 신뢰 기반의 행정에 이바지하도록 유도하는 중요한 자율규범 역할을 한다.

(4) 공공기록물 관리법, 전자정부법과의 연계

AI가 행정결정을 내리는 과정에서도 행정의 책임성과 투명성을 확보하기 위해, 관련 결정 이력을 남기고 보존하는 것이 필수적이다. 이에 따라 「공공기록물 관리에 관한 법률」은 AI 알고리즘의 적용 내역과 그 판단 근거에 대한 기록을 남기도록 요구하고 있으며, 향후 행정 책임 추적과 감사에 중요한 역할을 한다. 또한 「전자정부법」은 공공기관의 정보시스템 운영·관리 원칙, 대민서비스 전자화 기준을 제공함으로써, AI 기반 전자행정이 통합적이고 안정적으로 구현되도록 돕는 인프라 역할을 한다.

6. 해외의 AI 행정 규제 및 정책 비교

(1) EU AI Act와 공공행정에서의 AI 규제

유럽연합(EU)은 세계 최초로 인공지능을 포괄적으로 규율하는 법제인 「AI Act」를 제정하며, 공공행정 분야에서도 고위험 인공지능 시스템에 대해 엄격한 요건을 부과하고 있다. 특히, 공공안전, 법 집행, 사회적 서비스 제공 등 분야에서 사용되는 AI는 투명성, 설명 가능성, 인간의 감독 가능성 등의 원칙을 충실히 반영해야 하며, 각국의 행정기관은 이러한 규제 프레임워크에 따라 AI 시스템의 도입과 운영을 조정하고 있다.

(2) 미국 행정부의 AI 윤리·책임 프레임워크

미국은 연방 차원에서 「AI 윤리 원칙」(AI Ethical Principles)과 「AI 권리장전」(Blueprint for an AI Bill of Rights) 등을 통해 공공영역에서의 AI 사용에 대한 가이드라인을 제시하고 있다. 특히, 알고리즘 차별 방지, 자동화된 결정에 대한 인간의 개입 보장, 데이터의 품질과 보안 확보 등 책임 있는 AI 사용을 위한 기준이 강조되고 있으며, 연방기관들은 'AI 거버넌스 위원회' 등의 내부 시스템을 통해 윤리성과 책임성을 강화하고 있다.

(3) OECD 권고안 및 국제표준 흐름

OECD는 2019년 「AI에 관한 OECD 권고안」을 통해 전 세계적으로 신뢰 가능한 AI(trustworthy AI)의 구현을 촉진하고 있으며, 투명성, 설명 가능성, 공정성, 안전성, 지속 가능성 등의 핵심 원칙을 제시하였다. 이 권고안은 UN, G7, G20 및 ISO/IEC 등 국제표준화기구와 연계되어 각국의 정책 수립 및 표준 개발에 큰 영향을 미치고 있으며, 특히 공공행정 분야에서의 AI 활용 시 국제적 조화와 상호운용성을 확보하기 위한 기반으로 기능하고 있다.

7. AI 기반 행정의 향후 과제와 방향

(1) 공공부문의 신뢰 확보와 투명성 강화

AI 기반 행정이 본격적으로 확산되기 위해서는 국민의 신뢰를 전제로 한 투명한 시스템 운영이 핵심 과제로 떠오르고 있다. 알고리즘의 결정 과정이 불투명하거나 편향된 결과를 초래할 경우, 공공서비스에 대한 불신이 커질 수 있으므로, 알고리즘의 개발·운영 단계에서부터 설명 가능성과 데이터 품질 관리, 영향 평가 등 사전적 통제가 필요하다. 이를 통해 행정의 책임성과 민주적 정당성을 확보할 수 있다.

(2) 법제도 개선 방향: 윤리·책임·설명성 중심

AI의 공공행정 활용에 따른 법적·윤리적 과제를 해결하기 위해서는 기술의 발전 속도에 부합하는 유연하고 포괄적인 법제도 정비가 필요하다. 특히, 자동결정 시스템에 대한 책임 주체 명확화, 개인정보 보호 강화, 알고리즘 감사 제도 도입 등 윤리·책임·설명성 중심의 규범 체계 구축이 요구된다. 이를 통해 인공지능이 인간 중심의 공공가치를 실현하는 도구로 작동할 수 있도록 해야 한다.

(3) 공무원 역량 강화와 시민참여 확대

AI 기술을 활용한 행정혁신이 성공하기 위해서는 현장 공무원의 디지털 역량과 데이터 이해도가 함께 강화되어야 하며, 동시에 시민의 참여와 감시 기능도 제도적으로 뒷받침되어야 한다. 공무원 대상의 AI 리터러시 교육, 시민참여형 알고리즘 거버넌스 모델, 민관협력형 서비스 개발 등이 향후 AI 행정의 지속가능성과 수용성을 높이는 핵심 방향으로 제시된다.

8. 「인공지능 발전과 신뢰 기반 조성 등에 관한 기본법」

법률 제20676호, 2025. 1. 21., 제정됨에 따라 2026. 1. 22. 시행되는 「인공지능기본법」은 앞으로 모든 인공지능과 관련된 기본법이 될 것이라는 점에서 입법의 주목을 한 몸에 받고 있다.

(1) 총칙

제1조(목적) 이 법은 인공지능의 건전한 발전과 신뢰 기반 조성에 필요한 기본적인 사항을 규정함으로써 국민의 권익과 존엄성을 보호하고 국민의 삶의 질 향상과 국가경쟁력을 강화하는 데 이바지함을 목적으로 한다.

제2조(정의) 이 법에서 사용하는 용어의 뜻은 다음과 같다.
1. "인공지능"이란 학습, 추론, 지각, 판단, 언어의 이해 등 인간이 가진 지적 능력을 전자적 방법으로 구현한 것을 말한다.
2. "인공지능시스템"이란 다양한 수준의 자율성과 적응성을 가지고 주어진 목표를 위하여 실제 및 가상환경에 영향을 미치는 예측, 추천, 결정 등의 결과물을 추론하는 인공지능 기반 시스템을 말한다.
3. "인공지능기술"이란 인공지능을 구현하기 위하여 필요한 하드웨어·소프트웨어 기술 또는 그 활용 기술을 말한다.

4. "고영향 인공지능"이란 사람의 생명, 신체의 안전 및 기본권에 중대한 영향을 미치거나 위험을 초래할 우려가 있는 인공지능시스템으로서 다음 각 목의 어느 하나의 영역에서 활용되는 것을 말한다.
   가. 「에너지법」 제2조제1호에 따른 에너지의 공급
   나. 「먹는물관리법」 제3조제1호에 따른 먹는물의 생산 공정
   다. 「보건의료기본법」 제3조제1호에 따른 보건의료의 제공 및 이용 체계의 구축·운영
   라. 「의료기기법」 제2조제1항에 따른 의료기기 및 「디지털의료제품법」 제2조제2호에 따른 디지털의료기기의 개발 및 이용
   마. 「원자력시설 등의 방호 및 방사능 방재 대책법」 제2조제1항제1호에 따른 핵물질과 같은 항 제2호에 따른 원자력시설의 안전한 관리 및 운영
   바. 범죄 수사나 체포 업무를 위한 생체인식정보(얼굴·지문·홍채 및 손바닥 정맥 등 개인을 식별할 수 있는 신체적·생리적·행동적 특징에 관한 개인정보를 말한다)의 분석·활용
   사. 채용, 대출 심사 등 개인의 권리·의무 관계에 중대한 영향을 미치는 판단 또는 평가
   아. 「교통안전법」 제2조제1호부터 제3호까지에 따른 교통수단, 교통시설, 교통체계의 주요한 작동 및 운영
   자. 공공서비스 제공에 필요한 자격 확인 및 결정 또는 비용징수 등 국민에게 영향을 미치는 국가, 지방자치단체, 「공공기관의 운영에 관한 법률」 제4조에 따른 공공기관 등(이하 "국가기관등"이라 한다)의 의사결정

차. 「교육기본법」 제9조제1항에 따른 유아교육·초등교육 및 중등교육에서의 학생 평가

카. 그 밖에 사람의 생명·신체의 안전 및 기본권 보호에 중대한 영향을 미치는 영역으로서 대통령령으로 정하는 영역

5. "생성형 인공지능"이란 입력한 데이터(「데이터 산업진흥 및 이용촉진에 관한 기본법」 제2조제1호에 따른 데이터를 말한다. 이하 같다)의 구조와 특성을 모방하여 글, 소리, 그림, 영상, 그 밖의 다양한 결과물을 생성하는 인공지능시스템을 말한다.

6. "인공지능산업"이란 인공지능 또는 인공지능기술을 활용한 제품(이하 "인공지능제품"이라 한다)을 개발·제조·생산 또는 유통하거나 이와 관련한 서비스(이하 "인공지능서비스"라 한다)를 제공하는 산업을 말한다.

7. "인공지능사업자"란 인공지능산업과 관련된 사업을 하는 자로서 다음 각 목의 어느 하나에 해당하는 법인, 단체, 개인 및 국가기관등을 말한다.

　가. 인공지능개발사업자: 인공지능을 개발하여 제공하는 자

　나. 인공지능이용사업자: 가목의 사업자가 제공한 인공지능을 이용하여 인공지능제품 또는 인공지능서비스를 제공하는 자

8. "이용자"란 인공지능제품 또는 인공지능서비스를 제공받는 자를 말한다.

9. "영향받는 자"란 인공지능제품 또는 인공지능서비스에 의하여 자신의 생명, 신체의 안전 및 기본권에 중대한 영향을 받는 자를 말한다.

10. "인공지능사회"란 인공지능을 통하여 산업·경제, 사회·문화, 행정 등 모든 분야에서 가치를 창출하고 발전을 이끌어가는 사회를 말한다.

11. "인공지능윤리"란 인간의 존엄성에 대한 존중을 기초로 하여, 국민의 권익과 생명·재산을 보호할 수 있는 안전하고 신뢰할 수 있는 인공지능사회를 구현하기 위하여 인공지능의 개발, 제공 및 이용 등 모든 영역에서 사회구성원이 지켜야 할 윤리적 기준을 말한다.
[시행일: 2026. 1. 24.] 제2조제4호라목 중 디지털의료기기에 관한 부분

제3조(기본원칙 및 국가 등의 책무) ① 인공지능기술과 인공지능산업은 안전성과 신뢰성을 제고하여 국민의 삶의 질을 향상시키는 방향으로 발전되어야 한다.
② 영향받는 자는 인공지능의 최종결과 도출에 활용된 주요 기준 및 원리 등에 대하여 기술적·합리적으로 가능한 범위에서 명확하고 의미 있는 설명을 제공받을 수 있어야 한다.
③ 국가 및 지방자치단체는 인공지능사업자의 창의정신을 존중하고, 안전한 인공지능 이용환경의 조성을 위하여 노력하여야 한다.
④ 국가 및 지방자치단체는 인공지능이 가져오는 사회·경제·문화와 국민의 일상생활 등 모든 영역에서의 변화에 대응하여 모든 국민이 안정적으로 적응할 수 있도록 시책을 강구하여야 한다.

제4조(적용범위) ① 이 법은 국외에서 이루어진 행위라도 국내 시장 또는 이용자에게 영향을 미치는 경우에는 적용한다.
② 이 법은 국방 또는 국가안보 목적으로만 개발·이용되는 인공지능으로서 대통령령으로 정하는 인공지능에 대하여는 적용하지 아니한다.

> 제5조(다른 법률과의 관계) ① 인공지능, 인공지능기술, 인공지능산업 및 인공지능사회(이하 "인공지능등"이라 한다)에 관하여 다른 법률에 특별한 규정이 있는 경우를 제외하고는 이 법에서 정하는 바에 따른다.
> ② 인공지능등에 관하여 다른 법률을 제정하거나 개정하는 경우에는 이 법의 목적에 부합하도록 하여야 한다.

1) 총칙 규정의 의미

법령의 총칙 규정은 해당 법령 전반에 공통적으로 적용되는 사항을 규정한 것으로서 그 법령 전체의 원칙적·기본적·총괄적인 사항을 내용으로 한다. 법령의 일반적 체계를 보면 대부분 처음 그 법령 전반에 공통적으로 적용되는 총칙 규정을 두고, 그다음에 실체 규정, 보칙 규정, 벌칙 규정을 두며, 마지막 부분에 부칙 규정을 둔다. 이와 같이 총칙 규정은 법령의 앞부분에 위치하여 그 법령에 공통적으로 적용되는 기본적이고 원칙적인 사항을 두는 것이 일반적이다.

법령의 총칙 규정 부분에 반드시 어떠한 규정을 두어야 하는가에 대해 일정한 원칙이 확립되어 있는 것은 아니다. 어떤 내용을 총칙 규정에 둘 것인가는 특정한 법령을 제정하거나 개정할 때 그 법령 입법의 취지, 내용과 조문 수 등을 고려해 개별적으로 판단하여 정한다. 법령을 장으로 구분하고 있지 않으면 어느 조항까지가 총칙에 해당하는지 명확하지 않다.

일반적으로 목적 규정, 정의 규정, 기본이념 등의 규정과 그 밖에 그 법령을 해석하고 적용할 때 공통적인 사항을 규정하는 조항을 총칙 규정으로 본다. '기본법'이라는 명칭을 사용하는 법령의 경우 그 법령 자체가 다른 법령의 총칙 규정의 역할을 하기도 한다. 기본법에서는 제도의 기본이념, 국민의 기본적인 권리·의무, 제도의 운영을 위한 기본계획 및 국가 등의 책무 등 총괄적이고 포괄적인 사항 등을 정하고, 기본법에서 구현하려는 제도의 구체적이고 세부적인 사항 등에 대해서는 관련 개별 법령을 만들어 운영하도록 하고 있는 경우가 이에 해당한다. 예를 들면,「교육기본법」과「초·중등교육법」,「고등교육법」의 관계를 보면「교육기본법」이 교육 관련 법령의 해석과 집행에 기본적인 사항을 정하고 있으므로 교육 관련 법령의 총칙 규정에 해당한다고 할 수 있다.「행정기본법」은 행정 운영의 전반에 적용되는 일반 원칙과 개별 행정작용별로 적용되는 기준, 방법 등에 관한 기본적인 사항을 정하여 행정 관련 법령의 총칙 규정에 해당한다고 할 수 있다. 총칙 규정이라도 법 전체에 공통적으로 적용되는 사항만 규정하지 않는 경우도 있다. 예를 들면,「민법」제1편 총칙편의 규정은 친족편이나 상속편의 규정에는 그대로 적용되지 않는 경우가 많다. 법령의 총칙 규정 부분에 반드시 어떠한 규정을 두어야 하는가에 대해 일정한 원칙이 확립되어 있는 것은 아니다. 어떤 내용을 총칙 규정에 둘 것인가는 특정한 법령을 제정하거나 개정할 때 그 법령 입법의 취지, 내용과 조문 수 등을 고려해 개별적으로 판단하여 정한다. 법령을 장으로 구분하고 있지 않으면 어느 조항까지가 총칙에 해당하는지 명확하지 않다. 일반적으로 목적 규정, 정의 규정, 기본이념 등의 규정과 그 밖에 그 법령을 해석하고 적용할 때 공통적인 사항을 규정하는 조항을 총칙 규정으로 본다. 법령의 조문수가 많은 경우 법령 내용의 성질에 따라 몇 개의 장(章)으로 나누어 구분하는 것이 보통이다. 이 경우 총칙 규정에 해당하는 부분은 제1장으로 하여 그 법령의 맨 앞에 둔다. 각 장마다 공통되는 사항을 묶어 규정할 필요가 있는 경우에는 각 장에 통칙을 두기도 한다. 목적 규정은 그 법령의 입법 목적을 간결하고 명확하게 요약한 문장을 말한다.

2) 목적 규정의 의미

목적 규정은 그 법령이 달성하려는 목적 등을 밝혀 일반국민이 입법목적이나 입법취지를 쉽게 이해할 수 있도록 하기 위한 것이다. 목적 규정은 법령의 개별 조문에 대한 해석을 하는 경우 그 법령의 해석지침을 제시하는 역할을 한다. 즉, 목적 규정은 그 법령의 입법취지를 명확히 밝혀 그 법령의 각 조문을 해석하고 집행할 때 그 법령의 개별 조문의 구체적인 의미를 입법적으로 명확히 하는 입법적 해석기능을 한다.

3) 법령 규정의 의미

법령의 기본이념 규정은 법령의 제정이념이나 정신을 표현한 것으로 그 법령의 조문을 통해서 구현되어야 하는 이념에 관한 선언적 규정이다.

목적 규정에서 그 법령의 제정 목적을 규정하고 있으므로 대부분의 법령은 목적 규정과는 별도로 이념규정을 둘 필요가 없다. 그러나 제도의 이념이나 정책의 기본방향을 제시하기 위해 제정한 각종 기본법이나 기본법적 성격을 가진 법령에서 목적 규정과는 따로 기본이념 규정을 두고 있는 경우가 많다. 기본이념 규정은 법령 제정의 이념이나 방침을 특히 강조하려는 경우에 둔다.

4) 정의 규정의 의미

정의 규정은 그 법령 중에 쓰이고 있는 용어의 뜻을 명확하게 정하는 규정을 말한다. 정의 규정은 그 법령에서 쓰고 있는 용어 중 개념상 중요한 용어이거나 일반적으로 쓰는 용어의 의미와 다른 의미로 사용되는 용어에 대해 법령 자체에서 그 의미를 명확하게 할 목적으로 두게 된다.

정의 규정을 통해 법령을 해석하고 적용할 때 나타나는 의문점을 없애고 법적 분쟁을 미리 예방함으로써 일관성 있게 법령을 집행하고 국민의 권익을 보호하려는 것이다.

용어의 의미는 일반적으로 사전(辭典)에 설명된 내용대로 사용되거나 사회통념에 따라 정해지는 것이지만 하나의 용어가 여러 뜻으로 쓰이는 경우가 많다. 이런 경우에 그 법령에서 어떤 의미로 그 용어를 사용하는가를 명확하게 해 둠으로써 법령의 해석과 적용상의 혼란을 막을 수 있다. 이와 같이 정의 규정은 법령해석상의 논란을 예방하고, 법령의 집행과정에서 발생할 수 있는 분쟁을 방지할 뿐만 아니라, 여러 조문에서 자주 사용되는 용어를 미리 하나의 조문에서 설명해 줌으로써 법령문을 간결하게 표현할 수 있게 한다.

5) 해석 규정의 의미

해석 규정은 법령해석의 지침을 정한 규정이다. 목적 규정, 기본이념 규정이나 정의 규정도 법령 각 조문을 해석하고 운영할 때에 지침을 제시하는 역할을 한다. 그러나 해석 규정은 좀 더 직접적으로 그 법령의 해석에 대한 지침이나 태도를 규정함으로써 특정한 내용이나 사항에 대해 법령을 해석하고 적용할 때 일어날 수 있는 법적 논란을 입법적으로 해결할 필요가 있을 때 둔다. 해석 규정은 법률의 목적 규정, 기본이념 규정 및 정의 규정의 내용과 서로 모순되지 않아야 하며, 논리적인 일관성을 갖추어야 한다.

법령에 그 법령 개개 조문의 해석에 관한 방침을 명확히 제시하기 위해 해석 규정을 두는 것은 이른바 입법적 해석에 해당한다. 따라서 해석 규정은 그 법령에 대해 법원이 판결을 할 때에 사법적(司法的) 해석을 하거나 행정기관이 행정적 해석을 할 때 구속을 받는 데에 의의가 있다. 법령을 적용하거나 집행할 때 국민의 자유나 권리를 침해할 우려가 있어 그 한계를 법령에서 미리 명백히 하려는 경우에는 이에 대한 해석 규정을 두는 것이 바람직하다.

6) 다른 법령과의 관계의 의미

하나의 법령에서 규율하려는 대상이나 사항이 다른 법령에서 규율하고 있는 것과 중복되거나 상호 연관되어 있는 경우가 많이 있다. 이와 같이 법령의 규정은 고립하여 존재하는 것이 아니라 법령 상호 간에 유기적으로 결부되어 종합적인 법체계를 구성하고 있다. 그러므로 각 법령 상호 간 또는 각 법령의 개별 규정 간에 조화와 균형을 유지하려면 다른 법령과의 관계를 명확하게 규정하여 다른 법령과의 상충을 피하고 법령 상호 간의 조화를 도모해야 한다.

다른 법령과의 관계에 관한 규정은 총칙 규정과 부칙 규정에서 모두 사용되고 있는데 사용목적과 내용이 서로 다르다. 총칙 규정에서는 그 법령과 다른 법령 간의 적용의 우선순위에 관한 사항을 정하기 위해 사용하고, 부칙 규정에서는 그 법령의 개정 등에 따라 다른 법령의 관련 조문을 정리하기 위해 사용한다.

총칙에서 규정하는 "다른 법률과의 관계" 또는 "다른 법령과의 관계"에 관한 규정은 다른 법령의 적용과 적용 제외에 관한 사항을 내용으로 하고 있다. 일반적으로 그 법령에 규정하지 않은 사항에 대해서는 다른 법령의 규정 사항에 따르도록 하는 경우, 그 법령에서 정하고 있는 사항에 관해서는 다른 법령보다 우선 적용하도록 하는 경우 등을 정하고 있다.

7) 총칙에 들어가는 대부분의 순서

 이상의 설명을 고려하여 총칙 규정에서는 다음과 같은 순서로 규정하는 것을 원칙으로 한다.
① 목적 규정
② 기본이념 규정
③ 정의 규정
④ 해석 규정
⑤ 국가 등의 책무·책임·정책수립의무 등에 관한 규정
⑥ 적용 범위 규정
⑦ 다른 법령과의 관계에 관한 규정

(2) 인공지능의 건전한 발전과 신뢰 기반 조성을 위한 추진체계

제6조(인공지능 기본계획의 수립) ① 과학기술정보통신부장관은 관계 중앙행정기관의 장 및 지방자치단체의 장의 의견을 들어 3년마다 인공지능기술 및 인공지능산업의 진흥과 국가경쟁력 강화를 위하여 인공지능 기본계획(이하 "기본계획"이라 한다)을 제7조에 따른 국가인공지능위원회의 심의·의결을 거쳐 수립·변경 및 시행하여야 한다. 다만, 기본계획 중 대통령령으로 정하는 경미한 사항을 변경하는 경우에는 그러하지 아니하다.

② 기본계획에는 다음 각 호의 사항이 포함되어야 한다.

1. 인공지능등에 관한 정책의 기본 방향과 전략에 관한 사항
2. 인공지능산업의 체계적 육성을 위한 전문인력의 양성 및 인공지능 개발·활용 촉진 기반 조성 등에 관한 사항
3. 인공지능윤리의 확산 등 건전한 인공지능사회 구현을 위한 법·제도 및 문화에 관한 사항
4. 인공지능기술 개발 및 인공지능산업 진흥을 위한 재원의 확보와 투자의 방향 등에 관한 사항
5. 인공지능의 공정성·투명성·책임성·안전성 확보 등 신뢰 기반 조성에 관한 사항
6. 인공지능기술의 발전 방향 및 그에 따른 교육·노동·경제·문화 등 사회 각 영역의 변화와 대응에 관한 사항
7. 그 밖에 인공지능기술 및 인공지능산업의 진흥과 국제협력 등 국가경쟁력 강화를 위하여 과학기술정보통신부장관이 필요하다고 인정하는 사항

③ 과학기술정보통신부장관은 기본계획을 수립할 때에는 「지능정보화 기본법」 제6조제1항에 따른 종합계획 및 같은 법 제7조제1항에 따른 실행계획을 고려하여야 한다.

④ 과학기술정보통신부장관은 관계 중앙행정기관, 지방자치단체 및 공공기관(「지능정보화 기본법」 제2조제16호에 따른 공공기관을 말한다. 이하 같다)의 장에게 기본계획의 수립에 필요한 자료의 제출을 요청할 수 있다. 이 경우 자료의 제출을 요청받은 기관의 장은 특별한 사정이 없으면 이에 따라야 한다.

⑤ 기본계획은 「지능정보화 기본법」 제13조제1항에 따른 인공지능 및 인공지능산업 분야의 부문별 추진계획으로 본다.

⑥ 중앙행정기관의 장 및 지방자치단체의 장은 소관 주요 정책을 수립하고 집행할 때 기본계획을 고려하여야 한다.

⑦ 기본계획의 수립·변경 및 시행에 필요한 사항은 대통령령으로 정한다.

제7조(국가인공지능위원회) ① 인공지능 발전과 신뢰 기반 조성 등을 위한 주요 정책 등에 관한 사항을 심의·의결하기 위하여 대통령 소속으로 국가인공지능위원회(이하 "위원회"라 한다)를 둔다.[22]

② 위원회는 위원장 1명과 부위원장 1명을 포함한 45명 이내의 위원으로 구성한다. 이 경우 제4항제4호에 따른 위원이 전체 위원의 과반수가 되어야 하고, 특정 성(性)으로만 위원회를 구성할 수 없다.

---

[22] 「국가인공지능위원회의 설치 및 운영에 관한 규정」

③ 위원회의 위원장은 대통령이 되고, 부위원장은 제4항제4호에 해당하는 사람 중 대통령이 지명하는 사람이 된다.

④ 위원회의 위원은 다음 각 호의 사람이 된다.

1. 대통령령으로 정하는 관계 중앙행정기관의 장
2. 국가안보실의 인공지능에 관한 업무를 담당하는 차장
3. 대통령비서실의 인공지능에 관한 업무를 보좌하는 수석비서관
4. 인공지능 관련 전문지식과 경험이 풍부한 사람 중 대통령이 위촉하는 사람

⑤ 위원회의 위원장은 위원회를 대표하고 위원회의 사무를 총괄한다.

⑥ 위원회의 위원장은 필요한 경우 부위원장으로 하여금 그 직무를 대행하게 할 수 있다.

⑦ 제4항제4호에 따른 위원의 임기는 2년으로 하되 한 차례에 한정하여 연임할 수 있다.

⑧ 위원회에 간사위원 1명을 두며, 간사위원은 제4항제3호의 위원이 된다.

⑨ 위원회의 위원은 그 직무상 알게 된 비밀을 타인에게 누설하거나 직무상 목적 외의 용도로 사용하여서는 아니 된다. 다만, 다른 법률에 특별한 규정이 있는 경우에는 그러하지 아니하다.

⑩ 위원회의 위원장은 위원회의 회의를 소집하고 그 의장이 된다.

⑪ 위원회의 회의는 위원 과반수의 출석으로 개의하고, 출석위원 과반수의 찬성으로 의결한다.

⑫ 위원회의 업무 및 운영을 지원하기 위하여 위원회에 지원단을 둔다.

⑬ 위원회는 이 법 시행일부터 5년간 존속한다.

⑭ 그 밖에 위원회와 제12항에 따른 지원단의 구성 및 운영 등에 필요한 사항은 대통령령으로 정한다.

제8조(위원회의 기능) ① 위원회는 다음 각 호의 사항을 심의·의결한다.

1. 기본계획의 수립·변경 및 시행의 점검·분석에 관한 사항
2. 인공지능등 관련 정책에 관한 사항
3. 인공지능등에 관한 연구개발 전략 수립에 관한 사항
4. 인공지능등에 관한 투자 전략 수립에 관한 사항
5. 인공지능산업 발전과 경쟁력을 저해하는 규제의 발굴 및 개선에 관한 사항
6. 인공지능 데이터센터(「지능정보화 기본법」 제40조제1항에 따른 데이터센터를 말한다. 이하 같다) 등 인프라 확충 방안에 관한 사항
7. 제조업·서비스업 등 산업부문 및 공공부문에서의 인공지능 활용 촉진에 관한 사항
8. 인공지능 국제규범 마련 등 인공지능 관련 국제협력에 관한 사항
9. 제2항에 따른 권고 또는 의견의 표명에 관한 사항
10. 고영향 인공지능 규율에 관한 사항
11. 고영향 인공지능과 관련된 사회적 변화 양상과 정책적 대응에 관한 사항
12. 이 법 또는 다른 법률에서 위원회의 심의사항으로 정한 사항
13. 그 밖에 위원회의 위원장이 필요하다고 인정하여 위원회의 회의에 부치는 사항

② 위원회는 국가기관등의 장 및 인공지능사업자 등에 대하여 인공지능의 올바른 사용과 인공지능윤리의 실천, 인공지능기술의 안전성·신뢰성에 관한 권고 또는 의견의 표명을 할 수 있다.

③ 위원회가 국가기관등의 장에게 법령·제도의 개선 또는 실천방안의 수립 등에 대하여 제2항에 따른 권고 또는 의견의 표명을 한 때에는 해당 국가기관등의 장은 법령·제도 등의 개선방안과 실천방안 등을 수립하여야 한다.

제9조(위원의 제척·기피 및 회피) ① 위원회의 위원은 업무의 공정성 확보를 위하여 다음 각 호의 어느 하나에 해당하는 경우에는 해당 안건의 심의·의결에서 제척(除斥)된다.
1. 위원 또는 위원이 속한 법인·단체 등과 직접적인 이해관계가 있는 경우
2. 위원의 가족(「민법」 제779조에 따른 가족을 말한다)이 이해관계인인 경우
② 심의 대상 안건의 당사자(당사자가 법인·단체 등인 경우에는 그 임원 및 직원을 포함한다)는 위원에게 공정한 직무집행을 기대하기 어려운 사정이 있으면 위원회에 기피 신청을 할 수 있으며, 위원회는 기피 신청이 타당하다고 인정하면 의결로 기피를 결정하여야 한다.
③ 위원은 제1항 또는 제2항의 사유에 해당하면 스스로 해당 안건의 심의를 회피하여야 한다.

제10조(분과위원회 등) ① 위원회는 위원회의 업무를 전문 분야별로 수행하기 위하여 필요한 경우 분과위원회를 둘 수 있다.
② 위원회는 인공지능등 관련 특정 현안을 논의하기 위하여 필요한 경우 특별위원회를 둘 수 있다.

③ 위원회는 인공지능등 관련 사항을 전문적으로 검토하기 위하여 관계 전문가 등으로 구성된 자문단을 둘 수 있다.
④ 그 밖에 분과위원회, 특별위원회 및 자문단의 구성·운영 등에 필요한 사항은 대통령령으로 정한다.

제11조(인공지능정책센터) ① 과학기술정보통신부장관은 인공지능 관련 정책의 개발과 국제규범 정립·확산에 필요한 업무를 종합적으로 수행하기 위하여 인공지능정책센터(이하 "센터"라 한다)를 지정할 수 있다.
② 센터는 다음 각 호의 사업을 수행한다.
1. 기본계획의 수립·시행에 필요한 전문기술의 지원
2. 인공지능과 관련한 시책의 개발 및 관련 사업의 기획·시행에 관한 전문기술의 지원
3. 인공지능의 활용 확산에 따른 사회, 경제, 문화 및 국민의 일상생활 등에 미치는 영향의 조사·분석
4. 인공지능 및 인공지능기술 관련 정책 개발을 지원하기 위한 동향 분석, 사회·문화 변화와 미래예측 및 법·제도의 조사·연구
5. 다른 법령에서 센터의 업무로 정하거나 센터에 위탁한 사업
6. 그 밖에 국가기관등의 장이 위탁하는 사업
③ 그 밖에 센터의 지정 등에 필요한 사항은 대통령령으로 정한다.

제12조(인공지능안전연구소) ① 과학기술정보통신부장관은 인공지능과 관련하여 발생할 수 있는 위험으로부터 국민의 생명·신체·재산 등을 보호하고 인공지능사회의 신뢰 기반을 유지하기 위한 상태(이하 "인공지능안전"이라 한다)를 확보하기 위한 업무를 전문적이고 효율적으로 수행하기 위하여 인공지능안전연구소(이하 "안전연구소"라 한다)를 운영할 수 있다.
② 안전연구소는 다음 각 호의 사업을 수행한다.
1. 인공지능안전 관련 위험 정의 및 분석
2. 인공지능안전 정책 연구
3. 인공지능안전 평가 기준·방법 연구
4. 인공지능안전 기술 및 표준화 연구
5. 인공지능안전 관련 국제교류·국제협력
6. 제32조에 따른 인공지능시스템의 안전성 확보에 관한 지원
7. 그 밖에 인공지능안전에 관한 사업으로서 대통령령으로 정하는 사업
③ 정부는 안전연구소의 운영과 사업 추진 등에 필요한 경비를 예산의 범위에서 출연하거나 지원할 수 있다.
④ 그 밖에 안전연구소의 운영 등에 필요한 사항은 대통령령으로 정한다.

1) 사업의 추진 주체

소관부처를 명확히 하는 것은 국가나 지방자치단체 등의 책무·책임 또는 정책수립의무 등에 관한 규정은 그 법령의 목적 달성을 위해 국가나 지방자치단체 등이 수행해야 할 책무 등을 정한 것이다. 이러한 규정은 국가나 지방자치단체 등이 담당해야 할 책무를 법령으로 명확

히 정함으로써 법령의 입법 목적을 좀 더 효과적으로 달성하기 위해 두는 것이다. 국가나 지방자치단체 등의 책무·책임 또는 정책수립의무 등에 관한 규정은 주로 각종 기본법에서 두어 그 법령이 달성하려는 정책의 수립과 집행 의무를 명시적으로 부여함으로써 그 법령의 목적을 달성하도록 강제하는 효과를 거두고, 아울러 국가발전과 국민복지 향상을 위해 정부의 적극적인 법령 집행을 유도하기 위해 두는 것이다.

국가나 지방자치단체 등의 책무·책임 또는 정책수립의무 등에 관한 규정을 두는 경우에는 원칙적으로 그 법령의 총칙에 둔다. 총칙 중 어느 위치에 둘 것인가는 그 규정이 그 법령에서 차지하는 비중에 비추어 결정하되, 일반적으로 목적 규정, 기본이념 규정과 정의 규정 다음에 두며 다른 법령과의 관계에 관한 규정보다는 앞에 둔다. 그러나 이와 같이 전문기구가 필요하거나 구체적으로 위임할 국가나 지방자치단체가 필요한 경우 별도의 장을 두고 별도의 설치, 운영과 관련하여서는 시행령에 위임 규정을 두기도 한다.

2) **기본계획**

기본계획은 근거 법령에 따른 입법목적을 달성하기 위해 행정기관이 정책을 종합·조정하여 수립하는 중장기적 계획이고, 시행계획은 기본계획을 구체화하기 위해 수립하는 단기적 계획이다. 기본계획 및 시행계획을 규정할 때에는 수립권자, 수립사항, 수립시기·주기, 수립절차 등을 규정해야 한다. 기본계획이 여러 행정기관에 관련되는 경우 시행계획은 소관 행정기관별로 수립하는 경우가 많다. 이 경우 해당 시행계획이 기본계획과 연계될 수 있도록 기본계획 수립단계에서 관계 기관이 참여하는 위원회 심의를 거치게 하거나, 시행계획 수립단계에서 기본계획 수립권자와 협의를 하도록 하거나, 시행계획 수립 후 시행계획을 기본계획 수립권자에게 제출하도록 하기도 한다.

기본계획은 많은 법률에 규정되어 있으며, 중장기적 계획으로서 수립 범위가 광범위하여 다른 법령에 따른 기본계획과 중복될 소지가 많다. 그런데, 기본계획 수립사항이 중복되면 기본계획 수립과정에서 위원회 심의나 협의 등 불필요한 절차를 반복하게 될 우려가 있고, 집행 과정에서 혼란이 발생하거나 입법목적을 달성하지 못할 우려가 있다. 따라서 법령 개정으로 신설하려는 기본계획이 다른 법령에 따른 기본계획과 중복될 우려가 있으면 기존 기본계획과 통합하거나 기존 기본계획에 포함될 내용을 추가하는 등의 방법을 우선적으로 고려할 필요가 있다.

3) 지정이라는 행정행위를 위한 허가, 인가, 특허 등의 개념

행정행위는 그 내용에 따라 책임의 강도도 달라진다고 봐야 한다. 한편 지정제도와 관련하여서 인공지능센터는 허가, 인가 등 단수 형태로 운영할지 복수 형태로 운영할지 기본법의 운영방향이 명확해 보이지는 않는다.

현행법에서 허가, 인가, 면허, 등록, 신고 등 여러 가지 인허가 제도가 활용되고 있다. 인허가 제도는 법률이 추구하는 정책을 실현하는 중요한 수단이 되는 것이어서 법령의 본칙 가운데에서도 중요한 위치를 차지하고 있다.

인허가에 대해 강학상으로 허가, 인가, 특허 등의 개념이 사용되고 있으나, 행정 현실상 제도의 명칭은 강학상의 개념과 일치되지 않는 경우가 많다. 또한, 현행법상 동일한 용어가 개별 법률마다 각각 다른 의미로 쓰이는 경우도 있고, 다른 용어가 같은 의미로 쓰이는 경우도 있어서 용어의 정의를 내리는 것조차 어려운 실정이다. 따라서 법률의 구체적 규정 내용을 살펴보아야 그것이 강학상 허가, 인가 또는 특허인지를 알 수 있는 경우가 많다. 법치행정의 원칙은 행정법의 모든 제도에 적용된다. 특히 행정작용에 관한 제도는 그 제도의 법적 성격이나 효과를 포함한 제도 자체의 모습이 제대로 법률에 규정되도록 해야 한다. 그러나 인허가 제도와 관련한 용어 사용의 혼란은 일반인은 물론 직접 법률을 집행하는 공무원도 그 규제의 내용을 쉽게 이해하지 못하게 하거나 잘못 이해하게 만드는 원인이 되고 있다. 따라서 법령을 입안할 때에는 인허가 제도의 특성에 맞는 용어를 선택하여 일관되게 사용하도록 해야 할 것이다.

현행법상 인허가제도의 구분

	개념	특징
허가	일반적으로 금지되는 행위를 특정한 경우에 해제하는 것.	금지-해제의 관계가 명백하게 규정되지 않은 경우가 많음.
인가	타인의 법률행위의 효력을 보충하여 법률상의 효력을 완성시키는 것.	특허적 성격이 강한 사업에 대한 허가의 의미로 사용되기도 함.
특허	특정인에게 일정한 권리나 법률관계를 설정하는 것.	특허라는 용어는 거의 사용하지 않고 면허란 용어를 주로 사용함.
등록	일정한 사실이나 법률관계를 행정기관에 갖추어 둔 장부에 등재하고 그 존부(存否)를 공적으로 증명하는 것.	허가와 신고의 중간에 속하는 인허가로 운영되는 사례가 많음.
신고	특정한 사실이나 법률관계의 존부를 행정청에 알리는 것.	수리가 필요한 신고로 운영되는 사례가 많음.

그동안 규제를 완화하는 추세에 따라 종전에 면허제 또는 허가제가 등록제로, 허가제 또는 등록제가 신고제로 전환되고, 종전의 신고제의 일부는 자유업으로 바뀌는 경우가 많았다.

즉 신고제의 대부분은 약한 의미의 허가제로 사용되고 있으며, 행정기관에 필요한 관련 자료 또는 정보를 제공한다는 의미의 순수한 신고영업은 현행법상 그 예를 찾아보기 어렵게 되었다. 규제를 완화한다는 의미에서 면허제나 허가제를 등록제로, 허가제나 등록제를 신고제로, 신고제를 자유업으로 전환하게 된 가장 큰 이유는 국민의 기본권을 최대한 보장하는 데에 있었는데, 면허제·허가제·등록제·신고제를 국민의 기본권이 제한되는 폭이 적어지는 순서로 본 것이다. 이는 영업 활동에 관한 규제를 행정기관이 행사할 수 있는 재량의 정도에 따라 구분하는 것인데, 이러한 구분도 나름대로 유용한 방법이 될 수 있다.

신기술을 활용한 새로운 서비스 또는 제품(이하 신기술 서비스·제품)과 관련된 규제를 법령에 규정할 때에는 우선허용·사후규제 방식을 원칙적으로 고려해야 한다(「행정규제기본법」 제5조의292). 우선허용·사후규제 방식이란 신기술 서비스·제품의 신속한 시장 출시 등을 우선 허용하고, 필요시 사후 규제하는 방식을 말한다. 우선허용·사후규제 방식은 크게 '입법방식 유연화'와 '규제 샌드박스(sandbox)'로 나뉘는데, '입법방식 유연화'는 신기술 서비스·제품이 포함된 규제를 법령에 규정하거나 법령을 정비할 때 입법 기술적으로 포괄성과 유연성을 갖도록 하는 방식으로, 네거티브 리스트, 포괄적 개념 정의, 유연한 분류체계, 사후 평가·관리 방식을 주요 내용으로 한다. '규제 샌드박스(sandbox)'는 기존 규제에도 불구하고 신기술 서비스·제품 시도가 가능하도록 일정

조건하(시간·장소·규모)에서 규제를 면제·유예시켜 주는 제도로서, 규제 신속확인, 임시허가, 실증특례 등을 주요 내용으로 한다.

우선허용·사후규제 방식으로 규정할 때에도 명확성의 원칙이나 포괄재위임 금지 원칙 등 「헌법」상 원칙에 위배되지 않도록 유의할 필요가 있다. 「행정기본법」 제20조에서 자동적 처분에 대한 근거를 규정하고 있다. 자동적 처분이란 행정청이 완전히 자동화된 시스템(인공지능 기술을 적용한 시스템을 포함한다)을 활용하여 하는 처분을 말한다. 자동적 처분은 법률에 근거해야 하고, 기속행위의 경우에만 도입할 수 있다. 자동적 처분을 도입하는 경우 ① 청문·의견제출 등 당사자의 절차법적 권리를 보장하는 방안을 마련해야 하고, ② 자동적 처분 시 충족해야 할 처분 요건이 빠짐없이 반영될 수 있어야 하며, ③ 인공지능 알고리즘을 공정하고 투명하게 설계해야 하고, ④ 차별성·편향성 등이 없도록 해야 하며, ⑤ 그 밖에 일반적 법 원칙을 준수하도록 설계해야 한다.

허가제도 입법 시 유의사항

허가란 일정한 행위나 영업을 예외 없이 금지하고 일정한 경우에 행정청의 행위를 통해 이러한 금지를 해제하여 금지된 행위를 할 수 있게 허용하는 것을 말한다. 허가는 일정한 행위를 하기 위한 허가(행위허가)와 사업을 하기 위한 허가(영업허가)로 구분된다.
행위허가의 경우 일반적인 금지를 특정한 경우에 해제하여 적법하게 할 수 있도록 하는 강학상 허가의 의미가 규정 자체에서 비교적 명확히 드러난다. 예를 들면, 「산림보호법」 제 34조제1항 제1호에서는 산림인접지역에서 "불을 피우거나 불을 가지고 들어가는 행위"를 하여서는 아니 된 다고 규정하여 예외 없이 금지하고 있다. 그리고 같은 조 제2항제1호에서는 시장, 군수 등의 '허가를 받은 경우에는 산림인접지역에서 불을 피울 수 있다고 허용하고 있다.

제34조(산불 예방을 위한 행위 제한) ① 누구든지 산림 또는 농림축산식품부령으로 정하는 산림인접지역에서 다음 각 호의 어느 하나에 해당하는 행위를 하여서는 아니 된다. 〈개정 2013. 3. 23., 2020. 2. 18.〉
1. 불을 피우거나 불을 가지고 들어가는 행위
2·3. (생략)
② 제1항에도 불구하고 다음 각 호의 경우 또는 지역에서는 제1항제1호의 행위를 할 수 있다. 〈개정 2013. 3. 23., 2014. 6. 3., 2016. 12. 27.〉
1. 산불확산을 방지하기 위하여 불이 탈 가능성이 있는 물질을 제거하는 등 대통령령으로 정하는 경우로서 농림축산식품부령으로 정하는 바에 따라 특별자치시장·특별자치도지사·시장·군수·구청장 또는 지방산림청장의 허가를 받은 경우
2. 야영이 허가된 야영장 등 대통령령으로 정하는 지역인 경우

한편 영업허가의 경우 일반적으로는 금지 규정을 두지 않고 어떠한 영업을 하려면 관계 행정기관장의 허가를 받아야 한다고 규정함으로써 금지와 그 금지의 해제라는 허가의 기본구조가 명확히 드러나지 않는다. 그러나 해당 법률에서 허가를 받지 않고 영업을 하면 처벌을 받도록 규

정함으로써 무허가 영업이 일반적으로 금지됨을 나타내고 있다. 예를 들면, 「식품위생법」 제37조와 제94조를 보면, 허가를 받지 않고 영업을 하게 되면 처벌을 받도록 규정하고 있으므로, 무허가 영업행위가 금지된다는 것을 알 수 있다.

제37조(영업허가 등) ① 제36조제1항 각 호에 따른 영업 중 대통령령으로 정하는 영업을 하려는 자는 대통령령으로 정하는 바에 따라 영업 종류별 또는 영업소별로 식품의약품안전처장 또는 특별자치시장·특별자치도지사·시장·군수·구청장의 허가를 받아야 한다. 허가받은 사항 중 대통령령으로 정하는 중요한 사항을 변경할 때에도 또한 같다. 〈개정 2013. 3. 23., 2016. 2. 3.〉
②~⑬ (생략)

제94조(벌칙) ① 다음 각 호의 어느 하나에 해당하는 자는 10년 이하의 징역 또는 1억원 이하의 벌금에 처하거나 이를 병과할 수 있다. 〈개정 2013. 7. 30., 2014. 3. 18.〉
1~2의2. (생략)
3. 제37조제1항을 위반한 자

이와 같이 허가의 기본 구조는 금지 규정과 그 금지를 해제하는 규정으로 구성된다고 상정할 수 있는데, 이러한 구조를 가지고 있다면 그 용어를 무엇이라고 쓰든지 허가라고 보아야 한다. 따라서 행정행위의 성질에 따라 자연적 자유에 대한 금지를 특정한 경우에 해제하여 주는 것일 때에는 '허가'라는 용어를 사용하도록 한다. 행위허가의 경우와 달리 영업허가는 대체로 영업을 일반적으로 금지하는 규정을 두지 않는 경우가 많다. 이런 경우에는 조문 구조상 특허와 혼동되기 쉽다. 행위허가는 금지된 행위가 허용된다는 성격이 부각되는 반면, 영업허가는 어떤 영업을 계속적으로 하면서 그에 따른 이익을 향유하는 모습을 가지기 때문에 마치 어떤 권리를 부여하는 것 같은 착각을 가져올 수 있어 특허로 보일 여지가 있다. 그러나 영업에 따른 이익을 얻거나 얻지 못하는 것은 영업을 하는 개인의 문제일 뿐 법적으로 이를 조력하거나 보호해야 할 성질의 것은 아니므로 권리가 되는 것은 아니다. 이런 의미에서 그 이익은 '반사적 이익'이라고 부르게 된다.

반면 특허는 권리를 부여하는 것이고 그 권리에 의하여 어떤 이익이 당연히 주어지는 것이어서 법적으로 그 이익은 보호되는 것이라는 점에서 차이가 있다. 특허의 경우에 특허를 받지 않고는 사업을 하지 못한다는 것은 그 사업이 일반적으로 금지되어 있기 때문이 아니고, 그 사업을 할 권리가 없기 때문이다. 허가를 규정할 때에는 먼저 "…을 하려는 자는 ○○의 허가를 받아야 한다."와 같이 허가를 받는 주체, 허가 대상 행위와 허가권자를 명시하는 근거 규정을 둔다. 그리고 허가 요건이나 허가 절차는 다른 조 또는 항에서 따로 규정하는 것이 일반적이다. 예를 들어 「건축법」 제11조(건축허가) "① 건축물을 건축하거나 대수선하려는 자는 특별자치시장·특별자치도지사 또는 시장·군수·구청장의 허가를 받아야 한다. 다만, 21층 이상의 건축물 등 대통령령으로 정하는 용도 및 규모의 건축물을 특별시나 광역시에 건축하려면 특별시장이나 광역시장의 허가를 받아야 한다."는 이와 같은 대표적인 규정이다. 허가기준을 갖추는 데에 상당한 비용이 들고 기간이 걸리는 경우 허가를 신청했다가 막상 허가를 받지 못하는 경우에는 많은 손해를 입게 된다. 이를 막기 위해 조건부허가를 하거나 본 허가를 신청하기 전에 예비허가를 하는 방식이 있다. 조건부허가제의 경우에는 일정한 기간 내에 허가기준을 갖출 것을 조건으로 하여 허가한 후, 이를 이행하지 아니하면 허가를 취소하도록 규정한다. 관광진흥법 제24조(조건부 영업허가) "① 문화체육관광부장관은 카지노업을 허가할 때 1년의 범위에서 대통령령으로 정하는 기간에 제23조제1항에 따른 시설 및 기구를 갖출 것을 조건으로 허가할 수 있다. 다만, 천재지변이나 그 밖의 부득이한 사유가 있다고 인정하는 경우에는 해당 사업자의 신청에 따라 한 차례만 6개월을 넘지 아니하는 범위에서 그 기간을 연장할 수 있다. ② 문화체육관광부장관은 제1항에 따른 허가를 받은 자가 정당한 사유 없이 제1항에 따른 기간에 허가조건을 이행하지 아니하면 그 허가를 즉시 취소하여야 한다."라고 규정한다. 예비허가의 경우에는 허가기준의 일부만 갖추고 나머지 허가기준에 대해서는 이행계획을 제시하여 예비허가를 받은 후 일정한 기간 내에 허가기준을 모두 갖추어 본 허가를 신청하도록 한다. 예비허가를 받은 자가 예비허가 내용대로 이행한 경우에는 본 허가를 해야 한다는 규정을 두게 된다.

「보험업법」 제7조(예비허가) ① 제4조에 따른 허가(이하 이 조에서 "본허가"라 한다)를 신청하려는 자는 미리 금융위원회에 예비허가를 신청할 수 있다.
② 제1항에 따른 신청을 받은 금융위원회는 2개월 이내에 심사하여 예비허가 여부를 통지하여야 한다. 다만, 총리령으로 정하는 바에 따라 그 기간을 연장할 수 있다.
③ 금융위원회는 제2항에 따른 예비허가에 조건을 붙일 수 있다.
④ 금융위원회는 예비허가를 받은 자가 제3항에 따른 예비허가의 조건을 이행한 후 본허가를 신청하면 허가하여야 한다.
⑤ 예비허가의 기준과 그 밖에 예비허가에 관하여 필요한 사항은 총리령으로 정한다.

예비허가와 유사한 제도로 사전결정과 사전검토가 있다. 「폐기물관리법」 제25조에서는 폐기물관리업을 하려는 자는 미리 사업계획서를 제출하여 적합 여부를 심사받아야 한다고 하면서 적합통보를 받은 경우에 한정하여 허가기준을 갖추어 허가를 신청하도록 하고 있고, 「건축법」 제10조에서는 건축허가를 신청하기 전에 허가권자에게 해당 대지에 건축하는 것이 「건축법」이나 관계 법령에서 허용되는지 등에 대한 사전결정을 신청할 수 있다. 이는 강학상의 사전결정에 해당된다.

「폐기물관리법」 제25조(폐기물처리업) ① 폐기물의 수집·운반, 재활용 또는 처분을 업(이하 "폐기물처리업"이라 한다)으로 하려는 자(음식물류 폐기물을 제외한 생활폐기물을 재활용하려는 자와 폐기물처리 신고자는 제외한다)는 환경부령으로 정하는 바에 따라 지정폐기물을 대상으로 하는 경우에는 폐기물 처리 사업계획서를 환경부장관에게 제출하고, 그 밖의 폐기물을 대상으로 하는 경우에는 시·도지사에게 제출하여야 한다. 환경부령으로 정하는 중요 사항을 변경하려는 때에도 또한 같다. 〈개정 2010. 7. 23.〉

② 환경부장관이나 시·도지사는 제1항에 따라 제출된 폐기물 처리사업계획서를 다음 각 호의 사항에 관하여 검토한 후 그 적합 여부를 폐기물 처리사업계획서를 제출한 자에게 통보하여야 한다. 〈개정 2007. 8. 3., 2010. 7. 23., 2015. 1. 20.〉

1. 폐기물처리업 허가를 받으려는 자(법인의 경우에는 임원을 포함한다)가 제26조에 따른 결격사유에 해당하는지 여부
2. 폐기물처리시설의 입지 등이 다른 법률에 저촉되는지 여부
3. 폐기물처리사업계획서상의 시설·장비와 기술능력이 제3항에 따른 허가기준에 맞는지 여부
4. 폐기물처리시설의 설치·운영으로 「수도법」 제7조에 따른 상수원보호구역의 수질이 악화되거나 「환경정책기본법」 제12조에 따른 환경기준의 유지가 곤란하게 되는 등 사람의 건강이나 주변 환경에 영향을 미치는지 여부

③ 제2항에 따라 적합통보를 받은 자는 그 통보를 받은 날부터 2년(제5항제1호에 따른 폐기물 수집·운반업의 경우에는 6개월, 폐기물처리업 중 소각시설과 매립시설의 설치가 필요한 경우에는 3년) 이내에 환경부령으로 정하는 기준에 따른 시설·장비 및 기술능력을 갖추어 업종, 영업대상 폐기물 및 처리분야별로 지정폐기물을 대상으로 하는 경우에는 환

경부장관의, 그 밖의 폐기물을 대상으로 하는 경우에는 시·도지사의 허가를 받아야 한다. 이 경우 환경부장관 또는 시·도지사는 제2항에 따라 적합통보를 받은 자가 그 적합통보를 받은 사업계획에 따라 시설·장비 및 기술인력 등의 요건을 갖추어 허가신청을 한 때에는 지체 없이 허가하여야 한다. 〈개정 2007. 8. 3., 2010. 7. 23.〉

④~⑰ (생략)

「건축법」 제10조(건축 관련 입지와 규모의 사전결정) ① 제11조에 따른 건축허가 대상 건축물을 건축하려는 자는 건축허가를 신청하기 전에 허가권자에게 그 건축물의 건축에 관한 다음 각 호의 사항에 대한 사전결정을 신청할 수 있다. 〈개정 2015. 5. 18.〉

1. 해당 대지에 건축하는 것이 이 법이나 관계 법령에서 허용되는지 여부
2. 이 법 또는 관계 법령에 따른 건축기준 및 건축제한, 그 완화에 관한 사항 등을 고려하여 해당 대지에 건축 가능한 건축물의 규모
3. 건축허가를 받기 위하여 신청자가 고려하여야 할 사항

②~⑧ (생략)

⑨ 사전결정신청자는 제4항에 따른 사전결정을 통지받은 날부터 2년 이내에 제11조에 따른 건축허가를 신청하여야 하며, 이 기간에 건축허가를 신청하지 아니하면 사전결정의 효력이 상실된다. 〈개정 2018. 12. 18.〉

사전검토는 허가를 받으려는 자가 허가에 필요한 자료에 대해 미리 행정청에 검토를 요청하고, 행정청은 검토 요청을 받으면 이를 확인한 후 그 결과를 신청인에게 서면으로 알리도록 하며, 허가를 할 때에는 검토 결과를 고려하도록 하고 있다.

「의료기기법」 제11조(제조 허가·신고 등의 사전 검토) ① 제6조제2항에 따라 제조허가 또는 제조인증을 받거나 제조신고를 하려는 자와 제10조에 따라 임상시험을 하려는 자는 허가·인증·신고·승인 등에 필요한 자료에 대하여 미리 식품의약품안전처장에게 검토를 요청할 수 있다. 〈개정 2013. 3. 23., 2015. 1. 28.〉
② 식품의약품안전처장은 제1항에 따른 검토 요청을 받으면 이를 확인한 후 그 결과를 신청인에게 알려야 한다. 〈개정 2013. 3. 23., 2019. 4. 23.〉
③ 식품의약품안전처장은 제6조제2항 및 제10조에 따른 허가·인증·신고·승인 등을 할 때에 제2항에 따른 검토 결과를 고려하여야 한다. 〈개정 2013. 3. 23., 2015. 1. 28.〉
④ (생략)

허가 여부를 결정할 때에 행정청의 자의적인 판단을 방지하고, 국민에게 예측 가능성을 부여하기 위해 허가기준을 가능한 한 구체적이고 명확하게 규정해야 한다. 그러나 허가기준이 자본금, 시설기준, 기술인력 등과 같이 객관적인 요소로만 되어 있지 않고 허가관청의 주관적 판단이 필요한 사항을 포함하고 있는 경우에는 부득이 추상적으로 규정할 수밖에 없는 경우도 있다. 허가기준은 "일정한 기준에 해당하면 허가할 수 있다(하여야 한다)."와 같이 적극적 방식으로 정하기도 하고, 허가제의 취지가 부적격자를 배제하려는 경우에는 "일정한 기준에 해당하면 허가하지 아니한다."와 같이 소극적 방식으로 정하기도 한다. 허가기준은 법률에서 직접 규정하는 것이 바람직하지만 그 내용이 복잡하면 하위법령에 위임하는 것도 가능하다. 허가기준을 하위법령에 위임하려는 경우에는 반드시 법률에 위임근거규정을 두어야 한다. 이 경우 중요한 사항은 법률에서 직접 규정하고 그 밖에 구체적인 사항을 위임하는 방식을 택해야 하며, 허가기준 전체를 하위법령에 위임하는 방법은 피해야 한다.

아울러 법률에서 허가 요건·기준의 위임 형식을 "대통령령(부령)으로 정하는 바"로 규정하는 경우, 그 위임 대상이 절차에 관한 내용인지 요건·기준에 관한 내용인지 불분명하여 하위법령을 제정할 때 자의적으로 입법할 소지가 있으므로, 위임하려는 대상 및 내용을 구체적으로 명시할 필요가 있다. 예를 들어 「낚시관리 및 육성법」 제11조 같은 경우가 구체적으로 잘 명시한 예이다.

「낚시관리 및 육성법」 제11조(낚시터업의 허가기준) ① 시장·군수·구청장은 낚시터업 허가의 신청 내용이 다음 각 호의 기준에 적합한 경우에만 허가를 할 수 있다. 〈개정 2019. 8. 27.〉
1. 낚시인의 안전과 편의 및 낚시터의 관리에 필요한 시설과 장비를 갖출 것
2. 제48조에 따른 보험이나 공제에 가입할 것

3. 수생태계와 수산자원의 보호, 수산물의 안전성보장 및 건전한 낚시문화 조성에 지장을 줄 수 있는 시설이나 장비를 설치하지 아니할 것
4. 「양식산업발전법」 제10조에 따라 면허를 받은 양식업 구역의 일정 부분을 이용하는 낚시터업인 경우에는 면허를 받은 양식 어종으로 한정할 것
② 제1항제1호에 따른 시설·장비의 기준과 같은 항 제3호에 따라 설치가 제한되는 시설·장비의 종류 등은 대통령령으로 정한다.

한편 허가 대상이나 요건 등을 규정할 때 허가를 받아야 하는 대상이나 갖추어야 할 요건을 규정하는 방식(포지티브 규정 방식)과 허가가 제한되는 대상이나 금지되는 요건을 규정하는 방식(네거티브 규정 방식 또는 원칙허용 규정 방식)이 있다. 원칙허용 규정 방식은 최소한의 금지사항만 명확하게 규제하여 국민의 기본권을 최대한 확대하려는 취지의 입법 방식이 있다. 행위허가의 경우에는 금지되는 행위만 법령에 열거하게 되면 그 외의 행위는 자유롭게 할 수 있어 국민의 기본권 제한이 최소화되므로 행위허가를 도입할 땐 원칙허용 규정방식을 우선적으로 고려하는 것이 바람직하다. 영업허가를 원칙허용 규정 방식으로 규정할 때에는 인허가의 목적 달성을 위해 요구되는 최소한의 내용만을 금지사항으로 규정하고, 금지사항을 규정할 때 부득이 불확정개념을 사용할 수밖에 없는 경우에는 하위법령에 그 개념을 최대한 구체화할 수 있도록 위임규정을 두어 재량을 최소화한다.

허가의 유효를 유지하는 방식으로 갱신이나 보수교육, 기간 만료 후 재허가 등 다양한 방식으로 허가기준을 일깨우는데 국민이나 기업이 인식하지 못하고 있는 상태에서 허가의 유효기간이 지나 허가의 효력이 상실되고, 국민과 기업이 실제 피해를 입는 사례가 종종 발생하고 있다. 이러한 피해를 방지하기 위해 유효기간이 있는 허가의 경우에는 연장이나 갱신을 위한 신청기간 전이나, 유효기간 만료일 전에 연장이나 갱신에 관하여 미리 알려 주거나 안내하는 규정을 두는 것이 좋을 것이다. 이러한 사전 통지나 안내 규정은 법률에 규정하기도 하나, 하위법령에 규정할 수도 있다. 허가기준을 계속해서 유지하고 있는지에 대한 확인을 위해 허가를 받은 영업자가 정기적으로 허가기준에 관한 사항을 신고하도록 하는 경우도 있다. 허가 외에 부관 등에 보충하는 방식을 택하는 경우도 있으니 이는 위임입법을 일탈한 것은 아니지만 산업계에 있는 수요자들이 쉽게 찾지 못할 수 있으므로 유의할 필요가 있다. 허가 등 행정처분에 부수하여 그 효과를 제한하거나 보충하는 것으로서 조건, 기한, 부담, 철회권의 유보, 법률효과의 일부배제 등을 행정처분의 '부관'이라 한다. 그러나 개별법상으로는 '부관'이라는 용어 대신 '조건'이라는 용어를 일반적으로 사용하고 있다. 행정청은 처분에 재량이 있는 경우에는 부관을 붙일 수 있고, 처분에 재량이 없는 경우에는 법률에 근거가 있는 경우에만 부관을 붙일 수 있다. 따라서 처분에 재량이 없는 경우에는 법률에서 "부관(조건)을 붙일 수 있다."라는 근거를 명시해야 한다. 이 경우 「헌법」상 과잉금지의 원칙에 위배되지 않도록 해야 하며, 허가 등의 내용과 실질적 관련성이 없는 조건을 붙이게 되면 부당결부금지의 원칙에 위배

되므로 유의해야 한다.[23]

허가받은 사항의 변경을 허용하려는 경우에는 허가 사항의 변경에 관한 규정을 두도록 한다. 허가받은 사항을 변경하는 경우에도 허가관청의 허가(변경허가)를 받도록 규정하는 것이 원칙이다. 그러나 대부분의 법률에서는 모든 허가 사항을 변경허가의 대상으로 하지 않고 중요한 변경사항만 허가를 받도록 하고 있다. 이 경우 '중요한 변경사항'은 대통령령 또는 총리령·부령으로 위임하는 것이 일반적인데, 통상적으로 허가의 기준을 위임하는 법령 형식에 맞춰 위임 형식이 결정된다. 다만, 허가의 기

---

[23] 「행정기본법」 제17조제3항제1호에서는 법률에 근거가 있으면 처분을 한 후에도 부관을 새로 붙이거나 종전의 부관을 변경할 수 있다고 규정하고 있으므로 처분 후 부관을 추가하거나 변경할 필요가 있으면 법률에 근거를 둘 필요가 있다. 조건에 관한 규정은 일반적으로 "제○항에 따른 허가에는 조건을 붙일 수 있다."라는 식으로 표현한다. 경우에 따라서는 조건이 필요한 최소한도에 그쳐야 하며 부당한 의무를 부과하는 것이어서는 안 된다는 뜻을 명시하기도 한다.
제17조(부관) ① 행정청은 처분에 재량이 있는 경우에는 부관(조건, 기한, 부담, 철회권의 유보 등을 말한다. 이하 이 조에서 같다)을 붙일 수 있다. ② 행정청은 처분에 재량이 없는 경우에는 법률에 근거가 있는 경우에 부관을 붙일 수 있다. ③ 행정청은 부관을 붙일 수 있는 처분이 다음 각 호의 어느 하나에 해당하는 경우에는 그 처분을 한 후에도 부관을 새로 붙이거나 종전의 부관을 변경할 수 있다. 1. 법률에 근거가 있는 경우 2. 당사자의 동의가 있는 경우 3. 사정이 변경되어 부관을 새로 붙이거나 종전의 부관을 변경하지 아니하면 해당 처분의 목적을 달성할 수 없다고 인정되는 경우 ④ 부관은 다음 각 호의 요건에 적합하여야 한다. 1. 해당 처분의 목적에 위배되지 아니할 것 2. 해당 처분과 실질적인 관련이 있을 것 3. 해당 처분의 목적을 달성하기 위하여 필요한 최소한의 범위일 것
제13조(부당결부금지의 원칙) 행정청은 행정작용을 할 때 상대방에게 해당 행정작용과 실질적인 관련이 없는 의무를 부과해서는 아니 된다.

준은 실체적인 사항으로서 총리령·부령보다는 대통령령에 위임하는 것이 적절하므로, 중요한 변경사항도 대통령령으로 위임하는 것이 바람직하다. 대통령령으로 정하는 중요 사항의 변경은 허가를 받도록 한 사례로는 「제대혈 관리 및 연구에 관한 법률」 제11조(제대혈은행의 허가 등) "① 제대혈은행을 개설하고자 하는 자는 대통령령으로 정하는 시설, 장비, 인력 및 품질관리체계 등을 갖추어 기증제대혈은행 또는 가족제대혈은행으로서 각각 보건복지부장관의 허가를 받아야 한다. 허가받은 사항 중 대통령령으로 정하는 중요한 사항을 변경하는 경우에도 또한 같다." 와 같은 규정이 있다. 부령으로 정하는 중요 사항의 변경을 허가받도록 한 사례로는 「도시가스사업법」 제3조(사업의 허가) "① 가스도매사업을 하려는 자는 산업통상자원부장관의 허가를 받아야 한다. 허가받은 사항 중 산업통상자원부령으로 정하는 중요 사항을 변경하려는 경우에도 또한 같다."와 같은 규정도 있다. 반면에, "경미한 사항에 대해서는 신고를 하게 하거나 아예 별도의 절차 없이 변경할 수 있다."라는 규정도 있다. 그런데 실무상으로 이러한 유형의 규정에 대해 각 호의 어느 하나에 해당하더라도 다른 각 호에 해당되지 않는 경우에는 경미한 사항으로 볼 수 없다고 해석·집행하는 경우가 있다. 따라서 "다음 각 호의 어느 하나"로 표현하는 경우에는 각 호 간의 관계를 분석하여 필수 요건이나 배제 요건을 파악하고, 이를 명백히 규정하는 것이 필요하다. 특히, 개발계획 등의 경미한 사항 변경으로서 관련 절차나 승인의 예외를 인정하는 경우에는 각 호 간에 모순되지 않도록 조심하며 규정하고, 각 호 간의 관계에 따라 각 호 중 필수요건이 있는 경우 필수요건을 단서에 규정하거나 해당 각 호의 본문이나 단서에서 기준을 개별적으로 규정하는 방식 등 적절한 표현 방법으로 구체적으로 규정하도록 한다.

각 호의 필수요건을 단서에 규정한 사례로 「민영교도소 등의 설치·운영에 관한 법률 시행령」과 같은 규정이 있다.

「민영교도소 등의 설치·운영에 관한 법률 시행령」 제10조(기본재산의 처분) 법 제14조제2항 단서에서 "대통령령으로 정하는 경미한 사항"이란 다음 각 호의 어느 하나에 해당하는 경우를 말한다. 다만, 법 제14조제2항 본문에 따른 허가를 받지 아니할 목적으로 기본재산을 분할하거나 법, 이 영 또는 관계 법령을 위반하는 경우는 제외한다.
1. 가액 5천만원 미만인 기본재산의 매도, 증여, 교환, 용도 변경 또는 담보의 제공
2. 가액 5천만원 미만의 의무의 부담 또는 권리의 포기
[전문개정 2009. 9. 3.]

(3) 인공지능기술 개발 및 산업 육성

제1절 인공지능산업 기반 조성

제13조(인공지능기술 개발 및 안전한 이용 지원) ① 정부는 인공지능기술 개발 활성화를 위하여 다음 각 호의 사업을 지원할 수 있다.
1. 국내외 인공지능기술 동향·수준 및 관련 제도의 조사
2. 인공지능기술의 연구·개발, 시험 및 평가 또는 개발된 기술의 활용
3. 인공지능기술 확산, 인공지능기술 협력·이전 등 기술의 실용화 및 사업화 지원
4. 인공지능기술의 구현을 위한 정보의 원활한 유통 및 산학협력

5. 그 밖에 인공지능기술의 개발 및 연구·조사와 관련하여 대통령령으로 정하는 사업

② 정부는 인공지능기술의 안전하고 편리한 이용을 위하여 다음 각 호의 사업을 지원할 수 있다.

1. 「지능정보화 기본법」 제60조제1항 각 호의 사항을 인공지능기술로 구현하는 연구개발 사업
2. 「지능정보화 기본법」 제60조제3항에 따른 비상정지 기능을 인공지능제품 또는 인공지능서비스에서 구현하기 위한 기술 연구 지원 및 해당 기술의 확산을 위한 사업
3. 인공지능기술의 개발에 있어서 「지능정보화 기본법」 제61조제2항에 따른 사생활등의 보호에 적합한 설계 기준 및 기술의 연구개발 및 보급 사업
4. 인공지능기술의 「지능정보화 기본법」 제56조제1항에 따른 사회적 영향평가의 실시와 적용을 위한 연구개발 사업
5. 인공지능이 인간의 존엄성 및 기본권을 존중하는 방향으로 개발·이용될 수 있도록 하는 기술 또는 기준 등의 연구개발 및 보급 사업
6. 인공지능의 안전한 개발과 이용을 위한 인식개선, 올바른 이용방법과 안전 환경 조성을 위한 교육 및 홍보 사업
7. 그 밖에 인공지능의 개발과 이용에 있어서 국민의 기본권, 신체와 재산을 보호하기 위하여 필요한 사업

③ 정부는 제2항에 따른 사업의 결과를 누구든지 손쉽게 이용할 수 있도록 공개하고 보급하여야 한다. 이 경우 기술을 개발한 자를 보호하기 위하여 필요한 경우에는 보호기간을 정하여 기술사용료를 받을 수 있게 하거나 그 밖의 방법으로 보호할 수 있다.

제14조(인공지능기술의 표준화) ① 정부는 인공지능기술, 제15조제1항에 따른 학습용데이터, 인공지능의 안전성·신뢰성 등과 관련된 표준화를 위하여 다음 각 호의 사업을 추진할 수 있다.
1. 인공지능기술 관련 표준의 제정·개정 및 폐지와 그 보급
2. 인공지능기술 관련 국내외 표준의 조사·연구개발
3. 그 밖에 인공지능기술 관련 표준화 사업
② 정부는 제1항제1호에 따라 제정된 표준을 고시하여 관련 사업자에게 그 준수를 권고할 수 있다.
③ 정부는 민간 부문에서 추진하는 인공지능기술 관련 표준화 사업에 필요한 지원을 할 수 있다.
④ 정부는 인공지능기술 표준과 관련된 국제표준기구 또는 국제표준기관과 협력체계를 유지·강화하여야 한다.
⑤ 그 밖에 제1항 및 제3항에 따른 표준화 사업의 추진 및 지원 등과 관련하여 필요한 사항은 대통령령으로 정한다.

제15조(인공지능 학습용데이터 관련 시책의 수립 등) ① 과학기술정보통신부장관은 관계 중앙행정기관의 장과 협의하여 인공지능의 개발·활용 등에 사용되는 데이터(이하 "학습용데이터"라 한다)의 생산·수집·관리·유통 및 활용 등을 촉진하기 위하여 필요한 시책을 추진하여야 한다.
② 정부는 학습용데이터의 생산·수집·관리·유통 및 활용 등에 관한 시책을 효율적으로 추진하기 위하여 지원대상사업을 선정하고 예산의 범위에서 지원할 수 있다.

③ 정부는 학습용데이터의 생산·수집·관리·유통 및 활용의 활성화 등을 위하여 다양한 학습용데이터를 제작·생산하여 제공하는 사업(이하 "학습용데이터 구축사업"이라 한다)을 시행할 수 있다.

④ 과학기술정보통신부장관은 학습용데이터 구축사업의 효율적 수행을 위하여 학습용데이터를 통합적으로 제공·관리할 수 있는 시스템(이하 "통합제공시스템"이라 한다)을 구축·관리하고 민간이 자유롭게 이용할 수 있도록 제공하여야 한다.

⑤ 과학기술정보통신부장관은 통합제공시스템을 이용하는 자에 대하여 비용을 징수할 수 있다.

⑥ 그 밖에 제2항에 따른 지원대상사업의 선정 및 지원, 학습용데이터 구축사업의 시행, 통합제공시스템의 구축·관리 및 제5항에 따른 비용의 징수 등에 필요한 사항은 대통령령으로 정한다.

제2절 인공지능기술 개발 및 인공지능산업 활성화

제16조(인공지능기술 도입·활용 지원) ① 국가 및 지방자치단체는 기업 및 공공기관의 인공지능기술 도입 촉진 및 활용 확산을 위하여 필요한 경우에는 다음 각 호의 지원을 할 수 있다.

1. 인공지능기술, 인공지능제품 또는 인공지능서비스의 개발 지원 및 연구·개발 성과의 확산
2. 인공지능기술을 도입·활용하고자 하는 기업 및 공공기관에 대한 컨설팅 지원

3. 「중소기업기본법」 제2조제1항에 따른 중소기업, 「벤처기업육성에 관한 특별법」 제2조제1항에 따른 벤처기업 및 「소상공인기본법」 제2조제1항에 따른 소상공인(이하 "중소기업등"이라 한다)의 임직원에 대한 인공지능기술 도입 및 활용 관련 교육 지원
4. 중소기업등의 인공지능기술 도입 및 활용에 사용되는 자금의 지원
5. 그 밖에 기업 및 공공기관의 인공지능기술 도입 및 활용을 촉진하기 위하여 대통령령으로 정하는 사항

② 제1항에 따른 지원에 필요한 사항은 대통령령으로 정한다.

제17조(중소기업등을 위한 특별지원) ① 이 법에 따라 인공지능기술 및 인공지능산업과 관련한 각종 지원시책을 시행할 때에는 중소기업등을 우선 고려하여야 한다.

② 정부는 인공지능산업에 대한 중소기업등의 참여 활성화를 위하여 노력하여야 하며, 이와 관련한 사항을 기본계획에 반영하여야 한다.

③ 과학기술정보통신부장관은 인공지능의 안전성 및 신뢰성 확보를 위하여 중소기업등의 제34조에 따른 조치 이행 및 제35조에 따른 영향평가를 지원할 수 있다.

제18조(창업의 활성화) ① 정부는 인공지능산업 분야의 창업을 활성화하기 위하여 다음 각 호의 사업을 추진할 수 있다.
1. 인공지능산업 분야의 창업자 발굴 및 육성·지원 등에 관한 사업
2. 인공지능산업 분야의 창업 활성화를 위한 교육·훈련에 관한 사업
3. 제21조에 따른 전문인력의 우수 인공지능기술에 대한 사업화 지원

4. 인공지능기술의 가치평가 및 창업자금의 금융지원
5. 인공지능 관련 연구 및 기술개발 성과의 제공
6. 인공지능산업 분야의 창업을 지원하는 기관·단체의 육성
7. 그 밖에 인공지능산업 분야의 창업 활성화를 위하여 필요한 사업
② 지방자치단체는 인공지능산업 분야의 창업을 지원하는 공공기관 등 공공단체에 출연하거나 출자할 수 있다.

제19조(인공지능 융합의 촉진) ① 정부는 인공지능산업과 그 밖의 산업 간 융합을 촉진하고 전 분야에서 인공지능 활용을 활성화하기 위하여 필요한 시책을 수립하여 추진하여야 한다.
② 정부는 인공지능 융합 제품 및 서비스의 개발을 지원하기 위하여 필요한 경우에는 「국가연구개발혁신법」에 따른 국가연구개발사업에 인공지능 융합 제품 및 서비스에 관한 연구개발과제를 우선적으로 반영하여 추진할 수 있다.
③ 정부는 제2항에 따라 개발된 인공지능 융합 제품 및 서비스에 대하여는 「정보통신 진흥 및 융합 활성화 등에 관한 특별법」 제37조에 따른 임시허가 및 같은 법 제38조의2에 따른 실증을 위한 규제특례가 원활히 시행될 수 있도록 적극 지원하여야 한다.

제20조(제도개선 등) ① 정부는 인공지능산업의 발전과 신뢰 기반 조성을 위하여 법령의 정비 등 관련 제도를 개선할 수 있도록 노력하여야 한다.
② 정부는 제1항에 따른 제도개선을 촉진하기 위하여 관련 법·제도의 연구 및 사회 각계의 의견수렴 등에 필요한 행정적·재정적 지원을 할 수 있다.

제21조(전문인력의 확보) ① 과학기술정보통신부장관은 인공지능기술의 개발 및 인공지능산업의 발전을 위하여 「지능정보화 기본법」 제23조 제1항에 따른 시책에 따라 인공지능 및 인공지능기술 관련 전문인력을 양성하고 지원하여야 한다.
② 정부는 인공지능 및 인공지능기술 관련 해외 전문인력의 확보를 위하여 다음 각 호의 시책을 추진할 수 있다.
1. 인공지능 및 인공지능기술 관련 해외 대학·연구기관·기업 등의 전문인력에 관한 조사·분석
2. 해외 전문인력의 유치를 위한 국제네트워크 구축
3. 해외 전문인력의 국내 취업 지원
4. 국내 인공지능 연구기관의 해외진출 및 해외 인공지능 연구기관의 국내 유치 지원
5. 인공지능 및 인공지능기술 관련 국제기구 및 국제행사의 국내 유치 지원
6. 그 밖에 해외 전문인력의 확보를 위하여 필요한 사항

제22조(국제협력 및 해외시장 진출의 지원) ① 정부는 인공지능과 관련한 국제적 동향을 파악하고 국제협력을 추진하여야 한다.
② 정부는 인공지능산업의 경쟁력 강화와 해외시장 진출을 촉진하기 위하여 인공지능산업에 종사하는 개인·기업 또는 단체 등에 대하여 다음 각 호의 지원을 할 수 있다.
1. 인공지능산업 관련 정보·기술·인력의 국제교류
2. 인공지능산업 관련 해외진출에 관한 정보의 수집·분석 및 제공

3. 국가 간 인공지능기술, 인공지능제품 또는 인공지능서비스의 공동 연구·개발 및 국제표준화
4. 인공지능산업 관련 외국자본의 투자유치
5. 인공지능등 관련 해외 전문 학회 및 전시회 참가 등 홍보 및 해외 마케팅
6. 인공지능제품 또는 인공지능서비스의 수출에 필요한 판매체계·유통체계 및 협력체계 등의 구축
7. 인공지능윤리에 관한 국제적 동향 파악 및 국제협력
8. 그 밖에 인공지능산업의 경쟁력 강화와 해외시장 진출 촉진을 위하여 필요한 사항

③ 정부는 제2항 각 호에 따른 지원을 효율적으로 수행하기 위하여 대통령령으로 정하는 바에 따라 공공기관 또는 그 밖의 단체에 이를 위탁하거나 대행하게 할 수 있으며, 이에 필요한 비용을 보조할 수 있다.

제23조(인공지능집적단지 지정 등) ① 국가 및 지방자치단체는 인공지능산업의 진흥과 인공지능 개발·활용의 경쟁력 강화를 위하여 인공지능 및 인공지능기술의 연구·개발을 수행하는 기업, 기관이나 단체의 기능적·물리적·지역적 집적화를 추진할 수 있다.

② 국가 및 지방자치단체는 제1항에 따른 집적화를 위하여 필요한 경우에는 대통령령으로 정하는 바에 따라 인공지능집적단지(이하 "인공지능집적단지"라 한다)를 지정하여 행정적·재정적·기술적 지원을 할 수 있다.

③ 국가 및 지방자치단체는 다음 각 호의 어느 하나에 해당하는 경우 인공지능집적단지의 지정을 취소할 수 있다. 다만, 제1호에 해당하는 경우에는 그 지정을 취소하여야 한다.

1. 거짓이나 그 밖의 부정한 방법으로 지정을 받은 경우
2. 인공지능집적단지 지정의 목적을 달성하기 어렵다고 인공지능집적단지를 지정한 국가 또는 지방자치단체의 장이 인정하는 경우

④ 정부는 제1항에 따른 집적화를 지역에 효과적으로 정착시키기 위하여 관련 업무를 종합적으로 지원하는 전담기관을 설치하거나 지정할 수 있다.

⑤ 정부는 제4항에 따른 전담기관의 운영 및 사업 수행에 필요한 비용의 전부 또는 일부를 출연하거나 보조할 수 있다.

⑥ 그 밖에 인공지능집적단지의 지정 및 지정취소와 제4항에 따른 전담기관의 설치 또는 지정 등에 필요한 사항은 대통령령으로 정한다.

제24조(인공지능 실증기반 조성 등) ① 국가 및 지방자치단체는 인공지능사업자가 개발하거나 이전받은 기술의 실증, 성능시험, 제30조에 따른 검·인증등(이하 "실증시험등"이라 한다)을 지원하기 위하여 시험, 평가 등에 필요한 시설·장비·설비 등(이하 "실증기반등"이라 한다)을 구축·운영할 수 있다.

② 국가 및 지방자치단체는 실증시험등을 촉진하기 위하여 대통령령으로 정하는 기관이 보유하고 있는 실증기반등을 인공지능사업자에게 개방할 수 있다.

③ 그 밖에 실증기반등의 구축·운영 및 개방 등에 필요한 사항은 대통령령으로 정한다.

제25조(인공지능 데이터센터 관련 시책의 추진 등) ① 정부는 인공지능의 개발·활용 등에 이용되는 데이터센터(이하 "인공지능 데이터센터"라 한다)의 구축 및 운영을 활성화하기 위하여 필요한 시책을 추진하여야 한다.

② 정부는 제1항에 따른 시책을 추진하기 위하여 다음 각 호의 업무를 수행할 수 있다.

1. 인공지능 데이터센터의 구축 및 운영에 필요한 행정적·재정적 지원
2. 중소기업, 연구기관 등의 인공지능 데이터센터 이용 지원
3. 인공지능 데이터센터 등 인공지능 관련 인프라 시설의 지역별 균형 발전을 위한 지원

제26조(한국인공지능진흥협회의 설립) ① 인공지능등과 관련한 연구 및 업무에 종사하는 자는 인공지능의 개발·이용 촉진, 인공지능산업 및 인공지능기술의 진흥, 인공지능등에 대한 교육·홍보 등을 위하여 대통령령으로 정하는 바에 따라 과학기술정보통신부장관의 인가를 받아 한국인공지능진흥협회(이하 "협회"라 한다)를 설립하거나 협회로 지정받을 수 있다.

② 협회는 법인으로 한다.

③ 협회는 다음 각 호의 업무를 수행한다.

1. 인공지능기술, 인공지능제품 또는 인공지능서비스의 이용 촉진 및 확산
2. 인공지능등에 대한 현황 및 관련 통계 조사
3. 인공지능사업자를 위한 공동이용시설의 설치·운영 및 전문인력 양성을 위한 교육 등
4. 인공지능사업자 및 인공지능 관련 전문인력의 해외진출 지원

5. 안전하고 신뢰할 수 있는 인공지능의 개발·활용을 위한 교육 및 홍보

6. 이 법 또는 다른 법률에 따라 협회가 위탁받은 사업

7. 그 밖에 협회의 설립목적을 달성하는 데 필요한 사업으로서 정관으로 정하는 사업

④ 국가 및 지방자치단체는 인공지능산업의 발전과 신뢰 기반 조성을 위하여 필요한 경우 예산의 범위에서 협회의 사업수행에 필요한 자금을 지원하거나 운영에 필요한 경비를 보조할 수 있다.

⑤ 협회 회원의 자격과 임원에 관한 사항, 협회의 업무 등은 정관으로 정하며, 그 밖에 정관에 포함하여야 할 사항은 대통령령으로 정한다.

⑥ 과학기술정보통신부장관은 제1항에 따른 인가를 한 때에는 그 사실을 공고하여야 한다.

⑦ 협회에 관하여 이 법에 규정된 것을 제외하고는 「민법」 중 사단법인에 관한 규정을 준용한다.

1) 규제 샌드박스의 이해[24]

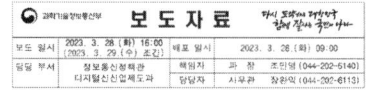

---

24) 과학기술정보통신부, "규제샌드박스, 역동적 혁신을 위한 발전방안 수립", 2023. 3. 28.

2) 지원 자금의 이해

① 보조금

행정 지원에는 재정상 지원과 행정상 지원 등이 있는데, 재정상 지원 방식에는 보조, 출연, 출자, 융자가 있다. 그 밖에 국가가 채무 인수나 보증을 해 주거나 세금을 감면해 주는 것도 일종의 재정상 지원에 포함시킬 수 있다.

'보조', '출연'은 직접적인 반대급부 없이 교부된다는 점에서 '증여'와 비슷하지만, 교부받은 재원을 목적 범위에서 사용해야 하고, 보조, 출연으로 생긴 재산 등의 행사에 일정한 제약(「보조금 관리에 관한 법률」 제22조, 제30조, 제35조 등)이 있다는 점에서 증여와 다르다.

국가가 주는 보조금에 대해서는 「보조금 관리에 관한 법률」이라는 일반법이 있고 지방 자치단체가 주는 보조금에 대해서는 「지방자치단체 보조금 관리에 관한 법률」이라는 일반법이 있으므로 특별한 법적 근거를 필요로 하지 않으며, 예산에 계상하여 집행하면 된다. 각 법률에 근거 규정을 두지 않아도 예산이 있으면 집행이 가능함에도 실제 현행법에는 편의상 근거 규정을 별도로 법률에 두는 경우가 많이 있는데 이는 보조금 예산을 쉽게 인정받으려는 목적이거나 「보조금 관리에 관한 법률」이나 「지방자치단체 보조금 관리에 관한 법률」에 대한 특례를 규정하기 위한 경우일 때가 많다.

「보조금 관리에 관한 법률」에서는 보조금예산의 편성, 교부신청, 교부결정, 사용 등에 관한 기본적 사항을 규정하면서 보조금의 예산편성·집행 및 관리에 관해서는 다른 법률에 특별한 규정이 있는 것을 제외하고는 이 법에서 정하는 바에 따르도록 하고 있고(제3조제1항), 「지방자치단체 보조금 관리에 관한 법률」 제3조제1항에서도 동일한 내용을 규정하고 있다.

따라서 개별 법률에서 국가나 지방자치단체가 지급하는 보조금에 관한 규정을 둘 때에는 보조금의 지급 근거만 규정하고, 그 밖에 보조금의 예산편성·집행 및 관리에 관한 사항은 「보조금 관리에 관한 법률」이나 「지방자치단체 보조금 관리에 관한 법률」과 달리 규정할 것이 아니라면 따로 규정하지 않아도 된다.

「보조금 관리에 관한 법률」에서는 국가가 출연금을 예산에 계상한 기관에 대해서는 원칙적으로 출연금 외에 별도의 보조금을 예산에 계상할 수 없도록 제한하고 있다. 한편 「지방자치법」 제137조제3항에서 국가행정기관, 「공공기관의 운영에 관한 법률」에 따른 공공기관, 국가출자·출연 기관, 국가 시설·단지 지원 기관의 신설·확장·이전·운영과 관련된 비용을 지방자치단체에 부담시켜서는 안 된다고 규정하고 있으므로 법률에 근거 없이 지방자치단체가 국가기관·공공기관 등에 운영비 등을 지급하도록 규정해서는 안 된다.

법률에 보조금의 지급 근거를 규정하는 경우 규정 형식에는 일반적으로 "○○○는 …에 대하여 …에 필요한 비용을 보조할 수 있다." 또는 "○○○는 …에 대하여 …에 보조금을 지급할 수 있다." 등이 있는데, 이 외에도 다양한 형식이 자유롭게 사용되고 있다. 다만, 보조금의 목적을 법률에서 정할 때에는 명확하게 규정해야 한다. 보조금을 목적 외의 다른 용도로 사용하는 경우 반환처분 등 불이익처분을 받게 되기 때문이다(「보조금 관리에 관한 법률」 제22조, 제30조, 제31조, 제31조의2, 제32조, 제33조, 제33조의2, 제33조의3, 제36조의2, 제41조, 「지방자치단체 보조금 관리에 관한 법률」 제12조, 제13조, 제32조, 제34조, 제38조). 보조금의 지급 근거에 관한 규정은 "보조하여야 한다."나 "보조한다."와 같이 의무 부과 형식으로 하지 않고 "보조할 수 있다."와 같이 권한 부여 형식을 취하는 것이 일반적인데, 그 이유는 의무 부과 형식으로 하면 보조금 지급에 관한 재량의 여지가 없어져 재정의 탄력적 운영이 어려워지기 때문이다. 보조금의 지급 주체는 "국가", "지방자치단체", "국가 또는 지방자치단체"가 되는 것이 일반적이지만, 경우에 따라서는 보조금의 지급 주체를 보다 구체적으로 표시하기 위해 "중앙행정기관의 장", "○○○부장관", "지방자치단체의 장", "시·도지사", "시장·군수" 또는 "구청장"이라는 표현을 사용하기도 한다.

법률 단계에서는 지급 주체를 특정하지 않고 "국가"나 "정부"라는 표현을 많이 사용하는데, 지급 주체가 분명한 경우에는 보조금의 지급 주체를 "○○○부장관"으로 명시적으로 규정하기도 한다. 보조금의 지급 근거를 규정할 때에는 그 상대방과 대상 사업(또는 행위)을 적시하는 것이 일반적이다. 경우에 따라서는 상대방만을 적시하거나 대상 사업(또는 행위)만을 적시하기도 하지만, 보조금을 지급할 때에는 원칙적으로 그 대상 사업을 적시해야 한다.

「보조금 관리에 관한 법률」 제2조 제1호에서 보조금을 지방자치단체가 아닌 그 밖의 법인·단체 또는 개인에게 교부하는 경우에는 시설자금이나 운영자금에 대한 것으로 한정하고 경상경비는 보조하지 못하도록 하고 있는 취지에 비추어, 보조금 제도는 어디까지나 보충적으로 운영되어야 하기 때문이다. 특히, 「지방자치단체 보조금 관리에 관한 법률」 제6조 제2항에서는 지방자치단체가 주는 보조금의 경우 법령에 명시적 근거가 있는 경우 외에는 지방보조금을 인건비, 사무관리비, 임차료 등 운영비로 교부할 수 없도록 규정하고 있으므로 지방보조금으로 운영비를 교부할 수 있도록 하려면 그 근거를 법령에 명시해야 한다.

국가 보조금에 관한 일반법으로 「보조금 관리에 관한 법률」이 마련되어 있고 지방자치단체 보조금에 관한 일반법으로 「지방자치단체 보조금 관리에 관한 법률」이 마련되어 있으며, 두 법에서 "(지방)보조금 예산의 편성·집행 등 그 관리에 관하여는 다른 법률에 규정이 있는 것을 제외하고는 이 법에서 정하는 바에 따른다."라고 규정하고 있기 때문에 「보조금 관리에 관한 법률」이나 「지방자치단체 보조금 관리에 관한 법률」과 다른 내용으로 보조금을 관리·운영하려는 경우에는 개별 법률에서 「보조금 관리에 관한 법률」이나 「지방자치단체 보조금 관리에 관한 법률」에 대한 특례 규정을 둘 수 있다. 「보조금 관리에 관한 법률」 제2조제1호에서는 지방자치단체가 아닌 법인·단체 또는 개인에 대해서는 시설자금이나 운영자금만을 보조금 지급 대상으로 규정하고 있다. 따라서 보조금의 지급 대상을 이와 달리하려면 법률에 특례를 두어야 한다.

[입법례] 사업 손실을 보조금 지급 대상으로 한 사례
「한국교직원공제회법」 제13조(보조금 지급) 교육부장관은 공제회를 보호·육성하기 위하여 회원의 부담금으로 하는 사업에서 생긴 결손을 보조한다.

「보조금 관리에 관한 법률」의 적용 배제 특례
　보조금은 반대급부 없이 지급하는 자금이므로 자칫하면 방만하게 운영되기 쉽다. 그래서 「보조금 관리에 관한 법률」에서는 여러 가지 엄격한 통제 제도를 마련하고 있다. 이러한 규정은 보조금의 관리를 적정하게 하기 위한 것이지만 경우에 따라서는 보조금을 받는 자를 지나치게 속박하고 융통성을 잃어버릴 우려도 있으므로 이러한 통제를 일부 완화하기 위해서는 「보조금 관리에 관한 법률」 일부 규정의 적용을 배제하는 특례를 두기도 한다.
　「보조금 관리에 관한 법률」에서는 보조금에는 조건을 붙일 수 있게 하거나(제18조) 보조금 지급결정 후 사정이 변경되면 국가가 일방적으로 지급결정의 전부 또는 일부를 취소할 수 있게 하고 있을 뿐 아니라(제21조), 보조금을 지급한 중앙관서의 장이 보조금을 받은 자에게 보조사업에 관한 명령을 하거나 보조 사업을 정지하게 할 수도 있게 하고 있다(제26조 등). 그리고 보조금을 다른 용도로 사용하는 경우 등에는 보조금 교부 결정을 취소할 수 있게 하면서(제30조) 이미 지급한 보조금을 반환하도록 하고 반환하지 않는 경우에는 강제징수할 수 있는 규정(제33조의3) 등을 두고 있다(제5장(제30조부터 제33조의3까지)).

「지방자치분권 및 지역균형발전에 관한 특별법」 제90조(보조금에 대한 다른 법률의 적용배제)규정이 대표적 예라고 할 수 있다.

② 출연금

출연은 일반적으로 자기의 의사에 따라 금전을 지급하는 등 자신은 재산상 손실을 입고 상대방은 재산을 증가시키는 일을 말하는데 일상생활에서는 '기부행위'라는 말을 더 많이 사용한다. 「민법」에서는 비영리재단법인의 설립과 관련하여 출연에 대한 규정을 두고 있다. 행정 법령에서는 행정 주체가 법령에 따라 설치된 연구기관, 기금, 공단 등 출연 대상 주체에 대하여 특정 목적을 위해 포괄적으로 지원하는 금전급부를 말한다.

출연금에 관한 규정을 둘 때에는 「헌법」상의 비례의 원칙과 평등의 원칙을 준수해야 한다. 즉 출연금 지급에 따른 효과성에 대한 판단과 함께 예상 낭비적 요소와 부당한 특혜 여부에 대한 검토가 필요하다. 또한 해당 기관으로의 출연이 반드시 필요한 것인지 그리고 기존의 출연금 규모는 적정한 것인지에 대한 판단도 있어야 한다.

출연에 관한 일반적인 근거 규정은 국가의 경우 「국가재정법」, 「공공기관의 운영에 관한 법률」, 「정부출연연구기관 등의 설립·운영 및 육성에 관한 법률」, 「과학기술분야 정부출연연구기관 등의 설립·운영 및 육성에 관한 법률」 등을 들 수 있고, 지방자치단체의 경우 「지방재정법」, 「지방자치단체 출자·출연 기관의 운영에 관한 법률」과 「지방자치단체 출연 연구원의 설립 및 운영에 관한 법률」 등이 있다. 국가는 국가연구개발사업의 수행, 공공목적을 수행하는 기관의 운영 등 특정한 목적을 달성하기 위한 경우 해당 기관에 출연할 수 있는데, 반드시 법률에 근거가 있어야만 출연을 할 수 있다(「국가재정법」 제12조). 보조금은 법률에 근거가 반드시 있어야 하는 것은 아니라는 점에서 출연과 차이가 있다.

지방자치단체는 「지방재정법」 제18조 제2항에 따라 법령에 근거가 있는 경우와 공공기관(그 목적과 설립이 법령 또는 법령의 근거에 따라 조례에 정해진 기관이나 지방자치단체를 회원으로 하는 공익법인을 말한다)에 대하여 조례에 근거가 있는 경우에만 출연을 할 수 있다.

출연은 출연금의 사용 용도를 지정하지 않은 채 포괄적으로 지원되고, 집행 잔액에 대한 사후정산과 반환 절차가 없다는 점에서 보조금과 차이가 난다. 보조금은 시설자금이나 운영 자금만을 대상으로 할 수 있고 경상경비는 대상으로 할 수 없는 게 일반적이지만, 출연금에는 이와 같은 제한이 없기 때문에 법인·단체의 경상경비를 지원하는 경우에는 출연금을 활용하는 경우가 많다.

[입법례]
「한국국제교류재단법」 제15조(출연금) ① 정부는 재단의 설립·운용에 드는 경비와 기금에 충당하기 위하여 재단에 필요한 출연금을 예산의 범위에서 지급할 수 있다.
② 제1항에 따른 출연금의 지급 및 사용 등에 필요한 사항은 대통령령으로 정한다.
[전문개정 2009. 12. 30.]

보조금과 출연금은 유사한 목적으로 지급되는 것이기 때문에 보조금과 출연금 사이에는 이중적 지원이 문제가 될 수 있다. 「보조금 관리에 관한 법률」 제14조에서는 기획재정부 장관이 사업 수행상 특히 불가피하다고 인정할 때를 제외하고는 출연기관에 대하여 출연금 외에 별도의 보조금 교부를 제한하고 있다. 따라서 보조금도 지급하면서 출연도 하려면 법률에 그 내용을 명시적으로 규정해야 한다(이중지급은 원칙적으로 불가하다는 것이다. 한 기관에 모든 혜택을 몰아줄 수 없기 때문에 사업상 공익성을 증명하기 위해서는 별도의 법령이 필요하다).

출연의 근거를 규정하는 형식으로 "○○○은 …하기 위하여 …에게 출연할 수 있다." 또는 "○○○은 …하기 위하여 …에게 출연금을 지급할 수 있다." 등이 있다. 출연금 규정은 "출연할 수 있다."라고 권한부여 방식을 취하는 것이 일반적이지만, "출연하여야 한다."라는 의무 부과 방식을 사용하는 경우도 많다. 이렇게 출연의무를 부과하는 것은 주로 정부의 일반회계 부분에서 각종 정부기금에 출연하는 경우와 기금에 대해 이해관계인의 출연을 강제하기 위한 특별한 목적을 가지는 경우에 주로 사용된다.

[입법례] '출연할 수 있다'라고 규정한 사례
「석면피해구제법」 제24조제3항, 「공적자금상환기금법」 제5조제2항, 「기술보증기금법」 제13조제3항, 「뉴스통신 진흥에 관한 법률」 제32조제3항 등.
「산업기술단지 지원에 관한 특례법」 제17조(국가·지방자치단체의 출연 등) ① 국가나 지방자치단체는 산업기술단지의 조성·운영을 지원하기 위하여 사업시행자에게 출연(出捐)할 수 있다.

③ 출자

출자는 자본의 전부 또는 일부를 현금이나 현물의 형태로 제공하는 것을 말한다. 대상이 되는 사업은 주로 공공성이 높고 대규모 자금이 필요한 사업으로, 출자 규정을 둠으로써 해당되는 사업 또는 활동의 안정적인 운영과 능률적인 목표 달성을 도모하려는 것이다. 출자는 출자하는 주체가 출자에 따른 권리를 취득하는 행위이기 때문에 출연과는 달리 엄격한 통제를 요하지 않는다. 따라서 국가가 출자하는 경우에는 법률의 근거가 없어도 예산만 확보되면 출자할 수 있다. 「상법」상 주식회사에 대한 출자는 일반적으로 회사에 출자하는 방식을 따르면 된다. 특수법인에 대한 출자는 특수법인이 법률로 설립되기 때문에 보통 그 설립법에 출자의 근거가 규정된다. 지방자치단체가 하는 출자에 대해서는 「지방재정법」 제18조제1항에서 법령에 근거가 있는 경우에만 출자를 할 수 있도록 하고 있고, 「공유재산 및 물품 관리법」 제19조제1항 및 제50조에서 행정재산을 출자할 수 없다거나 법률이나 조례에 따르지 않고서는 물품을 현물출자 하는 것을 제한하고 있다. 그리고 지방자치단체가 지방공기업이나 그 밖의 출자기관을 설립하기 위해 하는 출자에 관하여는 「지방공기업법」, 「지방자치단체 출자·출연 기관의 운영에 관한 법률」에 규정되어 있다.

정부가 납입자본금의 50퍼센트 이상을 출자한 기업체나 30퍼센트 이상 출자하고 임원, 임명권한 행사 등을 통해 해당 기관의 정책 결정에 사실상 지배력을 확보하고 있는 기관 등과 같은 공공기관에 대해서는 「공공기관의 운영에 관한 법률」에서 그 운영에 관한 기본적인 사항과 자율경영 및 책임경영체제의 확립에 관한 사항을 규정하고 있다. 지방자치단체가 출자한 지방공기업이나 그 밖의 출자기관에 관하여는

「지방공기업법」, 「지방자치단체 출자·출연 기관의 운영에 관한 법률」에 규정되어 있다. 출자에 따른 권리는 국가의 경우에는 국유재산이 되고, 지방자치단체의 경우에는 지방자치단체의 재산인 공유재산이 되므로, 공공기관, 지방공기업, 그 밖의 출자기관은 「국유 재산법」과 「공유재산 및 물품 관리법」에 따라 관리하게 된다.

출자의 형태는 현금출자가 원칙이므로 현물출자를 허용하려면 이에 관한 규정을 두도록 한다. 국공유재산 중 행정재산은 출자가 금지되므로, 행정재산을 현물출자하려는 경우 「한국농어촌공사 및 농지관리기금법」 제6조제2항 및 제3항이나 「한국철도공사법」 제4조제3항과 같이 「국유재산법」 또는 「공유재산 및 물품 관리법」에 대한 특례 규정을 두어야 한다. 자금의 '융자'란 민간이 행하는 사업 중 공익성이 크고 적극적으로 장려·진흥시켜야 할 필요가 있는 경우에 정부가 재정자금 등을 재원으로 하여 민간 금융회사보다 낮은 이자율로 융통함으로써 사업자의 자금 확보를 도와주는 제도를 말한다. 저리자금의 융자는 특혜의 소지가 있으므로 사업의 공익성에 대한 검토가 필요하며, 시장경제 질서를 해치지 않도록 해야 한다.

④ 융자

일반적으로 융자는 융자를 위한 자금을 예산으로 마련하고 그 자금을 중소기업중앙회 같은 공공단체나 은행 등 금융회사에 맡겨 일정한 기준에 맞는 경우에 융자해 주도록 하는 방식을 취하고 있다. 따라서 예산만 확보되면 나머지는 일반 대부와 같은 방식으로 처리되므로, 반드시 법률에 근거를 두어야 하는 것은 아니다. 지방자치단체의 경우에도 마찬가지이다.

다만, 사법상의 행위로 융자를 하게 되면 나중에 원리금을 상환받지 못하는 경우에도 민사절차에 따라 처리해야 하고, 결손처분도 쉽지 않다. 이런 경우를 대비하기 위해 법률에서 원리금의 면제에 관한 규정을 두기도 한다.

[입법례] 원리금의 면제에 관한 규정을 둔 사례
「해외자원개발 사업법」제11조(융자) ① 정부는 해외자원개발사업의 원활한 추진을 위하여 해외자원개발사업자, 제13조에 따른 해외자원개발투자회사 및 해외자원개발투자전문회사 또는 제13조의8제1항에 따른 투자위험보증기관에 다음 각 호의 어느 하나에 해당하는 자금을 융자할 수 있다.
1. 해외자원개발사업을 수행하는 데에 필요한 조사 및 개발 권리를 취득하기 위하여 필요한 자금
2. 해외자원개발사업에 필요한 시설의 설치 및 운영 자금
3. 해외자원개발사업을 수행하는 데에 필요한 토지의 임차 또는 매입 자금
4. 제13조의8제1항에 따른 투자위험보증사업의 수행에 필요한 자금
5. 그 밖에 해외자원개발사업을 원활히 수행하는 데에 필요한 자금으로서 대통령령으로 정하는 자금
② 제1항에 따른 자금의 융자에 필요한 사항은 대통령령으로 정한다.
③ 정부는 제1항제1호에 따른 자금을 융자받은 해외자원개발사업자, 제13조에 따른 해외자원개발투자회사 및 해외자원개발투자전문회사 또는 제13조의8제1항에 따른 투자위험보증기관이 해당 사업의 실패로 인하여 융자금의 상환이 불가능할 경우에는 대통령령으로 정하는

바에 따라 그 원리금의 전부 또는 일부를 면제할 수 있다.
그리고 융자를 위해 기금을 설치하는 경우에는 「국가재정법」 제5조에 따라 법률이 필요하고, 그 법률에 융자에 관한 내용을 포함하게 된다.

[입법례]
「한국농어촌공사 및 농지관리기금법」 제23조(농지매매사업자금의 융자 등) ① 농림축산식품부장관은 제18조·제19조·제22조·제24조의2·제24조의3 및 제24조의5에 따른 농지매매사업, 농지의 장기임대차사업, 농지의 교환 또는 분리·합병사업, 농지의 매입사업, 경영회생 지원을 위한 농지매입사업, 농지를 담보로 한 농업인의 노후생활안정 지원사업에 드는 자금을 제31조에 따른 농지관리기금에서 융자할 수 있다.

자금의 융자를 규정할 때에는 주로 "○○○은 ……하기 위하여 ……에게 자금을 융자할 수 있다."라고 표현하게 된다. 자금의 융자만 규정하는 경우는 드물고, "보조 또는 융자할 수 있다."와 같이 보조금의 지급과 병렬적으로 규정하는 경우가 많다.

[입법례]
「양곡관리법」 제22조(양곡유통업의 육성) ① (생략)
② 국가 및 지방자치단체는 농업협동조합이나 그 밖에 제1항에 따른 양곡의 유통기능을 능률적으로 수행할 수 있다고 인정되는 자에게 미곡종합처리장을 포함한 양곡종합처리장 등 양곡을 건조·보관·가공·유통·판매하는 시설의 설치 및 양곡의 매입에 필요한 자금의 일부를 예산의 범위에서 융자하거나 보조금을 지급할 수 있다.

(4) 인공지능윤리 및 신뢰성 확보

제27조(인공지능 윤리원칙 등) ① 정부는 인공지능윤리의 확산을 위하여 다음 각 호의 사항을 포함하는 인공지능 윤리원칙(이하 "윤리원칙"이라 한다)을 대통령령으로 정하는 바에 따라 제정·공표할 수 있다.
1. 인공지능의 개발·활용 등의 과정에서 사람의 생명과 신체, 정신적 건강 등에 해가 되지 아니하도록 하는 안전성과 신뢰성에 관한 사항
2. 인공지능기술이 적용된 제품·서비스 등을 모든 사람이 자유롭고 편리하게 이용할 수 있는 접근성에 관한 사항
3. 사람의 삶과 번영에의 공헌을 위한 인공지능의 개발·활용 등에 관한 사항
② 과학기술정보통신부장관은 사회 각계의 의견을 수렴하여 윤리원칙이 인공지능의 개발·활용 등에 관여하는 모든 사람에 의하여 실현될 수 있도록 실천방안을 수립하고 이를 공개 및 홍보·교육하여야 한다.
③ 중앙행정기관 또는 지방자치단체의 장이 인공지능윤리기준(그 명칭 및 형태를 불문하고 인공지능윤리에 관한 법령, 기준, 지침, 가이드라인 등을 말한다)을 제정하거나 개정하는 경우 과학기술정보통신부장관은 윤리원칙 및 제2항에 따른 실천방안과의 연계성·정합성 등에 관한 권고 또는 의견의 표명을 할 수 있다.

제28조(민간자율인공지능윤리위원회의 설치 등) ① 다음 각 호의 기관 또는 단체는 윤리원칙을 준수하기 위하여 민간자율인공지능윤리위원회(이하 "민간자율위원회"라 한다)를 둘 수 있다.

1. 인공지능기술 연구 및 개발을 수행하는 사람이 소속된 교육기관·연구기관
2. 인공지능사업자
3. 그 밖에 대통령령으로 정하는 인공지능기술 관련 기관

② 민간자율위원회는 다음 각 호의 업무를 자율적으로 수행한다.
1. 인공지능기술 연구·개발·활용에 있어서 윤리원칙의 준수 여부 확인
2. 인공지능기술 연구·개발·활용의 안전 및 인권침해 등에 관한 조사·연구
3. 인공지능기술 연구·개발·활용의 절차 및 결과에 관한 조사·감독
4. 해당 기관 또는 단체의 연구자 및 종사자에 대한 윤리원칙 교육
5. 인공지능기술 연구·개발·활용에 적합한 분야별 인공지능윤리 지침 마련
6. 그 밖에 윤리원칙 구현에 필요한 업무

③ 민간자율위원회의 구성·운영 등에 필요한 사항은 해당 기관 또는 단체 등에서 자율적으로 정한다. 다만, 그 구성을 특정한 성(性)으로만 할 수 없으며, 사회적·윤리적 타당성을 평가할 수 있는 경험과 지식을 갖춘 사람 및 그 기관 또는 단체에 종사하지 아니하는 사람을 각각 포함하여야 한다.

④ 과학기술정보통신부장관은 민간자율위원회의 공정하고 중립적인 구성·운영을 위하여 표준 지침 등을 마련하여 보급할 수 있다.

제29조(인공지능 신뢰 기반 조성을 위한 시책의 마련) 정부는 인공지능이 국민의 생활에 미치는 잠재적 위험을 최소화하고 안전한 인공지능의 이용을 위한 신뢰 기반을 조성하기 위하여 다음 각 호의 시책을 마련하여야 한다.

1. 안전하고 신뢰할 수 있는 인공지능 이용환경 조성
2. 인공지능의 이용이 국민의 일상생활에 미치는 영향 등에 관한 전망과 예측 및 관련 법령·제도의 정비
3. 인공지능의 안전성·신뢰성 확보를 위한 안전기술 및 인증기술의 개발 및 확산 지원
4. 안전하고 신뢰할 수 있는 인공지능사회 구현 및 인공지능윤리 실천을 위한 교육·홍보
5. 인공지능사업자의 안전성·신뢰성 관련 자율적인 규약의 제정·시행 지원
6. 인공지능사업자, 이용자 등으로 구성된 인공지능 관련 단체(이하 "단체등"이라 한다)의 인공지능의 안전성·신뢰성 증진을 위한 자율적인 협력, 윤리지침 제정 등 민간 활동의 지원 및 확산
7. 그 밖에 인공지능의 안전성·신뢰성 확보를 위하여 대통령령으로 정하는 사항

제30조(인공지능 안전성·신뢰성 검·인증등 지원) ① 과학기술정보통신부장관은 단체등이 인공지능의 안전성·신뢰성 확보를 위하여 자율적으로 추진하는 검증·인증 활동(이하 "검·인증등"이라 한다)을 지원하기 위하여 다음 각 호의 사업을 추진할 수 있다.
1. 인공지능의 개발에 관한 가이드라인 보급
2. 검·인증등에 관한 연구의 지원
3. 검·인증등에 이용되는 장비 및 시스템의 구축·운영 지원
4. 검·인증등에 필요한 전문인력의 양성 지원
5. 그 밖에 검·인증등을 지원하기 위하여 대통령령으로 정하는 사항

② 과학기술정보통신부장관은 검·인증등을 받고자 하는 중소기업등에 대하여 대통령령으로 정하는 바에 따라 관련 정보를 제공하거나 행정적·재정적 지원을 할 수 있다.
③ 인공지능사업자가 고영향 인공지능을 제공하는 경우 사전에 검·인증 등을 받도록 노력하여야 한다.
④ 국가기관등이 고영향 인공지능을 이용하려는 경우에는 검·인증등을 받은 인공지능에 기반한 제품 또는 서비스를 우선적으로 고려하여야 한다.

제31조(인공지능 투명성 확보 의무) ① 인공지능사업자는 고영향 인공지능이나 생성형 인공지능을 이용한 제품 또는 서비스를 제공하려는 경우 제품 또는 서비스가 해당 인공지능에 기반하여 운용된다는 사실을 이용자에게 사전에 고지하여야 한다.
② 인공지능사업자는 생성형 인공지능 또는 이를 이용한 제품 또는 서비스를 제공하는 경우 그 결과물이 생성형 인공지능에 의하여 생성되었다는 사실을 표시하여야 한다.
③ 인공지능사업자는 인공지능시스템을 이용하여 실제와 구분하기 어려운 가상의 음향, 이미지 또는 영상 등의 결과물을 제공하는 경우 해당 결과물이 인공지능시스템에 의하여 생성되었다는 사실을 이용자가 명확하게 인식할 수 있는 방식으로 고지 또는 표시하여야 한다. 이 경우 해당 결과물이 예술적·창의적 표현물에 해당하거나 그 일부를 구성하는 경우에는 전시 또는 향유 등을 저해하지 아니하는 방식으로 고지 또는 표시할 수 있다.

④ 그 밖에 제1항에 따른 사전고지, 제2항에 따른 표시, 제3항에 따른 고지 또는 표시의 방법 및 그 예외 등에 관하여 필요한 사항은 대통령령으로 정한다.

제32조(인공지능 안전성 확보 의무) ① 인공지능사업자는 학습에 사용된 누적 연산량이 대통령령으로 정하는 기준 이상인 인공지능시스템의 안전성을 확보하기 위하여 다음 각 호의 사항을 이행하여야 한다.
1. 인공지능 수명주기 전반에 걸친 위험의 식별·평가 및 완화
2. 인공지능 관련 안전사고를 모니터링하고 대응하는 위험관리체계 구축
② 인공지능사업자는 제1항 각 호에 따른 사항의 이행 결과를 과학기술정보통신부장관에게 제출하여야 한다.
③ 과학기술정보통신부장관은 제1항 각 호에 따른 사항의 구체적인 이행 방식 및 제2항에 따른 결과 제출 등에 필요한 사항을 정하여 고시하여야 한다.

제33조(고영향 인공지능의 확인) ① 인공지능사업자는 인공지능 또는 이를 이용한 제품·서비스를 제공하는 경우 그 인공지능이 고영향 인공지능에 해당하는지에 대하여 사전에 검토하여야 하며, 필요한 경우 과학기술정보통신부장관에게 고영향 인공지능에 해당하는지 여부의 확인을 요청할 수 있다.
② 과학기술정보통신부장관은 제1항에 따른 요청이 있는 경우 고영향 인공지능 해당 여부를 확인하여야 하며, 필요한 경우 전문위원회를 설치하여 관련 자문을 받을 수 있다.

③ 과학기술정보통신부장관은 고영향 인공지능의 기준과 예시 등에 관한 가이드라인을 수립하여 보급할 수 있다.
④ 그 밖에 제1항에 따른 확인 절차 등에 관하여 필요한 사항은 대통령령으로 정한다.

제34조(고영향 인공지능과 관련한 사업자의 책무) ① 인공지능사업자는 고영향 인공지능 또는 이를 이용한 제품·서비스를 제공하는 경우 고영향 인공지능의 안전성·신뢰성을 확보하기 위하여 다음 각 호의 내용을 포함하는 조치를 대통령령으로 정하는 바에 따라 이행하여야 한다.
1. 위험관리방안의 수립·운영
2. 기술적으로 가능한 범위에서의 인공지능이 도출한 최종결과, 인공지능의 최종결과 도출에 활용된 주요 기준, 인공지능의 개발·활용에 사용된 학습용데이터의 개요 등에 대한 설명 방안의 수립·시행
3. 이용자 보호 방안의 수립·운영
4. 고영향 인공지능에 대한 사람의 관리·감독
5. 안전성·신뢰성 확보를 위한 조치의 내용을 확인할 수 있는 문서의 작성과 보관
6. 그 밖에 고영향 인공지능의 안전성·신뢰성 확보를 위하여 위원회에서 심의·의결된 사항
② 과학기술정보통신부장관은 제1항 각 호에 따른 조치의 구체적인 사항을 정하여 고시하고, 인공지능사업자에게 이를 준수하도록 권고할 수 있다.

③ 인공지능사업자가 다른 법령에 따라 제1항 각 호에 준하는 조치를 대통령령으로 정하는 바에 따라 이행한 경우에는 제1항에 따른 조치를 이행한 것으로 본다.

제35조(고영향 인공지능 영향평가) ① 인공지능사업자가 고영향 인공지능을 이용한 제품 또는 서비스를 제공하는 경우 사전에 사람의 기본권에 미치는 영향을 평가(이하 "영향평가"라 한다)하기 위하여 노력하여야 한다.
② 국가기관등이 고영향 인공지능을 이용한 제품 또는 서비스를 이용하려는 경우에는 영향평가를 실시한 제품 또는 서비스를 우선적으로 고려하여야 한다.
③ 그 밖에 영향평가의 구체적인 내용·방법 등에 관하여 필요한 사항은 대통령령으로 정한다.

제36조(국내대리인 지정) ① 국내에 주소 또는 영업소가 없는 인공지능사업자로서 이용자 수, 매출액 등이 대통령령으로 정하는 기준에 해당하는 자는 다음 각 호의 사항을 대리하는 자(이하 "국내대리인"이라 한다)를 서면으로 지정하고, 이를 과학기술정보통신부장관에게 신고하여야 한다.
1. 제32조제2항에 따른 이행 결과의 제출
2. 제33조제1항에 따른 고영향 인공지능 해당 여부 확인의 요청

3. 제34조제1항 각 호에 따른 안전성·신뢰성 확보 조치의 이행에 필요한 지원(같은 항 제5호에 따른 문서의 최신성·정확성에 대한 점검을 포함한다)

② 국내대리인은 국내에 주소 또는 영업소가 있는 자로 한다.

③ 국내대리인이 제1항 각 호와 관련하여 이 법을 위반한 경우에는 해당 국내대리인을 지정한 인공지능사업자가 그 행위를 한 것으로 본다.

제5장 보칙

제37조(인공지능산업의 진흥을 위한 재원의 확충 등) ① 국가는 기본계획 및 이 법에 따른 시책 등을 효과적으로 추진하기 위하여 필요한 재원을 지속적이고 안정적으로 확충할 수 있는 방안을 마련하여야 한다.

② 과학기술정보통신부장관은 인공지능산업의 진흥을 위하여 필요한 경우에는 공공기관으로 하여금 인공지능산업의 진흥에 관한 사업 등에 필요한 지원을 하도록 권고할 수 있다.

③ 국가 및 지방자치단체는 기업 등 민간이 적극적으로 인공지능산업의 진흥과 관련된 사업에 투자할 수 있도록 필요한 조치를 마련하여야 한다.

④ 국가 및 지방자치단체는 인공지능산업의 발전단계 등을 종합적으로 고려하여 투자재원을 효율적으로 집행하도록 노력하여야 한다.

제38조(실태조사, 통계 및 지표의 작성) ① 과학기술정보통신부장관은 통계청장과 협의하여 기본계획 및 인공지능등 관련 시책과 사업의 기획·수립·추진을 위하여 국내외 인공지능등에 관한 실태조사, 통계 및 지표를 「과학기술기본법」 제26조의2에 따른 통계와 연계하여 작성·관리하고 공표하여야 한다.

② 과학기술정보통신부장관은 제1항에 따른 통계 및 지표의 작성을 위하여 관계 중앙행정기관의 장, 지방자치단체의 장 및 공공기관의 장에게 자료의 제출 등 협조를 요청할 수 있다. 이 경우 협조를 요청받은 기관의 장은 특별한 사정이 없으면 이에 따라야 한다.
③ 그 밖에 제1항에 따른 실태조사, 통계 및 지표의 작성·관리 및 공표 등에 필요한 사항은 대통령령으로 정한다.

제39조(권한의 위임 및 업무의 위탁) ① 과학기술정보통신부장관 또는 관계 중앙행정기관의 장은 이 법에 따른 권한의 일부를 대통령령으로 정하는 바에 따라 소속 기관의 장 또는 특별시장·광역시장·특별자치시장·도지사·특별자치도지사(이하 이 조에서 "시·도지사"라 한다)에게 위임할 수 있다. 이 경우 시·도지사는 위임받은 권한의 일부를 시장(「제주특별자치도 설치 및 국제자유도시 조성을 위한 특별법」 제11조제2항에 따른 행정시장을 포함한다)·군수·구청장(자치구의 구청장을 말한다)에게 재위임할 수 있다.
② 정부는 다음 각 호의 업무를 대통령령으로 정하는 바에 따라 관련 기관 또는 단체에 위탁할 수 있다.
1. 제13조에 따른 인공지능기술 개발 및 이용 관련 사업에 대한 지원
2. 제15조제2항 및 제3항에 따른 학습용데이터의 생산·수집·관리·유통 및 활용 등에 관한 지원대상사업의 선정·지원과 학습용데이터 구축사업의 추진
3. 통합제공시스템의 구축·운영 및 관리

4. 제18조에 따른 창업 활성화를 위하여 과학기술정보통신부장관이 필요하다고 인정하는 사항
5. 제30조제2항에 따른 검·인증등 관련 지원
6. 제38조에 따른 실태조사, 통계 및 지표의 작성
7. 그 밖에 인공지능산업의 육성 및 인공지능윤리의 확산을 위하여 대통령으로 정하는 사무

제40조(사실조사 등) ① 과학기술정보통신부장관은 다음 각 호의 어느 하나에 해당하는 경우에는 인공지능사업자에 대하여 관련 자료를 제출하게 하거나, 소속 공무원으로 하여금 필요한 조사를 하게 할 수 있다.
1. 제31조제2항·제3항, 제32조제1항·제2항 또는 제34조제1항에 위반되는 사항을 발견하거나 혐의가 있음을 알게 된 경우
2. 제31조제2항·제3항, 제32조제1항·제2항 또는 제34조제1항의 위반에 대한 신고를 받거나 민원이 접수된 경우

② 과학기술정보통신부장관은 제1항에 따른 조사를 위하여 필요한 경우 소속 공무원으로 하여금 인공지능사업자의 사무소·사업장에 출입하여 장부·서류, 그 밖의 자료나 물건을 조사하게 할 수 있다. 이 경우 조사의 내용·방법 및 절차 등에 관하여 이 법에서 정하는 사항을 제외하고는 「행정조사기본법」에서 정하는 바에 따른다.

③ 과학기술정보통신부장관은 제1항 및 제2항에 따른 조사 결과 인공지능사업자가 이 법을 위반한 사실이 있다고 인정되면 인공지능사업자에게 해당 위반행위의 중지나 시정을 위하여 필요한 조치를 명할 수 있다.

> 제41조(벌칙 적용에서 공무원 의제) ① 위원회의 위원 중 공무원이 아닌 위원은 「형법」 제129조부터 제132조까지에 따른 벌칙을 적용할 때에는 공무원으로 본다.
> ② 제39조제2항에 따라 위탁받은 업무에 종사하는 기관 또는 단체의 임직원은 「형법」 제127조 및 제129조부터 제132조까지에 따른 벌칙을 적용할 때에는 공무원으로 본다.
>
> **제6장 벌칙**
> 제42조(벌칙) 제7조제9항을 위반하여 직무상 알게 된 비밀을 타인에게 누설하거나 직무상 목적 외의 용도로 사용한 자는 3년 이하의 징역 또는 3천만원 이하의 벌금에 처한다.
>
> 제43조(과태료) ① 다음 각 호의 어느 하나에 해당하는 자에게는 3천만원 이하의 과태료를 부과한다.
> 1. 제31조제1항을 위반하여 고지를 이행하지 아니한 자
> 2. 제36조제1항을 위반하여 국내대리인을 지정하지 아니한 자
> 3. 제40조제3항에 따른 중지명령이나 시정명령을 이행하지 아니한 자
> ② 제1항에 따른 과태료는 대통령령으로 정하는 바에 따라 과학기술정보통신부장관이 부과·징수한다.

1) 신뢰조성을 위한 규제

① 휴업 폐업의 신고

　가장 좋은 방법은 휴업이나 폐업을 시키거나 아예 인허가를 할 수 없

게 하는 것이다. 그리하여 법은 법률에 규정을 두지 않으면 휴업 또는 폐업 신고를 게을리하는 경우 그러한 외관의 신뢰로 인해 산업의 피해를 최소화하기 위해서 강제할 방법이 없게 되기 때문이다. 휴업 또는 폐업 신고는 사전 신고로 하는 것이 일반적이다. 그러나 허가의 목적 달성에 지장이 없는 경우라면 사후에 신고하게 하는 방법도 가능하다.

[입법례] 휴업·폐업 시 사전에 신고하도록 한 사례

「방송법」 제84조(폐업 및 휴업의 신고 등) ① 방송사업자·중계유선방송사업자·음악유선방송사업자 및 전광판방송사업자가 그 업무를 폐업하거나 휴업하고자 하는 때에는 다음 각 호의 구분에 따라 과학기술정보통신부장관 또는 방송통신위원회에 신고하여야 한다.
1. 지상파방송사업자, 공동체라디오방송사업자 및 종합편성이나 보도에 관한 전문편성을 행하는 방송채널사용사업자: 방송통신위원회
2. 제1호의 방송사업자를 제외한 방송사업자, 중계유선방송사업자, 음악유선방송사업자 및 전광판방송사업자: 과학기술정보통신부장관
②~④ (생략)

[입법례] 폐업 시 사후에 신고하도록 한 사례

「문화유산의 보존 및 활용에 관한 법률」 제75조(매매 등 영업의 허가) ① 동산에 속하는 유형문화유산이나 민속문화유산을 매매 또는 교환하는 것을 업으로 하려는 자(위탁을 받아 매매 또는 교환하는 것을 업으로 하는 자를 포함한다)는 대통령령으로 정하는 바에 따라 특별자치시장, 특별자치도지사, 시장·군수 또는 구청장의 문화유산매매업 허가를 받아야 한다.

②~④ (생략)

제79조(폐업신고의 의무) 제75조제1항에 따라 허가를 받은 자는 문화유산매매업을 폐업하면 3개월 이내에 문화체육관광부령으로 정하는 바에 따라 폐업신고서를 특별자치시장, 특별자치도지사, 시장·군수 또는 구청장에게 제출하여야 한다.

휴업 또는 폐업 외에도 해당 영업의 효과적인 관리를 위해 재개업을 하는 경우에도 신고하도록 하는 규정을 두기도 한다.

② **영업의 양도 인수의 허가와 인가**

영업의 양도·양수는 본래 「상법」의 규율 대상인데, 행정법에서도 영업의 양도·양수에 관한 규정을 두는 경우가 있다. 이는 영업허가의 요건과 절차가 매우 복잡한 경우 새로운 영업자가 다시 영업허가를 받아야 하는 번잡함을 덜어 주기 위한 경우와 종전의 영업자에 대한 행정처분의 효과가 새로운 영업자에게 승계되도록 하기 위한 경우가 있다. 영업의 양도·양수를 인정할 것인지는 영업허가의 성격이 무엇인지에 따라 결정된다. 일반적으로 대인적 허가의 경우 그 효과는 허가를 받은 자의 일신에 전속하므로 다른 사람에게 이를 양도할 수 없고, 대물적 허가는 허가 신청인이 갖추고 있는 물적 설비, 지리적 여건 등 객관적 사정에 의하여 부여되므로 다른 사람에게 양도할 수 있다고 본다. 또한, 혼합적 허가는 허가 신청인의 자격·기능 등의 인적 사항은 물론, 물적 설비 등 객관적 사정을 함께 심사한 뒤 부여되므로 법률에 규정이 있는 경우만 다른 사람에게 양도할 수 있다고 한다. 그러나 실무상으로는 대인적 허가, 대물적 허가와 혼합적 허가를 구분하기 쉽지 않으므로, 법률에 영업의 양도·양수에 관한 규정을 두는 것이 입법론적인 해결방안이 될 것이다. 이와 같이 영업의 양도·양수에 관한 규정을 두는 경우에는 양수자가 종전의 영업자의 지위를 승계한다는 규정을 두게 된다. 영업자의 지위 승계는 영업의 양도·양수뿐만 아니라 상속 또는 법인의 합병으로 이루어지는 경우도 있으므로 이를 함께 규정한다. 또한, 경매나 공매에 의하여 영업 시설·설비의 전부를 인수한 자가 종전의 영업자의 지위를 승계하도록 규정하기도 한다.

 법령에서 영업자의 지위 승계를 인정하는 경우에는 영업의 양도·양수 시에 영업자 지위 승계에 관한 인가를 받거나 신고를 하는 규정을 두게 된다. 일반적으로 금융·철도 등 공익성이 강한 사업을 양도하는 경우 사전에 인가를 받도록 하고, 그 밖에 영업으로서 결격사유와 허가기준과 관련해 행정청의 확인이 필요한 경우에는 신고로 규정하고 있다. 신고를 하도록 하는 경우에도 사전에 신고를 하도록 하는 경우와 사후에 신고를 하도록 하는 경우로 나뉜다.

[입법례] 인가를 규정한 사례
「보험업법」 제150조(영업양도·양수의 인가) 보험회사는 그 영업을 양도·양수하려면 금융위원회의 인가를 받아야 한다.

[입법례] 사전 신고를 규정한 사례
「담배사업법」 제11조의3(담배제조업의 양도·양수 등) ① 담배제조업허가를 받은 자(이하 "제조업자"라 한다)는 담배제조업을 양도하려고 하거나 다른 법인과 합병하려면 기획재정부령으로 정하는 바에 따라 기

획재정부장관에게 신고하여야 한다.

② 제1항에 따른 양도 신고를 하였을 때에는 담배제조업을 양수한 자는 담배제조업을 양도한 자의 제조업자로서의 지위를 승계하며, 법인합병의 신고를 하였을 때에는 합병으로 설립되거나 합병 후 존속하는 법인은 합병으로 소멸되는 법인의 제조업자로서의 지위를 승계한다.

③~⑥ (생략)

[입법례] 사후 신고를 규정한 사례

「식품위생법」 제39조(영업 승계) ① 영업자가 영업을 양도하거나 사망한 경우 또는 법인이 합병한 경우에는 그 양수인·상속인 또는 합병 후 존속하는 법인이나 합병에 따라 설립되는 법인은 그 영업자의 지위를 승계한다.

② (생략)

③ 제1항 또는 제2항에 따라 그 영업자의 지위를 승계한 자는 총리령으로 정하는 바에 따라 1개월 이내에 그 사실을 식품의약품안전처장 또는 특별자치시장·특별자치도지사·시장·군수·구청장에게 신고하여야 한다.

④~⑥ (생략)

영업자 지위 승계 신고의 성격과 관련하여 사전 신고를 받도록 하는 경우에는 신고가 있는 때에 지위를 승계하도록 하고 있으므로 처분성이 인정된다. 그런데 사후 신고의 경우에 이러한 영업자 지위 승계에 대한 신고의 성격을 수리가 필요한 신고로 보는 견해와 단순한 사실의 통지로 보는 견해가 있다. 판례는 영업자 지위 승계에 관한 사후 신고에 대해 신고가 수리된 때에 승계의 효력이 발생한다고 보아 수리행위의 처분성을 인정하고 있다. 이는 영업자 지위 승계의 시기를 분명히 하여 의무자를 명확히 하고, 결격사유 등을 확인할 필요성이 있기 때문인 것으로 보인다.

그러나 사후 신고의 경우 「식품위생법」과 같이 대부분의 법령에서는 양도하거나 사망한 경우 또는 합병한 경우에는 그 영업자의 지위를 승계한다고 규정하고 있어, 사후 신고의 수리 시 영업자의 지위 승계 효력이 발생한다는 판례 입장과는 다르게 해석될 여지가 있다.

따라서 사후 신고가 수리된 때에 지위 승계 효력이 발생하되, 양수일, 상속일, 합병일 등으로 지위 승계 효력을 소급하는 규정을 두어 영업자 지위 승계의 효력 발생 시기를 입법적으로 보다 명확히 하는 경우도 있다.

[입법례] 지위 승계 시기를 명시적으로 규정한 사례
「소방시설공사업법」 제7조(소방시설업자의 지위승계) ① 다음 각 호의 어느 하나에 해당하는 자가 종전의 소방시설업자의 지위를 승계하려는 경우에는 그 상속일, 양수일 또는 합병일부터 30일 이내에 행정안전부령으로 정하는 바에 따라 그 사실을 시·도지사에게 신고하여야 한다.
1. 소방시설업자가 사망한 경우 그 상속인
2. 소방시설업자가 그 영업을 양도한 경우 그 양수인
3. 법인인 소방시설업자가 다른 법인과 합병한 경우 합병 후 존속하는 법인이나 합병으로 설립되는 법인
② 다음 각 호의 어느 하나에 해당하는 절차에 따라 소방시설업자의 소방시설의 전부를 인수한 자가 종전의 소방시설업자의 지위를 승계하

려는 경우에는 그 인수일부터 30일 이내에 행정안전부령으로 정하는 바에 따라 그 사실을 시·도지사에게 신고하여야 한다.
1. 「민사집행법」에 따른 경매
2. 「채무자 회생 및 파산에 관한 법률」에 따른 환가(換價)
3. 「국세징수법」, 「관세법」 또는 「지방세징수법」에 따른 압류재산의 매각
4. 그 밖에 제1호부터 제3호까지의 규정에 준하는 절차
③·④ (생략)
⑤ 제1항 또는 제2항에 따른 신고가 수리된 경우에는 제1항 각 호에 해당하는 자 또는 소방시설업자의 소방시설의 전부를 인수한 자는 그 상속일, 양수일, 합병일 또는 인수일부터 종전의 소방시설업자의 지위를 승계한다.

영업자 지위 승계 시에 사전 신고를 하도록 하면서도 상속의 경우에는 사전 신고를 하는 것이 불가능하고, 상속에 따른 신고 시까지 영업의 단절이 이루어진다는 점에서 사망의 경우에는 사후 신고를 하도록 하면서 사망한 날부터 신고일까지의 효력에 관한 특별한 규정을 두기도 한다.

[입법례] 상속에 관한 사후 신고 및 승계효력 규정을 둔 사례
「담배사업법」 제11조의3(담배제조업의 양도·양수 등) ①·② (생략)
③ 제조업자가 사망한 경우 상속인이 담배제조업을 계속하려면 피상속인이 사망한 날부터 30일 이내에 기획재정부령으로 정하는 바에 따라 기획재정부장관에게 신고하여야 한다.
④ 상속인이 제3항에 따른 상속 신고를 하였을 때에는 피상속인이 사

망한 날부터 신고일까지의 기간 동안은 피상속인에 대한 담배제조업허가를 상속인에 대한 담배제조업허가로 본다.

⑤ 제3항에 따라 상속 신고를 한 상속인은 피상속인의 제조업자로서의 지위를 승계한다.

⑥ (생략)

또한, 상속은 상속인의 의사와 관계없이 이루어지므로, 비록 상속인에게 결격사유가 있다 하더라도 일단 영업자의 지위를 승계하게 한 후 일정 기간 동안 결격사유의 적용을 배제하거나 일정 기간 내에 의무적으로 해당 영업을 타인에게 양도하도록 규정하기도 한다.

[입법례] 상속인에게 결격사유가 있어 일정 기간 내에 양도의무를 규정한 사례

「오존층 보호 등을 위한 특정물질의 관리에 관한 법률」 제6조(제조업자의 지위 승계) ① 다음 각 호의 어느 하나에 해당하는 자는 제조업자의 지위를 승계한다. 다만, 제2호 또는 제3호에 해당하는 자가 제5조 각 호의 어느 하나에 해당하는 경우에는 그러하지 아니하다.

1. 제조업자가 사망한 경우 그 상속인
2. 제조업자가 사업을 양도한 경우 그 양수인
3. 법인인 제조업자가 합병한 경우 합병 후 존속하는 법인이나 합병으로 설립되는 법인

② 제1항에 따라 제조업자의 지위를 승계한 상속인이 제5조제1호부터 제3호까지의 규정 중 어느 하나에 해당하는 경우에는 상속이 시작된 날부터 6개월 이내에 다른 사람에게 제조업자의 지위를 양도하여야 한다.

③·④ (생략)

경매나 공매에 의하여 영업시설·설비의 전부를 인수한 자가 종전의 영업자의 지위를 승계하도록 하는 경우도 함께 규정하기도 한다.

[입법례] 경매나 공매에 의한 지위 승계를 규정한 사례
「식품위생법」제39조(영업 승계) ① (생략)
② 다음 각 호의 어느 하나에 해당하는 절차에 따라 영업 시설의 전부를 인수한 자는 그 영업자의 지위를 승계한다. 이 경우 종전의 영업자에 대한 영업 허가·등록 또는 그가 한 신고는 그 효력을 잃는다.
1. 「민사집행법」에 따른 경매
2. 「채무자 회생 및 파산에 관한 법률」에 따른 환가(換價)
3. 「국세징수법」, 「관세법」 또는 「지방세징수법」에 따른 압류재산의 매각
4. 그 밖에 제1호부터 제3호까지의 절차에 준하는 절차
③ 제1항 또는 제2항에 따라 그 영업자의 지위를 승계한 자는 총리령으로 정하는 바에 따라 1개월 이내에 그 사실을 식품의약품안전처장 또는 특별자치시장·특별자치도지사·시장·군수·구청장에게 신고하여야 한다.
④~⑥ 생략

한편 영업자의 지위를 승계하는 자의 경우에도 영업허가의 결격사유 규정의 규율을 받는지에 대한 논란을 피하기 위해 이에 대한 명시적 규정을 두는 경우가 있다.

[입법례]

「물류정책기본법」 제45조(사업의 승계) ① 국제물류주선업자가 그 사업을 양도하거나 사망한 때 또는 법인이 합병한 때에는 그 양수인·상속인 또는 합병 후 존속하는 법인이나 합병으로 설립되는 법인은 국제물류주선업의 등록에 따른 권리·의무를 승계한다.
② 제1항에 따라 국제물류주선업의 등록에 따른 권리·의무를 승계한 자는 국토교통부령으로 정하는 바에 따라 시·도지사에게 신고하여야 한다.
③ 제1항에 따라 승계받은 자의 결격사유에 관하여는 제44조를 준용한다.

허가제는 행정기관에서 개인의 영업 활동에 관하여 규제를 행사하는 제도다. 허가를 받은 영업 등과 관련하여 위법행위가 있거나 허가 처분 이후 그 처분을 그대로 존속시키는 것이 허가제 본연의 목적에 반하는 경우 벌칙 등의 제재를 가하는 것 외에 허가를 취소하거나 해당 영업의 정지를 명하는 등의 행정처분을 할 수 있도록 하여 위법하거나 목적에 반하는 영업활동에 대한 규제의 실효성을 확보하는 것이 일반적이다.

허가를 받은 영업자의 위법행위를 이유로 행정처분을 명하는 것은 허가와 별개의 독립된 처분으로, 국민의 기본권에 중대한 제한을 가져오는 행정작용이다. 허가와 별개로 법률에 명시적인 근거를 두어야 하는 것이 원칙이며, 행정처분의 주체·객체·종류·요건(사유) 및 상한 등 주요 내용은 법률에서 직접 규정하되, 행정처분의 기준이 합리적으로 규정되도록 유의해야 한다.

같은 법률에 여러 가지 종류의 영업이 함께 규정되어 있고, 그 영업이 각기 다른 성격을 가진 경우에는 행정처분에 관한 사항을 각 영업별로 다른 조문으로 규정한다. 한편 동일한 허가에 대해 위법행위를 이유로 허가 취소 또는 영업정지를 규정하는 경우에는 행정기관이 위반의 정도 및 위반 횟수 등 여러 가지 상황을 종합적으로 고려하여 행정처분할 수 있도록 허가 취소와 영업정지를 한 조문에 통합하여 규정한다. 행정처분의 사유는 허가기준의 경우와 같이 명확하고 구체적으로 정해야 한다. 허가 취소 또는 정지 사유를 규정할 때에는 근거 규정을 명시하도록 하며, 이 경우 단순히, "제○조의 규정을 위반한 때"라는 표현을 사용하지 말고, "제○조를 위반하여 …를 한 때" 또는 "제○에 따른 …을 위반한 때"와 같이 규정해야 한다.

③ 허가취소와 영업정지

행정처분의 사유를 정할 때에는 해당 법률에서 정하고 있는 의무를 위반한 경우를 원칙으로 하되, 일정한 기간 동안 실적이 없는 경우나 허가 조건에 위반한 경우 등 해당 법률에서 의무로 정하고 있진 않으나 해당 영업을 규제하기 위해 필요한 사유가 없는지 확인하여 필요한 내용은 행정처분 사유로 명시해야 한다. 일반적으로 법률에서 규정하고 있는 허가 취소 또는 영업정지 사유는 다음과 같다.
① 거짓이나 그 밖의 부정한 방법으로 허가를 받은 경우.
② 허가를 받은 후 결격사유에 해당하는 경우. 다만, 법인의 임원 중 결격사유에 해당하는 사람이 있는 경우, 일정 기간 내에 그 임원을 바꾸어 임명한 경우는 제외한다.
③ 영업정지처분을 받은 후 그 영업정지기간에 영업을 한 경우.

④ 허가를 받은 후 정당한 사유 없이 일정 기간 이상 영업을 하지 않은 경우.
⑤ 허가기준에 미달하게 된 경우.
⑥ 해당 법률에서 규정된 특정 조항을 위반하거나 그에 따른 명령을 위반한 경우.
⑦ 해당 법률에 따른 신고를 하지 아니하거나, 거짓이나 그 밖의 부정한 방법으로 신고한 경우.
⑧ 해당 법률에 따른 보고·자료제출을 거부하거나 거짓으로 한 경우.
⑨ 해당 법률에 따른 출입·검사 등을 거부·방해 또는 기피하거나 질문에 응하지 아니하거나 거짓으로 진술을 한 경우.

행정처분은 허가 취소와 영업정지로 구분하되, 허가 취소 사유를 정할 때에는 거짓이나 그 밖의 부정한 방법으로 허가를 받은 경우, 결격사유가 발생한 경우, 영업정지기간 중에 영업을 한 경우 등 중대한 위반행위는 당연취소사유로 하고, 그 밖의 사유는 임의취소사유로 구분하여 정하도록 하며, 비교적 경미한 위반사항에 대해서는 영업정지처분을 할 수 있도록 한다.

영업정지처분의 경우에는 법률에서 영업정지 기준의 상한을 명시해야 하는데, 이 경우 상한이 너무 장기인 경우에는 허가의 취소와 마찬가지 결과가 초래될 수 있는 점을 고려하여 적정 기간을 상한으로 규정해야 한다. 행정처분을 규정할 때에는 같은 법령에 규정된 과태료, 형벌 등 다른 제재도 함께 고려하여 같은 위반행위에 대해 과도한 제재가 되지 않도록 한다. 영업자가 여러 개의 분사무소를 운영하고 있는 경우 분사무소에서 행해진 영업행위도 주된 사무소에서 행해진 행위와 마찬가지로 영업자의 행위이므로 특별한 규정이 없다면, 개별 분사무소의 위반행위에 대해 영업자의 영업 전부를 정지해야 한다. 정책적 필요에 따라 분사무소별로 영업정지를 할 수 있도록 하려는 경우에는 분사무소별로 영업정지를 할 수 있음을 명시적으로 규정해야 한다.

[입법례] 분사무소별로 업무정지를 할 수 있다고 규정한 사례
「공인중개사법」 제39조(업무의 정지) ① 등록관청은 개업공인중개사가 다음 각 호의 어느 하나에 해당하는 경우에는 6개월의 범위 안에서 기간을 정하여 업무의 정지를 명할 수 있다. 이 경우 법인인 개업공인중개사에 대하여는 법인 또는 분사무소별로 업무의 정지를 명할 수 있다.
1~14. (생략)
②·③ (생략)

　허가 업체 관리의 필요성을 이유로 많은 법률에서 폐업을 허가 취소 사유로 규정하고 있는데, 폐업 시 허가 취소를 도입하기 위해서는 폐업을 하는 경우 반드시 허가를 취소할 필요가 있는지를 우선적으로 검토해야 한다. 일시적으로 폐업을 한 후 다시 해당 허가를 받아 영업을 하더라도 해당 허가제의 취지에 반하지 않는 경우라면 폐업을 허가의 취소사유에서 제외하는 방안을 검토할 필요가 있다.
　일반적으로 변리사, 관세사, 공인노무사 등 자격 관련 등록의 경우 등록 업체에 대한 관리의 필요성이 강하기 때문에 등록을 영업 개시 요건으로 하면서, 폐업을 필요적 취소사유로 규정하고 있고, 그 밖의 허가의 경우에는 임의적 취소사유로 규정하고 있다.

[입법례] 폐업을 필요적 취소사유로 규정한 사례

「공인노무사법」 제19조(등록의 취소 등) ① 공인노무사회는 개업노무사가 다음 각 호의 어느 하나에 해당하는 경우에는 등록을 취소하여야 한다.

1. 제4조에 따른 결격사유에 해당하게 된 경우
2. 제9조에 따라 폐업신고를 한 경우
3·4. (생략)

②·③ (생략)

[입법례] 폐업을 임의적 취소사유로 규정한 사례

「낚시 관리 및 육성법」 제14조(허가의 취소 등) ① 시장·군수·구청장은 제10조에 따라 허가를 받은 낚시터업자가 다음 각 호의 어느 하나에 해당하면 그 허가를 취소하거나 6개월 이내의 기간을 정하여 그 영업의 전부 또는 일부의 정지를 명할 수 있다. 다만, 제1호 또는 제2호에 해당하면 그 허가를 취소하여야 한다.

1~5. (생략)

6. 낚시터업자가 「부가가치세법」 제8조제8항 및 제9항에 따라 관할 세무서장에게 폐업신고를 하거나 관할 세무서장이 사업자등록을 말소한 경우

②~④ (생략)

④ 결격사유

결격사유는 임용·고용·위임 관계 등의 법률관계에서 그 당사자가 될 수 없거나, 국가가 창설하여 운영하는 각종 자격 제도에서 그 자격을

취득할 수 없거나, 각종 인허가, 등록 등을 필요로 하는 영업 또는 사업을 할 수 없는 사유를 말한다. 결격사유를 두는 이유는 국민의 건강·안전 또는 재산에 중대한 영향을 미치거나, 공무원과 같이 국민의 신뢰를 바탕으로 하는 직업, 고도의 전문성 또는 윤리성, 공정성이 요구되는 직종이나 사업영역에 종사하는 자의 자질을 일정 수준 이상으로 유지함으로써 공공의 위험과 손실, 불완전한 서비스로부터 국민을 보호하기 위한 것이다. 결격사유는 자질이 부족한 자가 이러한 직종이나 사업영역에 진입하는 것을 방지하는 기준으로 작용하는 한편 이러한 직종이나 사업영역에 종사하고 있는 자 중에 자질이 부족한 자를 배제시키는 기준으로도 작용한다. 결격사유는 사회생활의 안전과 건전한 질서의 유지를 통해 궁극적으로 일반국민을 보호하기 위한 것이지만, 그에 해당하는 자를 특정 직종이나 사업영역에서 배제함으로써「헌법」상 직업선택의 자유나 경제활동의 자유, 공무담임권 등의 기본권을 제한하는 결과를 가져오게 된다.「행정기본법」제16조제1항에서는 결격사유를 법률로 정하도록 규정하고 있다. 이는 법률유보의 원칙에 부합하는 내용으로서 이를 명문화한 것이다. 따라서 결격사유를 법률이 아닌 하위법령이나 자치법규, 행정규칙에서 신설해서는 안 된다. 결격사유를 법률에 규정하더라도 입법 목적 달성에 반드시 필요한 사유로 한정하여 규정하되, 결격사유 도입의 필요성과 이에 따른 국민의 직업선택의 자유나 경제활동의 자유 등의 기본권을 형량하여 과잉금지원칙에 위반되지 않도록 해야 한다. 대표적인 결격사유는 다음과 같다.

- 미성년자
- 피성년후견인, 피한정후견인
- 파산선고를 받고 복권되지 아니한 자

- 형사처벌을 받은 사실이 있는 자
- 자격 상실·정지자
- 인허가가 취소된 자
- 임원 중 결격사유에 해당하는 사람이 있는 법인

그 밖에 개별 법률의 인허가나 자격 제도의 특성에 따라 정신질환자, 징계처분을 받은 사실이 있는 사람, 대한민국 국적을 가지지 아니한 사람 등을 결격사유에 포함할 경우도 있다. 결격사유를 규정하는 순서도 위의 순서를 따르는 것이 일반적이다.

미성년자를 결격사유로 하는 것은 본인의 보호라는 측면 외에 거래의 안전, 나아가 제3자를 보호하기 위한 것이다. 미성년자의 경우 법률행위를 할 때 원칙적으로 법정대리인의 동의를 받아야 하는 등 「민법」상 행위능력에 관한 제한이 있지만, 현실적으로 법정대리인의 동의 없이도 실제 경제활동을 할 수 있는 능력을 갖추고 있는 경우도 있고, 특정한 영업의 경우에는 법정대리인의 허락을 받으면 그에 관하여는 미성년자라도 성년자와 동일한 행위능력이 있으므로(「민법」 제8조제1항), 거래상의 신뢰 또는 재산상의 신용이 필요하거나 그 업무의 성격상 미성년자를 특히 보호할 필요성이 있는 등의 경우에만 결격사유에 포함시키도록 한다.

피성년후견인·피한정후견인의 경우 「민법」이 개정되어 종전의 금치산자 및 한정치산자 제도가 폐지되고, 성년후견·한정후견제도가 도입(2011. 3. 7. 공포, 2013. 7. 1. 시행)됨에 따라 개별 법률에 있는 결격사유 규정을 개정 「민법」의 취지에 따라 개정하는 것이 필요하다. 피후견인을 각종 영업 등의 결격사유로 규정하는 것은 피후견인 잔존 행위능력을 인정하는 성년후견 제도의 취지와 모순되며, 현행 피후견인 결격조항은 정신적 제약의 정도나 행위능력 제한의 범위와 상관없이 피후견인 여부만을 기준으로 획일적으로 규율함에 따라 개별법상 자격·영업 등의 수행능력이 인정되는 피후견인도 해당 직무에서 포괄적으로 배제되어「헌법」상 과잉금지의 원칙 등에 위배될 소지도 있다. 따라서「민법」상 행위능력과 개별법상 직무수행능력을 구분하여 결격사유를 규정할 필요가 있다. 구체적으로는 개별법에 이미 규정되어 있는 자격시험, 인허가 요건, 그 밖의 검증수단을 통해 직무수행능력 판단이 충분히 가능한 경우에는 피후견인 결격사유를 두지 않는 것이 타당하다. 다만, 개별법에서 검증수단이 규정되어 있지 않거나 부족한 경우에는 자격이나 업종의 특성 및 공익성의 요구 정도 등을 고려하여 피후견인 결격사유를 규정하지 않고 대체 결격 사유로 '정신적 제약' 등을 추가로 규정할 수도 있다. 이 경우 공익성이 중대한 경우라면 결격사유와 행정처분을 동시에 규정함으로써 사전·사후 규제가 되도록 하고,(181) 공익관련성이 낮은 경우에는 행정처분만 규정하여 사후 규제 수단만 두는 방안이 바람직하다. 대체 결격사유를 신설하면서 '정신적 제약'의 범위를 하위법령에 위임한 경우에는 그 하위법령에서 가능하면 구체적이고 명확하게 규정해야 한다. 또한 대체 결격사유와 관련한 절차나 서류를 총리령·부령 등에 규정하면서 신청인이 해당 분야의 전문의 진단서를 제출하도록 하는 경우에는 오히려 신청인의 부담과 자료제출의무를 부과하게 되므로 자격, 인허가 등의 신청을 할 때 ① 원칙적으로 건강검진 등 신청인에게 부담이 적은 방법을 통해 행정청이 정신적 제약의 해당 여부를 확인(183)하도록 하고, ② 예외적으로 신청인에게 전문의 진단서 또는 소견서를 제출하도록 하여 신청인의 부담을 완화할 필요가 있다. ③ 정신장애 관련 사유 등 미성년자·피성년후견인 및 피한정후견인과 유사한 사유에 해당하는 것으로 "정신장애 관련 사유"와 "약물·질병·신체장애 관련 사유"를 결격사유로 규정하는 경우도 있다. 정신장애 관련 사유로는 정신질환자, 뇌전증환자 등이 있고, 약물·질병·신체장애 관련 사유로는 마약·대마 또는 향정신성의약품 중독자 등이 있다. 이런 유형의 결격사유는 주로 의료·위생 관련 법령에서 많이 사용된다. 정신장애 관련 사유 등을 결격사유로 규정할 때에는 그 사유를 구체적으로 특정하여 명확히 표현해야 한다.

[입법례]
「국민영양관리법」 제16조(결격사유) 다음 각 호의 어느 하나에 해당하는 사람은 영양사의 면허를 받을 수 없다.
1. 「정신건강증진 및 정신질환자 복지서비스 지원에 관한 법률」 제3조제1호에 따른 정신질환자. 다만, 전문의가 영양사로서 적합하다고 인정하는 사람은 그러하지 아니하다.
2. 「감염병의 예방 및 관리에 관한 법률」 제2조제13호에 따른 감염병환자 중 보건복지부령으로 정하는 사람
3. 마약·대마 또는 향정신성의약품 중독자
4. 영양사 면허의 취소처분을 받고 그 취소된 날부터 1년이 지나지 아니한 사람

파산선고를 받고 복권되지 않은 자를 결격사유(당연퇴직사유 또는 등록말소사유 등)로 하는 것은 거래상의 신뢰나 재산상의 신용을 필요로 하는 업무에는 이들이 적합하지 않다고 보기 때문이나, 대다수의 법

령에서는 일률적으로 파산자를 제한능력자에 준하여 규정하고 있다. 그러나 파산이라는 경제현상은 다양한 원인에 의하여 발생할 수 있으므로 파산선고를 받은 경우에도 그 원인에 따라 당사자에 대한 신뢰에 미치는 영향은 큰 차이가 있다. 따라서 파산 선고를 받았다는 이유만으로 일률적으로 결격사유로 삼는 것은 과잉규제의 우려가 있다.

그러므로 결격사유 중 '파산선고를 받고 복권되지 않은 자'에 관한 규정을 둘 때에는 이런 점을 고려하여 해당 임용, 자격 또는 인허가가 가지는 공공성, 신뢰성이 높거나 거래상의 신뢰나 재산상의 신용이 중요하게 요구되는 경우로 한정하는 것이 필요하다. 최근에는 파산자의 경우 결격사유에서 제외하거나 결격사유와 당연퇴직사유를 달리하여 규정하는 입법례가 등장하고 있다.

[입법례]

「국가공무원법」에서는 파산자의 경우 당연퇴직사유를 결격사유와 다소 다르게 규정하고 있다. 즉 결격사유는 '파산선고를 받고 복권되지 아니한 자'로 규정하여 파산선고를 받기만 하면 복권되기 전까지는 공무원으로 임용될 수 없도록 하고 있으나, 당연퇴직사유는 '파산 선고를 받은 사람으로서 「채무자 회생 및 파산에 관한 법률」에 따라 신청기한 내에 면책신청을 하지 아니하였거나 면책불허가 결정 또는 면책 취소가 확정된 경우'로 규정하여 파산선고를 받았더라도 일정한 요건을 충족해야 퇴직되도록 하여 파산선고를 받는 즉시 퇴직되는 것을 방지하고 있다.

형사처벌을 받은 사실을 결격사유로 하는 것은 준법의식에 문제가 있는 사람을 배제해서 국민의 생명과 재산을 보호하려는 것이다. 그러나 형사처벌을 받은 사실만을 이유로 당사자를 사회·경제활동에서 배제하게 되면 이들로 하여금 갱생을 포기하고 다시 위법을 저지르게 하는 요인이 되므로, 그 자격이나 영업의 성질에 비추어 보아 과잉규제가 되지 않도록 특히 다음의 사항을 유의해야 한다. ① 먼저 범죄의 종류를 해당 자격이나 영업과 관련되는 범위로 한정해야 한다. 변호사, 공인회계사, 법무사, 변리사, 세무사 등과 같이 윤리성 또는 공정성의 확보가 긴요한 직업이나 자격의 경우에는 범죄의 종류와 관계없이 일정한 형벌 이상의 전과사실을 결격사유로 하는 데에 별문제가 없으나, 그렇지 않은 경우에는 입법목적 실현과의 관련성을 고려하여 해당 자격이나 영업과 밀접하게 관련되는 범죄로 한정하도록 한다.

인허가 사업이나 자격 제도에서 결격사유를 두는 목적이 준법의식에 문제가 있는 사람을 배제함으로써 해당 사업 종사자나 자격자의 윤리성, 도덕성 자체를 고양하기 위한 것이라면 모르겠으나, 직무 관련 규정을 준수하게 함으로써 적정한 직무수행이나 자격 행사에 요구되는 자질과 능력을 일정 수준 이상 담보하려는 것이라면 영업이나 자격의 수행과 관련 있는 법령을 위반한 자만 배제하는 방식으로 입법목적을 충분히 달성할 수 있기 때문이다. 만약 목적 달성에 필요한 범죄의 종류나 유형을 한정하지 않고 모든 범죄를 결격사유로 하면 특정 영업의 수행 또는 자격의 행사와 아무 관련 없는 범죄 예컨대 과실로 인한 교통사고, 단순 폭행 등으로 형사처벌을 받은 자까지 해당 사업이나 자격에서 배제되는 결과를 초래하게 된다. 그러나 직무와 아무 관련 없는 범죄까지 광범위하게 배제하는 방법이 직무 관련 규정을 준수하게 함으로써 해당 사업이나 자격을 적정하게 수행하게 한다는 입법 목적의 달성에 적합한 수단인지 의문이 있고, 목적 달성에 적합한 수단이라 하더라도 목적 달성에 필요한 정도를 넘는 과도한 규제로서 최소침해의 원칙에 반할 수 있다.

해당 자격이나 영업과 관련이 없는 범죄를 불가피하게 결격사유로 하더라도 이를 해당 법률 위반 범죄보다 가볍게 취급하는 것도 한 방법이 될 수 있다.

[입법례]

해당 영업과 관련된 범죄에 대해 결격사유 기간을 더 길게 정한 사례의 경우 타당성을 생각해 볼 필요가 있다. 범죄의 경중과 그와 연관된 재범의 위험성을 개별적으로 고려하지 않고 결격사유의 대상이 되는 모든 범죄에 대해 획일적으로 하나의 결격기간을 설정하는 것은 피해야 한다.

일반적으로 법정형이 무거운 범죄를 저지른 경우, 재범의 위험성이 더 크고 범죄의 습벽도 강한 것이므로 죄질이 가볍고 재범의 위험성이 적은 사람에게 지나친 기본권 침해가 될 수 있기 때문이다. 따라서 해당 법률에서 결격 사유의 대상으로 삼은 모든 범죄에 대해 획일적으로 하나의 결격기간을 설정하지 말고 범죄의 종류, 죄질, 형기의 장단 및 재범의 가능성 등을 고려하여 결격사유의 기간에 차등을 두는 것이 필요하다. 형벌은 벌금, 금고, 징역 등과 같이 그 종류가 다양하고 또 이들의 집행유예가 있으므로 가벼운 형벌을 받은 자가 더 무거운 형벌을 받은 자보다 결격사유 기간이 더 장기가 되지 않도록 유의해야 한다. 벌금형은 그 범위가 넓을 뿐만 아니라 사회적 비난의 가능성이 비교적 낮은 범죄인 경우가 많으므로 벌금형을 결격사유로 할 때에는 신중해야 하며, 특히 다른 법령 위반으로 인한 벌금형은 특별한 사유가 없으면 결격사유로 하지 않도록 한다. 그리고 특정 범죄를 범하여 일정한 형을 선고받은 경우를 결격사유의 하나로 규정하면서 해당 범죄로 다른 범죄의 경합범에 대한 형의 분리선고 규정을 두지 않은 경우가 대부분이다. 그러나 특정 범죄와 형의 종류 및 형량을 같이 결격사유로 규정하면서 형의 분리선고 규정이 없는 경우에는 법원의 판결문에 나타난 양형결과만으로는 해당 법률상의 결격사유에 해당하는지 분명하게 알 수 없으므로 결격사유에 해당하는 범죄와 다른 범죄가 경합범으로 처벌될 경우 결격사유를 판단할 수 있는 명확한 기준을 제시하여 행정청의 결격사유 판단에 대한 객관적인 지침을 제공해 줄 필요가 있다. 따라서 결격사유에서 범죄의 범위와 형의 종류 및 형량을 규정하면서 분리 선고 규정을 두고 있지 않은 법률의 경우, 분리선고 규정을 마련해야 한다. 집행유예를 결격사유로 할 때에는 유예기간이 만료되면 형 선고의 효력이 상실되는 「형법」의 취지를 존중하여 유예기간 중인 경우만 결격사유로 하고, 특별한 사유가 없으면 '유예기간 만료 후 일정 기간이 경과될 때까지'를 결격사유로 하지 않아야 한다. 집행유예 기간이 만료된 후 일정 기간이 경과될 때까지를 결격사유로 한다면 집행유예기간이 실형의 기간보다 길어지므로 집행유예를 받은 자가 실형을 받은 자보다 사회적 비난가능성이 낮음에도 불구하고 더 오랫동안 결격사유에 해당하게 되는 모순이 생긴다. 형의 선고유예를 받은 자는 해당 직업이나 영업이 고도의 윤리성을 필요로 하는 등 특별한 경우가 아니면 결격사유에 포함하지 않도록 하고, 결격사유에 포함하더라도 집행유예와 마찬가지로 그 유예기간 중에 있는 경우만 결격사유로 하도록 한다. 따라서 형사처벌을 받은 사실이 있는 자에 관한 결격사유는 다음과 같이 자유형과 벌금형으로 구분하고, 자유형의 실형과 집행유예 및 선고유예를 구분하며, 위반 법률은 원칙적으로 해당 법률로 한정하는 방식으로 규정한다.

⑤ 자격상실과 자격정지

자격상실과 자격정지에는 법원의 판결 즉, 자격상실 또는 자격정지의 형을 선고받은 경우와 법률에 의하여 자격이 상실되거나 정지된 경우가 있다.

해당 법률에 따라 자격이 상실되거나 정지되는 경우는 결격사유나 인허가, 면허 등의 취소사유나 임원·위원 등의 자격상실에 관한 규정에 따라 규율된다. 다른 법률에 따라 자격이 상실되거나 정지된 경우를 해당 법률상의 결격사유로 할 수 있느냐가 문제되는데, 개별 법률에서의 자격상실 규정은 그 법률상의 의무위반 등에 따른 의결이나 처분에 따라 자격을 박탈하거나 정지하는 것이어서 이를 다른 법률관계에 확대 적용하는 것은 지나친 규제에 해당하므로 이러한 경우는 제외하기로 한다.

⑥ 인허가가 취소되었던 자에 대한 접근(행정처분을 받은 사실이 있는 자)

해당 자격이나 인허가·등록이 취소되면 일정 기간 동안 다시 그 자격을 취득할 수 없게 하거나 인허가·등록을 받을 수 없게 하는 경우가 적지 않다. 해당 자격이나 인허가에 관한 사항을 제대로 준수하지 않은 데 대한 책임을 어떻게 물을지 생각해 볼 필요가 있다. 해당 법령에 따른 처분을 결격사유로 규정하는 경우, 이를 어떻게 해석할지 의문이 될 때가 있다.

【관련 규정이 하나인 경우】
- 이 법에 따라 허가(등록)가 취소(실효)된 후 ○년이 지나지 아니한 자.

【관련 규정이 많은 경우】
- 제○조에 따라 허가(등록)가 취소된 후 ○년이 지나지 아니한 자.
- 해당 법령 및 관련 법령에 의한 처분을 결격사유로 규정하는 경우.
- 이 법 또는 「○○법」에 따라 허가(등록)가 취소된 후 ○년이 지나지 아니한 자.
- 이 법, 「○○법」 또는 「○○법」에 따라 허가(등록)가 취소된 후 ○년이 지나지 아니한 자.
- 다른 법령에 따른 처분을 결격사유로 규정하는 경우.
- 「○○○법」 제○○조제○항에 따라 허가(등록)가 취소된 후 ○년이 지나지 아니한 자.

인허가나 등록이 취소된 자에 대해 결격사유를 규정하는 경우로서 인허가나 등록의 대상이 되는 영업이 여러 종류로 구분되는 경우(예컨대, 「관광진흥법」상의 관광사업은 여행업·관광숙박업·관광객 이용시설업 등으로 구분됨) 어느 한 종류의 영업에 관한 인허가나 등록이 취소되면 다른 종류의 영업허가나 등록의 결격사유로 할 것인지를 분명히 해야 한다.

결격사유를 해당 사업이나 자격의 퇴출기준으로 삼는다는 것은 결격사유의 발생을 신분 또는 자격이나 인허가의 취소사유로 한다는 것인데, 이는 결격사유 제도 자체에서 유래하는 것이다. 그러나 신분 또는 자격을 취득하지 못하게 하거나 영업을 시작하지 못하게 하는 것과,

이미 취득한 신분 또는 자격을 박탈하거나 기존의 영업을 폐업하게 하는 것을 반드시 동일하게 취급할 것은 아니다. 후자의 경우 그 신분·자격 또는 영업을 기반으로 많은 법률관계가 형성되었을 것이므로 당사자가 받는 불이익이 훨씬 큰 경우가 많을 것이기 때문이다. 따라서 결격사유가 진입 장벽으로 작용할 때에는 과잉금지원칙에 반하지 아니하지만 기존 사업에서의 퇴출사유로 작용할 때에는 과잉금지원칙에 반할 수 있다.

2) 행위에 대한 벌칙
① 과징금

「행정기본법」은 과징금과 관련하여, 법령 등에 따른 의무를 위반한 자에 대하여 법률로 정하는 바에 따라 그 위반행위에 대한 제재로서 부과되는 것이라 규정하고 있다(「행정기본법」 제28조제1항). 현행법상 과징금은 크게 경제적 이익 환수 과징금, 영업정지 대체 과징금, 순수한 금전적 제재로서의 과징금으로 유형을 구분할 수 있다. 과징금은 금전적 제재수단이라는 점에서 벌금이나 과태료와 유사하다. 그러나 과징금은 행정기관이 부과한다는 점에서 사법기관(司法機關)이 결정하는 벌금과 구별되고, 과태료가 행정청에 대한 협조의무 위반에 대해 부과하거나 경미한 형사사범에 대한 비범죄화 차원에서 부과되는 반면, 과징금은 일반적으로 법규 위반으로 얻어진 경제적 이익을 환수하거나 영업정지 처분을 갈음하여 금전적 제재를 부과한다는 점에서 차이가 있다.

경제적 이익 환수 과징금은 불법행위로 얻어진 경제적 이익을 확실히 환수하기 위해 도입되었다. 불법이익의 환수 수단으로 일반적으로 인정되던 「형법」상의 몰수·추징 제도 등이 엄격한 형사절차에 의하여 운영됨으로써 경제사범의 제재에 요구되는 융통성이 제약을 받는다는 점을 고려하여 고안된 제도이다. 경제적 이익 환수 과징금은 법률의 규정에 따라 환수 범위를 명확히 하고 이에 따른 행정처분으로 과징금을 부과·징수하게 되는데 행정청이 운영하기 때문에 비교적 법령에서 부과금액 등이 명확하게 규정되어 있지만 집행과정에서는 행정청의 재량이 폭넓게 작용된다는 점이 특징이다.

다음으로 영업정지처분은 허가처분 등 수익적(授益的) 행정행위에 대한 사후 관리 수단으로서 영업자가 허가 등에 따른 행정상의 의무를 위반할 때 제재로 가하는 강력한 수단이기는 하나, 이로 인하여 그 영업자가 수행하는 영업활동을 이용하는 일반국민에게 불편을 초래할 수 있다. 이러한 공익적 고려에 따라 행정처분을 대신하는 금전적 제재로서의 과징금이 등장하게 되었다. 현행법상 이러한 유형의 과징금이 가장 많은 경우를 차지하고 있다. 다만, 사업 이용자의 편의를 고려할 필요가 있다고 하더라도 중대한 법령 위반에까지 금전적 제재로의 대체(代替)를 인정하는 것은 타당하지 않으므로 허가취소에 해당하는 위반에 대해서까지 영업정지 대체 과징금을 허용해서는 안 된다.

영업정지 대체 과징금의 경우에도 결과적으로 영업정지 기간의 영업행위로 얻을 수 있는 이익의 전부 또는 일부가 환수되는 효과가 있지만, 이 경우의 영업이익 환수는 과징금 부과에 따른 부수적 효과이지 영업이익 환수 그 자체가 목적은 아니므로 영업정지 대체 과징금 부과 기준은 사업자가 영업정지 기간에 실제 얻을 수 있는 영업이익과 반드시 연관될 필요는 없다.

끝으로 순수한 금전적 제재로서의 과징금은 그 금액이 위반행위로 인해 얻게 된 이익과 직결되어 있지 않고, 영업정지처분과 연계되어 있지도 않다는 점에서 앞서 설명한 두 유형과 다르다. 1995년 제정된 「부동산 실권리자명의 등기에 관한 법률」에서 도입되었고, 소유권이전등기를 장기간 신청하지 않은 경우 등에 일정한 과징금을 부과하도록 하고 있다. 과징금의 부과는 그 자체가 국민에게 금전적 부담을 지우는 침익적 행정행위이므로 법률 유보의 원리상 반드시 법률에 그 근거를 두어야 한다. 과징금의 근거가 되는 법률에는 부과·징수 주체, 부과사유, 상한액, 가산금을 징수하려는 경우, 과징금 또는 가산금 체납 시 강제징수를 하려는 그 사항을 명확하게 규정하여야 한다(「행정기본법」 제28조제2항). 특히 위임입법의 범위와 관련하여 위반행위별 과징금 금액을 하위법령에 위임하는 대신 법률에서 어느 정도의 구체적인 산정기준을 정하도록 하는 것이 바람직하다.

동일한 의무위반에 대해 과태료, 과징금, 벌금 등의 금전제재를 중복적으로 부과하는 입법은 법률의 수범자인 국민의 입장에서 사실상 이중처벌로 받아들여질 수 있으므로 바람직하지 않은 면이 있다. 따라서 과징금 제도를 도입하는 경우에는 다른 유형의 금전제재와 중복되지 않는지를 검토해야 하고, 중복될 수 있는 경우라면 제재의 실효성 등의 측면에서 반드시 필요한 경우에만 한정하여 도입해야 할 것이다.

그리고 과징금 부과사유가 형벌의 구성요건이나 과태료 부과사유와 중복되어 이중처벌로 비춰질 소지를 없애는 데 유의하되, 특히 "이 법 또는 이 법에 따른 명령이나 처분을 위반하였을 때"라는 표현을 사용하는 대신 위반행위의 유형을 일일이 적시하도록 한다.

과징금과 과태료 부과사유가 중복되는 경우에 과징금을 부과한 행위에 대해서는 과태료를 부과할 수 없도록 하여 중복 부과 문제를 해결하려고 한 입법례도 있으나, 과태료를 먼저 부과하는 경우에 과징금 부과 가능 여부가 불분명하고, 영업정지 대체 과징금을 부과하지 않고 영업정지를 한 경우에는 과태료를 부과할 수 있는 모순이 발생한다. 따라서 과징금과 과태료가 처음부터 중복되지 않도록 주의하는 것이 필요하다.

영업정지 처분을 대신하는 과징금 제도는 자동차운수사업, 도시가스사업, 해운업, 항공업, 항만운송사업, 석유사업, 도소매업, 유선방송업 등 영업정지 처분을 할 경우 이용자인 국민이 심한 불편을 겪게 되어 오히려 공익을 해칠 우려가 있는 공익성이 강한 사업을 대상으로 하여 도입되었다.

그러나 차츰 자동차관리업, 건설업, 식품위생업 등 영업정지처분을 하더라도 국민에게 그다지 불편을 주지 않는 사업에까지 과징금 제도가 도입되어 왔다. 이는 영업정지가 사업자에게 막대한 타격을 주어 행정청이 이를 엄격히 집행하는데, 애로를 느끼는 점을 해결하고 행정청도 과징금 수입을 특정한 행정 목적에 사용할 수 있다는 점에 따른 것이다. 영업정지처분을 대신하는 과징금 제도의 취지는 그 사업을 이용하는 일반국민에게 불편을 끼치는 것을 막기 위한 것이고, 이를 공익성이 약한 사업 분야까지 확대하면 영업정지 처분이 갖던 제재 효과를 충분히 달성하기 어려워지고 위법행위를 조장하는 측면도 있게 된다. 따라서 영업정지 처분을 대신하는 과징금 제도는 이용자의 편의나 국민경제에 악영향을 초래하는 등 공익을 해칠 우려가 있는 경우에만 한정하여 도입하는 것을 원칙으로 한다. 과징금 부과처분의 근거 규정은 법률에 두되, 취소·정지 규정은 하나의 조문(또는 항)에서 함께 규정하고, 과징금 부과처분은 영업정지처분을 대신하는 것이라는 점을 명확하게 하기 위해 취소·정지 규정과는 다른 조문(또는 항)에서 별도로 규정하도록 한다. 과징금 부과 요건에 영업정지사유 외에 공익성에 관한 요건이 요구되므로 "대통령령으로 정하는 바에 따라"의 앞에 "영업정지가 이용자 등에게 심한 불편을 주거나 공익을 해칠 우려가 있는 경우에는"과 같은 공익성 요건 관련 표현을 두도록 한다. 과징금액의 상한을 정액으로 정하지 않고 위반행위와 관련이 있는 매출액·비용 등과 연계하려면 "○○원 이하"라는 표현 대신에 "⋯⋯ 금액의 ○분의 ○에 상당하는 금액 이하"와 같은 표현을 사용하도록 한다.

② 이행강제금

이행강제금은 의무자가 행정상 의무를 이행하지 않는 경우 행정청이 적절한 이행기간을 부여하고, 그 기한까지 행정상 의무를 이행하지 않으면 금전급부의무를 부과하는 제도를 말한다. 이러한 이행강제금은 의무자 자신에 의하지 않으면 이행하기 어려운 의무를 금전적 제재를 통해 심리적으로 압박함으로써 자발적으로 이행하게 하기 위한 것이다. 이행강제금은 1991년 「건축법」 제83조에서 처음 도입했고, 「옥외광고물 등의 관리와 옥외 광고산업 진흥에 관한 법률」 제10조의3, 「주차장법」 제32조 등에도 규정되어 있다.

[입법례]
「옥외광고물 등의 관리와 옥외광고산업 진흥에 관한 법률」 제10조의3(이행강제금) ① 시장등(제3조의2에 따라 시·도지사에게 허가를 받거나 신고한 경우에는 시·도지사를 말한다. 이하 이 조에서 같다)은 제10

조제1항에 따른 명령을 받은 후 그 조치 기간 내에 이행하지 아니한 관리자등(입간판·현수막·벽보·전단의 관리자등은 제외한다. 이하 이 조에서 같다)에 대하여는 대통령령으로 정하는 바에 따라 500만원 이하의 이행강제금을 부과·징수할 수 있다. 다만, 「건축법」 제80조에 따른 이행강제금 부과로 그 이행을 강제할 수 있는 경우에는 그러하지 아니하다.
② 시장등은 제1항에 따른 이행강제금을 부과하기 전에 미리 상당한 기간을 정하여 이를 부과·징수한다는 뜻을 해당 관리자등에게 문서로써 계고(戒告)하여야 한다.
③ 시장등은 제1항에 따른 이행강제금을 부과하는 경우에는 이행강제금의 금액·부과사유·납부기한 및 수납기관, 이의제기 방법 및 기간 등을 자세히 밝힌 문서로써 하여야 한다.
④ 시장등은 제10조제1항에 따른 최초의 명령을 한 날을 기준으로 1년에 2회 이내의 범위에서 해당 명령이 이행될 때까지 반복하여 제1항에 따른 이행강제금을 부과·징수할 수 있다.
⑤ 시장등은 명령을 받은 자가 그 명령을 이행하는 경우에는 새로운 이행강제금 부과를 즉시 중지하되, 이미 부과된 이행강제금은 징수하여야 한다.
⑥ 시장등은 제3항에 따라 이행강제금 부과처분을 받은 자가 이행강제금을 기한 내에 납부하지 아니하는 때에는 「지방행정제재·부과금의 징수 등에 관한 법률」에 따라 징수한다.

종래에는 이행강제금을 비대체적 작위의무나 부작위의무에 대해서만 부과할 수 있는 것으로 보았으나, 현재는 대체적 작위의무의 경우에도 대집행이 곤란한 경우라면 이행강제금을 부과할 수 있다고 보는 것이 일반적이다. 대체적 작위의무에 대해서도 이행강제금을 부과할 수 있으므로, 이행강제금을 부과·징수한 후 다시 원상회복명령을 하고 다시 명령 불이행이 있으면 부득이 대집행을 할 필요가 있는 경우가 있을 때에는 이행강제금 규정을 두면서 대집행 규정을 같이 둘 수도 있다.[25]

---

25) 헌법재판소 2023. 2. 23. 선고 2019헌바550 전원재판부
    가. 개발제한구역 내에서 이루어진 위법한 개발행위를 원상회복하기 위한 행정상 강제수단으로는 행정대집행과 이행강제금 부과가 있다. 대집행은 당사자의 의사와 무관하게 행해지고 당사자의 저항을 불러일으킬 수 있다는 점에서 당사자로 하여금 위법상태를 자발적으로 시정할 기회를 주고 그 방향으로 유도하는 이행강제금 부과를 우선 시행하는 것이 더 타당할 수 있다. 따라서 대집행이 가능한 경우 이행강제금을 부과하지 않는다는 제외규정을 두지 않았다고 하여 이행강제금 부과조항이 침해의 최소성을 위반하는 것은 아니다. 또한 이행강제금이 수차례 부과됨에 따라 이를 합산한 총액이 위법한 개발행위로 토지 소유자가 얻은 경제적 이익은 물론 위법건축물 자체의 객관적 가치를 넘어서는 경우도 발생할 수 있으나 만약 통산 부과횟수나 통산 부과상한액의 제한을 두면 토지 소유자로 하여금 위법한 상태를 유지할 수 있는 길을 열어주게 됨으로써 이행강제금의 본래의 취지를 달성할 수 없게 될 수 있다. 입법목적을 달성하기 위하여는 이행강제금을 반복적으로 부과하는 것이 필요하므로, 이행강제금 부과조항이 이행강제금의 통산 부과횟수나 통산 부과상한액을 제한하는 규정을 두고 있지 않더라도 침해의 최소성에 반한다고 할 수는 없다. 이행강제금 부과로 개발제한구역에서의 위법상태를 원상회복하도록 유도함으로써 개발제한구역의 취지인 도시주변의 자연환경을 보전한다는 공익은 중대한 반면, 그로 인하여 제한되는 사익은 위반행위자 등의 금전적 손실이 발생하는 것으로서, 이는 이행강제금 부과를 통해 실현하고자 하는 공익에 비해 크다고 보기 어렵다. 이를 종합하면, 이행강제금 부과조항은 과잉금지원칙을 위반하여 청구인들의 재산권을 침해한다고 할 수 없다.
    나. 개발제한구역법 위반행위의 종류는 건축물의 건축 또는 용도변경, 공작물의 설치, 토지의 형질변경 등으로 매우 다양하다. 이를 원상복구하기 위한 건축물·공작물 등의 철거·폐쇄·개축 또는 이전, 그 밖에 필요한 조치 등에 대하여 위법상태를 시정할 기간을 얼마나 부여할지는 법 위반의 유형에 따라 천차만별이므로, 이를 일일이 법률로 정하기

의무를 이행하게 하는 행정상 강제로 국민의 재산권에 직접적으로 영향을 미치게 되므로 재산권 제한과 관련한 「헌법」상 민주적 정당성과 법치주의적 요청에 부합하기 위해 이행강제금의 부과근거는 법률로 정해야 한다. 개별 법률에서 이행강제금을 규정할 경우에는 「행정기본법」 제31조제1항에 따라 ① 이행강제금의 부과주체와 징수주체, ② 이행강제금을 부과하는 요건, ③ 이행강제금 부과 금액, ④ 이행강제금 부과 금액 산정기준, ⑤ 이행강제금 연간 부과 횟수나 횟수의 상한을 명확하게 규정해야 한다. 법률에서 이행강제금 부과 금액 산정기준 또는 이행강제금 연간 부과 횟수나 횟수의 상한도 정하는 것이 법적 명확성 확보라는 측면에서 타당하다. 그러나 이를 규정할 경우 입법목적이나 입법취지를 훼손할 우려가 크다고 인정될 때 이행강제금 부과금액이 합의제행정기관의 의결을 거쳐 결정되거나, 1일당 이행강제금 부과금액의 상한 등 이행강제금 연간 부과 횟수나 횟수의 상한에 준하는 부과 상한을 이행강제금 부과의 근거가 되는 법률에서 정하는 경우에는 법률에서 이를 명시하지 않을 수 있다(「행정기본법 시행령」 제8

는 어렵다. 대신 개발제한구역법에서는 이행강제금의 부과 요건 및 대상인 금지되는 개발행위의 종류를 자세히 규정하고 있고(제12조), 이행강제금을 부과한다고 사전통지하기 전에 먼저 시정명령을 하도록 규정하는 등(제30조), 이행강제금 부과절차에 관하여 상세히 법률로 규정하고 있다. 따라서 사전계고조항은 법률유보원칙을 위반한다고 볼 수 없다. 다만 이 경우 상당한 기간이 어느 정도의 기간을 의미하는지를 수범자가 예측할 수 있는가에 관한 문제는 여전히 남아있는데, 토지소유자로서는 이행강제금의 사전계고를 받기 전에 시정명령을 이미 받은 상태에 있었을 것이며, 그와 더불어 이행강제금은 1년에 2회를 초과하여 부과하지는 못한다는 제한이 있으므로 이를 감안하면 이행강제금 부과의 사전계고 시에 부여될 이행기간이 어느 정도일지를 대략 예측할 수 있다. 이러한 점들을 종합하면, 사전계고조항은 불명확한 규정이라고 할 수 없다.

조제1항). 이행강제금의 부과금액은 위반행위의 시정에 적합한 심리적 강제효과를 거둘 수 있을 정도여야 하고, 이 경우 위반행위로 얻어지는 경제적 이익도 같이 고려하여 결정해야 한다. 「행정기본법」 제31조제1항제4호에서는 이행강제금 부과 금액 산정기준을 이행강제금 부과의 근거가 되는 법률에서 명확하게 규정하도록 하고 있으나 세부적인 자세한 내용까지 반드시 법률에서 규정하여야 한다는 의미로 보기는 곤란하므로 부과금액의 산정기준과 관련해서 기본적인 사항은 법률에 명시하고 그 세부적인 사항은 하위법령에 위임하도록 하여 하위법령에서 명확하게 규정하는 것도 가능하다. 이행강제금의 부과금액은 구체적인 액수로 정하는 경우와 의무이행과 관련된 목적물 가액의 일정 비율로 정하는 경우가 있다.

[입법례] 부과금액을 구체적인 액수로 정한 사례
「장사 등에 관한 법률」 제43조(이행강제금) ① 시장등은 다음 각 호의 어느 하나에 해당하는 자에게 500만원의 이행강제금을 부과한다.
1. 제17조 또는 제18조를 위반하여 묘지·화장시설·봉안시설·자연장지를 설치·조성한 자
2. 제20조제1항을 위반하여 설치기간이 끝난 분묘에 매장된 유골을 화장 또는 봉안하지 아니한 자
3. 제31조에 따른 묘지·봉안시설·자연장지의 이전 또는 개수명령을 받고 이행하지 아니한 해당 묘지·봉안시설·자연장지의 연고자
②~⑥ (생략)

[입법례] 부과금액을 목적물 가액의 일정 비율로 정한 사례

두 가지가 있을 수 있는데, 행정청이 행정상 의무를 부담하는 자에게 이행강제금을 부과할 때 의무를 불이행하게 된 구체적 상황을 고려하여 법률에서 정하고 있는 기준에 비해 가액을 가중하거나 감경할 수 있는 재량 부여가 필요하다. 「행정기본법」 제31조제2항에서는 이행강제금의 부과 금액을 가중하거나 감경할 수 있는 사유를 규정하면서 이행강제금의 부과금액을 가중 또는 감경할 수 있는 재량권을 규율하고 있으므로 개별 법령에서는 이러한 가중·감경 사유를 고려하여 구체적 가중·감경 사유나 범위를 규정할 수 있다. 이행강제금 부과 주기 이행강제금 부과 대상자가 행정상 의무를 이행하지 않는 경우 행정청은 행정상 의무가 이행될 때까지 반복하여 이행강제금을 부과할 수 있으나 연간 부과 횟수나 횟수의 상한을 규정할 경우 입법 취지나 입법 목적을 훼손할 우려가 큰 경우로서 대통령령으로 정하는 경우가 아니라면 법률에서 명시적으로 규정하여야 한다(「행정기본법」 제31조제1항제5호). 이행강제금의 부과 주기는 위법 상태를 시정할 수 있는 시간을 주는 것이 필요하므로 너무 짧게 잡지 않도록 한다. 대체로 부과 주기를 1년에 2회로 규정한 사례가 많다.

[입법례]

「빈집 및 소규모주택 정비에 관한 특례법」 제65조(이행강제금) ① 시장·군수등은 제11조제1항에 따라 조치명령을 받은 후 그 정한 기간 내에 그 조치명령을 이행하지 아니한 소유자에 대하여 「지방세법」에 따라 해당 건축물에 적용되는 1제곱미터의 시가표준액의 100분의 50에 해당하는 금액에 연면적을 곱한 금액 이하의 범위에서 조치명령의 내

용에 따라 대통령령으로 정하는 비율을 곱한 금액으로 이행강제금을 부과한다.
②·③ (생략)
④ 시장·군수등은 최초의 조치명령이 있었던 날을 기준으로 하여 1년에 2회 이내의 범위에서 그 조치명령이 이행될 때까지 반복하여 제1항에 따른 이행강제금을 부과·징수할 수 있다.
⑤·⑥ (생략)

이행강제금 부과 횟수의 상한(上限)을 규정하는 경우에는 부과 횟수의 상한까지 이행 강제금을 부과했는데도 위법상태가 시정되지 않을 수 있으므로 대집행 등 불법상태를 종료할 수 있는 다른 수단이 있는지를 검토해 보아야 한다. 직접강제는 의무자가 행정상 의무를 이행하지 않는 경우 행정청이 직접적으로 의무자의 신체나 재산 등에 실력을 행사하여 그 행정상 의무의 이행이 있었던 것과 같은 상태를 실현하는 작용을 말한다. 이와 같이 직접강제는 법령상 의무를 전제로 한다는 점에서 의무를 명함이 없이 즉시 국민의 신체 또는 재산에 실력을 행사하여 행정상 필요한 상태를 실현하는 즉시강제와는 개념상 차이가 있으나 그 성격이 유사하여 현행법의 특정 조항이 양자 중 어디에 해당하는지 분명하지 않은 경우가 있으며, 한 조문에 양 제도가 섞여 규정된 경우도 많다. 행정강제 수단으로 직접강제나 즉시강제와 같은 강력한 수단이 도입되는 데에는 공법상 의무 불이행에 대한 전통적 대처수단인 행정벌만으로는 공법상 의무이행에 한계가 있기 때문이다. 행정상 의무이행 확보수단을 강화해야 할 현실적 필요성 때문에 다양한 행정강제수단이 도입되고 있는바, 직접강제는 매우 강력한 수단인 반면 국민의 기본권을 침해할 소지가 크다는 점에 유념하여 그 도입에 신중할 필요가 있으며, 행정대집행이나 이행강제금 부과의 방법으로는 행정상 의무 이행을 확보할 수 없거나 그 실현이 불가능한 경우에만 도입해야 한다(「행정기본법」 제32조제1항).

③ 강제징수

행정상 강제징수는 의무자가 행정상 의무 중 금전급부의무를 이행하지 아니하는 경우 행정청이 의무자의 재산에 실력(實力)을 행사하여 그 행정상 의무가 실현된 것과 같은 상태를 실현하는 것을 말한다(「행정기본법」 제30조제1항제4호). 행정상 강제징수에 관하여는 「행정기본법」 제30조, 「국세징수법」 제3장과 「지방세징수법」 제3장, 「지방행정제재·부과금의 징수 등에 관한 법률」에 일반적 규정을 두고 있다. 원래 「국세징수법」과 「지방세징수법」상 강제징수에 관한 규정은 국세와 지방세를 납부하지 않은 경우에 적용되는 규정이나, 여러 법률에서 강제징수 절차에 관하여 두 법을 준용하면서 두 법은 행정상 강제징수에 관하여 사실상 일반법적 지위에 놓이게 되었다. 「지방행정제재·부과금의 징수 등에 관한 법률」은 과징금, 이행강제금, 부담금 등 조세 외의 주요 지방행정 제재·부과금의 징수효율성을 높이고 지방행정제재·부과금의 체납처분절차를 명확히 하기 위해 제정(2013. 8. 6. 공포, 2014. 8. 7. 시행)되었다.

개별 법률에서 행정상 강제징수에 관한 규정을 두려는 경우, 징수주체가 국가기관인 경우에는 "국세강제징수의 예에 따라 징수한다."로 하고, 지방자치단체의 장인 경우에는 원칙적으로 "「지방행정제재·부과금의 징수 등에 관한 법률」에 따라 징수한다."로 하되 같은 법에 따른 강력한 수단(과세자료의 이용, 대금지급정지, 관허사업제한, 명단공표 등)이 없어도 되는 경우에는 해당 규정의 적용을 배제하거나 "지방세 체납처분의 예에 따라 징수한다."로 한다.

[입법례]
「국민기초생활 보장법」 제46조(비용의 징수) ① 수급자에게 부양능력을 가진 부양의무자가 있음이 확인된 경우에는 보장비용을 지급한 보장기관은 제20조에 따른 생활보장위원회의 심의·의결을 거쳐 그 비용의 전부 또는 일부를 그 부양의무자로부터 부양의무의 범위에서 징수할 수 있다.
② 속임수나 그 밖의 부정한 방법으로 급여를 받거나 타인으로 하여금 급여를 받게 한 경우에는 보장비용을 지급한 보장기관은 그 비용의 전부 또는 일부를 그 급여를 받은 사람 또는 급여를 받게 한 자(이하 "부정수급자"라 한다)로부터 징수할 수 있다.
③ 제1항 또는 제2항에 따라 징수할 금액은 각각 부양의무자 또는 부정수급자에게 통지하여 징수하고, 부양의무자 또는 부정수급자가 이에 응하지 아니하는 경우 국세 또는 지방세 체납처분의 예에 따라 징수한다.

　행정상 강제징수는 원래 조세의 징수를 위해 도입된 제도로, 행정 목적의 달성을 위해 체납자의 권익을 제약하는 면이 있는 만큼 국가나 지방자치단체는 행정상 강제징수 제도의 도입에 신중해야 한다.
　또한, 공단 등 특수법인이 징수하는 사회보험료 등에 대해서 그 성격상 불가피하게 강제징수 규정을 두는 경우에는 체납처분 전에 미리 주무부장관의 승인을 받도록 하는 규정을 둔다.

[입법례] 체납처분 전에 미리 주무부장관의 승인을 받도록 한 사례
「지방자치법」 제140조제2항

④ 즉시강제

즉시강제는 현재의 급박한 행정상의 장해를 제거하기 위한 경우로서 ① 행정청이 미리 행정상 의무 이행을 명할 시간적 여유가 없는 경우나, ② 그 성질상 행정상 의무의 이행을 명하는 것만으로는 행정목적 달성이 곤란한 경우 행정청이 곧바로 국민의 신체 또는 재산에 실력을 행사하여 행정목적을 달성하는 것을 말한다(「행정기본법」 제30조제1항제5호). 즉시강제는 급박한 행정상 장해를 제거하기 위해 행정상 의무부과 없이 즉각적으로 국민의 신체 또는 재산에 공권력을 행사하는 것으로, 기본권 제약의 강도가 매우 크고, 의무 위반을 요건으로 하지 않는다는 점에서 공법상의 의무불이행을 전제로 하는 직접강제와 개념상 차이가 있다.

그러나 현행법의 특정 조항이 양자 중 어디에 해당하는지 분명하지 않은 경우가 있으며, 한 조문에 양 제도가 섞여 규정된 경우도 많다.

「행정기본법」 제30조 및 제33조에서는 즉시강제의 허용 기준과 절차에 관한 일반원칙을 정하고 있다. 다만 현행법상 즉시강제 발동을 위한 일반적 근거를 규율하고 있는 법률은 없으며, 「감염병의 예방 및 관리에 관한 법률」 등 개별법의 필요에 따라 그 근거 및 요건과 절차를 규정하고 있다.

개별법에서 즉시강제를 도입하는 경우에는 법률에서 그 발동 요건을 가능한 한 구체적이고 명확하게 규정하여 공무원의 직권남용과 기본권 침해 소지를 최소화해야 한다.